# 나를 웃게 하십니다

# 나를 웃게 하십니다

지은이 | 김양재
초판 발행 | 2019. 10. 25
4쇄 발행 | 2020. 1. 10.
등록번호 | 제1988-000080호
등록된 곳 | 서울특별시 용산구 서빙고로65길 38
발행처 | 사단법인 두란노서원
영업부 | 2078-3352 FAX | 080-749-3705
출판부 | 2078-3331

책값은 뒤표지에 있습니다.
ISBN 978-89-531-3618-2 03230

독자의 의견을 기다립니다.
tpress@duranno.com www.duranno.com

두란노서원은 바울 사도가 3차 전도여행 때 에베소에서 성령 받은 제자들을 따로 세워 하나님의 말씀으로 양육하던 장소입니다. 사도행전 19장 8~20절의 정신에 따라 첫째 목회자를 돕는 사역과 평신도를 훈련시키는 사역, 둘째 세계선교(TIM)와 문서선교(단행본·잡지) 사역, 셋째 예수문화 및 경배와 찬양 사역, 그리고 가정·상담 사역 등을 감당하고 있습니다. 1980년 12월 22일에 창립된 두란노서원은 주님 오실 때까지 이 사역들을 계속할 것입니다.

김양재의
큐티 노트
창세기 5

# 나를 웃게 하십니다

다
선히
해결하시는
하나님

김양재 지음

사라가 이르되
하나님이 나를
웃게 하시니

듣는 자가 다 나와
함께 웃으리로다
창 21:6

두란노

## contents

*Part 3.*

## 자녀 양육도 예배입니다



*Part 4.*

## 고난을 값으로 치렀습니다

# 프롤로그

하나님이 나를 웃게 하시니 듣는 자가 다 나와 함께 웃으리로다 _ 창 21:6

이 책은 제가 그동안 펴냈던 창세기 큐티 노트 시리즈 1권 《보시기에 좋았더라》, 2권 《그럼에도 살아냅시다》, 3권 《너는 복이 될지라》, 4권 《살피心》에 이은 다섯 번째 책으로 창세기 20장부터 23장까지의 말씀 묵상을 담았습니다.

창세기 20장은 아브라함이 자기 목숨을 부지하기 위해 아비멜렉에게 사라를 누이라 속임으로, 아비멜렉이 사라를 데려가는 데서부터 시작됩니다. 그리고 21장에서 사라가 드디어 아들 이삭을 낳고는 하갈과 이스마엘을 내쫓았고, 23장에 이르러서는 사라가 127세의 나이에 죽고 아브라함이 그녀를 위하여 장사합니다. 22장에 아브라함이 이삭을 번제로 드리러 가는 사건을 비롯해서, 이 모든 이야기의 주인공은 당연히 아브라함이지만, 저는 이 책을 쓰는 동안 사라의 기구한 인생에 대해 깊이 묵상하지 않을 수 없었습니다.

하나님은 아브라함에게 그녀가 "여러 민족의 어머니가 되게 하리라"(창 17:16)고 약속하셨습니다. 그런데 세상적인 가치관으로 보면, 사라는 결코 복된 인생을 산 것 같지 않습니다. 무엇보다 그녀에게는 아이를 못 낳는 고난이 있었습니다. 그게 얼마나 견디기 힘들었으면 남편에게 자기 종과 동침하라고 했겠습니까? 우리 문화로 치면 시댁의 대를 잇기 위해 살신성인의 자세로 남편에게 첩까지 허락한 것입니다. 게다가 경수도 끊어진 지 오래인 90세에 하나님의 은혜로 아들 이삭까지 낳아 아브라함이 영적 대물림을 할 수 있게 했습니다.

그런데 정작 그 남편 아브라함은 어떠했습니까? 그는 자기 목숨 하나 부지하겠다고 아내를 누이라고 속이고 아비멜렉에게 바칩니다. 그런데 더 큰 문제는 남편 아브라함이 이런 일을 처음 한 것이 아니라는 사실입니다. 이 부부가 가나안 땅에 기근이 들어 애굽으로 갔을 때도 그랬습니다. 아리따운 아내 때문에 자기가 죽임을 당할까 봐 사라를 누이로 속여 바로의 궁으로 보내고, 심지어 재물까지 챙겼던 남편입니다(12장).

내 남편, 내 배우자가 한 번도 아니고 두 번씩이나 이런 짓을 한다면 여러분은 어떻게 하겠습니까? 당장에라도 이혼해야 하지 않겠습니까? 이런 남편을 어찌 믿고 살아가겠습니까? 그럼에도 사라는 참 순종을 잘한 것 같습니다. 그렇게 두 번이나 남편에게 배신을 당하면서도 남편에게 대들거나 따졌다는 기록이 전혀 없습니다. 남편이 자신을 돈을 받고 팔아넘기든지, 그저 뇌물로 바치든지 묵묵히 순종했다는 것입니다.

아브라함이 아들 이삭을 번제로 바치겠다고 데리고 갈 때도 그렇습니다. 90세에 얻은 귀하디귀한 아들을 번제물로 바치려고 데리고 가면서도, 아이 엄마인 사라에게 일언반구도 하지 않은 남편입니다. 동의를 구하기는커녕 의논했다는 기록도 한 줄 없습니다. 게다가 사라가 그 아들을 어떻게 키웠다는 기록도 없습니다. 문제 많은 남편을 말없이 섬기고, 연약하기 짝이 없는 자식을 말없이 양육하다가 127세에 가나안 땅 헤브론 곧 기럇아르바에서 죽어 장사되었다고 합니다.

헤브론은 약속의 땅입니다. 사라는 죽으면서도 아브라함에게 하늘의 시민권을 상기시켜 준 믿음의 여인이 되었습니다. 수 틀어지면 남편에게 이혼장을 들이미는 이 시대의 아내, 자식 좋은 대학 보내려고 별짓 다 하는 이 시대의 엄마들과 너무나 비교되지 않습니까? 참 숙맥 같은 삶을 살다 간 것 같지 않습니까? 하지만 그녀의 인생은 이것으로 끝난 것이 아닙니다. 몸은 죽어 장사되었어도 영은 영원히 살아 지금까지도 그 이름이 드높여집니다.

이사야는 "너희의 조상 아브라함과 너희를 낳은 사라를 생각하여 보라"(사 51:2) 하며 사라를 모든 민족의 어머니로 칭합니다. 그리고 베드로는 "사라가 아브라함을 주라 칭하여 순종한 것같이”(벧전 3:6)라며, 사라를 순종하는 아내의 표상으로 삼았습니다. 또한 히브리서 기자는 “믿음으로 사라 자신도 나이가 많아 단산하였으나 잉태할 수 있는 힘을 얻었으니 이는 약속하신 이를 미쁘신 줄 알았음이라”고 기록했습니다(히 11:11).

하나님은 그녀의 믿음을 보시고 말씀하신 대로 사라를 돌보시고 사라에게 행하셨습니다(21:1). 그러므로 사라 또한 “하나님이 나를 웃게 하시니 듣는 자가 다 나와 함께 웃으리로다” 하고 고백했습니다(21:6). 내가 지금 처해 있는 삶의 환경이 어떠하든 오직 사라와 같이 말씀에 묵묵히 순종하여 ‘나를 웃게 하시는’ 하나님을 만나는 여러분이 되기를 소원합니다.

2019년 10월

우리들교회 담임목사 김양재

# *Part 1.*
# 선히 해결하십니다

아버지 하나님, 아브라함이 다시 치욕적인 실수를 저지릅니다. 하나님이 이 실수를 어떻게 다루시는지 우리가 말씀으로 깨닫고 적용하기 원합니다.

01

# 실수 없는 인생은 없습니다

: 창 20:1-7

양이 절벽 아래에 있는 좋은 풀을 보았습니다. 폴짝 뛰어 내려가 풀을 뜯어먹고 다시 위를 보니 못 올라가겠습니다. 아래를 보니 낭떠러지입니다. 아까는 풀만 보고 내려갔는데, 지금 위기가 닥쳤습니다. 이때 목자가 양을 구하려고 밧줄을 내려 주면 양은 자기를 잡아 죽이려는 줄 알고 두려워하다가 떨어져 죽는다고 합니다. 양을 살리려면 자기 힘이 다 빠질 때까지 기다려야 합니다. 양이 기진맥진했을 때 밧줄로 잡아 올려야 살릴 수 있습니다.

하나님은 우리가 힘이 빠지기를 기다리십니다. 내 힘으로 살려고 하다가는 떨어져 죽을 수밖에 없습니다. 내 힘이 빠져야 살 수 있습니다.

한 시대를 풍미한 연예인도, 한 시대의 권력을 휘어잡았던 사람도 잠시의 수치와 조롱을 이겨 내지 못하고 삶을 포기하는 모습을 보았습니다. 주님은 우리의 치욕적인 실수도 치명적이지 않게 하시고, 거짓과 두려움과 불안함이 많은 자라도 선지자로 사용해 주십니다. 마지막까지 이 사실을 모른 채 생을 놓아 버리는 이들이 많아서 안타까울 뿐입니다.

실수 없는 인생이 어디 있겠습니까? 아브라함도 치욕적인 실수를 한 번도 아니고 여러 번 반복했습니다. 문제는 실수를 한 다음의 행동입니다. 돌이킬 수 있는 실수가 있는가 하면 돌이킬 수 없는 실수도 있습니다. 내 약점이 만천하에 드러났다고, 세상의 수치와 조롱을 받을 것이 두렵다고 생을 버린다면 그것은 돌이킬 수 없는 실수가 됩니다. 죽음은 결코 내 마음대로 선택할 수 없습니다.

우리는 치명적인 실수를 반복하다가 결국 내 약점에 딱 넘어져 버립니다. 무엇이 우리를 자꾸만 걸려 넘어지게 합니까? 나의 약점은 무엇입니까? 치명적인 실수를 할 수밖에 없는 우리이지만, 하나님은 그 실수를 통해서 이 세상이 나그네 인생길임을 가르쳐 주십니다.

### 치욕적인 실수를 하면서 나그네 인생길을 깨닫습니다

'인생은 나그넷길'이라는 노래가 있습니다. 그 노래를 들을 때마다 꼭 찬송가를 듣는 것 같습니다. 정말 그렇습니다. 살다 보면 '어디서 왔다가 어디로 가는가' 질문할 때가 많지 않습니까? 인생은 그야말로 나그넷길입니다. 아브라함이 그랬습니다. 어느 곳 하나 제대로 정착하지 못하고 나그네 인생길을 걸어갑니다.

아브라함이 거기서 네게브 땅으로 옮겨가 가데스와 술 사이 그랄에 거류하며 _ 창 20:1

가데스는 가나안에 입성하기 전에 있는 신 광야를 말하고, 술은 이스라엘 백성이 400년 애굽 노예 생활을 끝내고 홍해를 건너 제일 먼저 당도한 곳입니다. 아브라함이 그 사이 그랄에 거류했다고 합니다.

'거류했다'는 말은 어떤 곳에 임시로 머물렀다는 뜻입니다. 사실 이런 표현은 부자들에게는 잘 쓰지 않습니다. 재산이 많으면 그 재산으로 영원히 살 수 있다고 생각하지 않겠습니까? 그런데 성경은 왜 아브라함이 나그네처럼 거류했다고 했을까요?

아브라함의 최종 목적지는 가나안입니다. 그런데 가나안에 정착하지 못하고 계속 이사를 다녔습니다. 그가 갈대아 우르에서 하나님의 부르심을 받아 벧엘 동편으로 갔는데 기근이 왔습니다. 그래서 애굽으로 갔다가 다시 벧엘로 돌아왔는데, 얼마 안 있어 헤브론에 있는 마므레 상수리 수풀에 거하다가 지금 블레셋 그랄로 이사를 온 것입니다.

아브라함이 이렇게 어디에 정착하지 못하고 거류했다는 것은 우리 인생의 종착역이 이 땅이 아님을 의미합니다. 이 땅에서 하늘과 땅의 권세를 가지고 있어도 우리가 거할 곳은 새 하늘과 새 땅인 천국입니다. 그래서 우리는 나그네 인생을 살 수밖에 없습니다. 어디를 가도 이 땅은 완전하지 않고 하나님 나라만이 영원한 천국임을 알려 주기 위해서 아브라함이 이렇게 수고를 합니다.

이 땅에서 아무 소유 없이 떠난 아브라함에 대해서 히브리서는 이렇게 증거합니다.

> 13 이 사람들은 다 믿음을 따라 죽었으며 약속을 받지 못하였으되 그것
> 들을 멀리서 보고 환영하며 또 땅에서는 외국인과 나그네임을 증언하였
> 으니 14 그들이 이같이 말하는 것은 자기들이 본향 찾는 자임을 나타냄
> 이라 _ 히 11:13-14

아브라함이 이사를 자주 다니다 보니 '이 땅은 영원히 거할 곳이 못 된다'는 사실을 깨달았습니다. 이것을 알게 하려고 우리 인생에 많은 사건들이 걸어가고 걸어오고, 지나가고 지나오는 것입니다.

어떤 사람은 이사를 많이 다니면 자녀들이 정서적으로 불안해진다고 걱정합니다. 그런데 성경은 영육 간에 이사를 많이 다니는 것이 믿음의 조상이 걸어간 길이라고 말씀합니다. 물론 일부러 이사를 다니는 것은 쉽지 않겠지요. 그러나 살다 보면 집안 형편이 어려워지거나 사업이 부도나서 어쩔 수 없이 이사를 해야 하는 상황이 생깁니다. 그럴 때 부모만 힘든 것이 아닙니다. 자녀도 같이 부도를 겪으며 달라진 환경에 적응하느라 힘들어집니다. 그러나 성경적인 가치관을 가진 부모 밑에서 성장한 자녀들은 이럴 때도 유익을 얻을 수 있습니다.

육적으로 힘들게 이사를 다닌 자녀는 영적으로도 이사할 수 있습니다. 여기저기 아무리 기웃거려도 결국 인생은 나그넷길이라는 것을 알게 되는 것입니다. 육이 무너진 만큼 영이 세워집니다. 여기저기 이사를 다니다 보면 영의 영역도 계속 개척됩니다. 그걸 위해서 하나님은 우

리에게 이사 다니는 훈련을 허용하시는 것 같습니다. 그러니 "나는 서른 번 이사했어", "나는 쉰 번 이사했어" 하고 많이 자랑하셔도 됩니다. 그것이 영의 영역이 더욱 개척되는 지름길일 수 있습니다.

아브라함이 이사하고 싶은 이유는 많았을 것입니다. 소돔이 멸망하는 모습을 보고 그 땅에 계속 살고 싶은 사람이 누가 있겠습니까? "저렇게 멸망한 땅에서 살기 싫어! 이사 가고 싶어" 하지 않았겠습니까? 또 기근이 오는 땅에서 계속 살고 싶었을까요? 롯이 망하는 모습을 보면서도 '기도 응답이 안 된 것 아니야?' 하며 마음이 우울해질 수 있습니다. 아브라함은 이렇게 침체기가 오면 꼭 남방으로 갔습니다.

사실 남방은 아브라함에게 좋은 기억이 없습니다. 거기서 바로에게 치욕을 당하기도 했지요. 그런데도 그가 남방 생각을 하는 이유는 뭘까요? 그곳에서 은과 금이 많이 생겼기 때문입니다. 가축이 많이 생겼기 때문입니다. 이렇게 사는 게 힘들어지고 기근이 오면 누구나 막연히 남방 생각을 하게 됩니다. 결국 마지막 문제는 돈인 것입니다. 기근이 드니 '남방에 가면 무슨 수가 있지 않을까?' 하는 생각에 떠난 것입니다. 그러고 보면 하나님은 우리의 영원한 영적 가나안은 천국밖에 없음을 알게 하시기 위해 우리의 치욕적인 실수를 허용하시기도 하는 것 같습니다.

롯은 소돔 땅에 들어갈 때 임시로 거하려고 한 게 아니라 영원 천년 살고자 했습니다. 성경도 롯이 '거류했다'고 표현하지 않습니다. 그런데 소돔 사람들이 그를 향해 "이 자가 들어와서 거류하면서 우리의 법관이 되려 하는도다" 하면서 롯을 무시합니다(창 19:9). 결국 소돔은 하나님의 손에 멸망하고 롯의 모든 재물도 잿더미가 되어 버렸습니다. 진작에 아브라함을 따라 이사 왔으면 이럴 일이 없었을텐데, 죽자고 붙들고 있다가 완전히 망한 것입니다.

— 나는 이 땅의 삶을 나그넷길이라고 생각합니까, 영원히 살 곳처럼 생각합니까?

— 이 땅의 삶이 영원한 것이 아님을 알게 하시려고 하나님이 나에게 주신 사건은 무엇입니까?

— 힘들고 어려울 때 가고 싶은 나의 '남방'은 어디입니까?

### 실수를 반복하면 치욕적인 실수가 나옵니다

'방귀가 잦으면 똥 싸기 쉽다'는 속담이 있죠. 실수도 그렇습니다. 반복하다 보면 치욕적인 실수를 하게 됩니다.

그의 아내 사라를 자기 누이라 하였으므로 그랄 왕 아비멜렉이 사람을 보내어 사라를 데려갔더니 _ 창 20:2

하나님은 아브라함에게 구체적으로 '내년 이맘때'에 사라가 잉태하리라고 못 박아 말씀하셨습니다(창 17:21, 18:10). 그런데 어느 때보다 순결을 지켜야 할 이때 아브라함은 이전보다 더 사안이 심각한 거짓말을 합니다.

롯과 아브라함은 행위만 놓고 보면 별 차이가 없어 보입니다. 오히려 아브라함이 더 나쁘게 보이기도 하지요. 게다가 아브라함의 거짓말이 처음이 아니라는 겁니다. 창세기 12장에서 아브라함은 기근을 피해 애굽으로 갔다가 똑같은 실수를 했습니다. 아리따운 사라 때문에 자기가 죽게 될지도 모른다는 불안감에 바로에게 아내를 동생이라고 속였습니다. 바로는 그 말을 그대로 믿고 사라를 데려갔습니다. 만약 그때 하나님이 바로를 간섭하지 않으셨다면 아브라함은 자식 하나 없던 인생에 유일한 힘과 의지였던 아내 사라를 영영 잃고 말았을 것입니다.

그런데 성경은 왜 하필 아브라함이 넘어지는 사건을 소돔과 고모라 멸망 이후에 기록하고 있을까요? 소돔 성은 죄로 망했습니다. 그렇다면 망하지 않은 아브라함은 완전한 의인입니까? 그렇지 않다는 것입니다. 이 사건은 약속을 바라보며 살아가는 신앙인들도 진실을 오도하는 형편없는 죄인에 불과하다는 것을 보여 줍니다. 하나님의 약속은 사람이 의롭기 때문에 이루어지는 게 아니라는 것입니다.

신앙인이라고 하는 우리도 입만 열면 거짓말을 합니다. 우리들교회의 한 집사님이 주일에 교회에 오지 않고 산에 갔다고 합니다. 토요일에 등산을 갔다가 그곳에서 만난 사람이 주일에 또 만나자고 하기에 '교회 가기 싫은데 잘됐다' 하고는 예배도 빼먹고 산에 가서 그 사람을 만난 것입니다. 그런데 그 사람이 자기한테 교회 다니느냐고 물어보더랍니다. 알고 보니 자기를 전도하려고 주일에 만나자고 한 것입니다. 그래서 할 수 없이 "우리들교회에 다녀요" 했더니 그 사람이 김양재 목사님을 너무나 좋아한다면서 우리들교회 이야기를 줄줄이 하더랍니다. 정작 우리들교회에 다니는 자기는 예배도 안 드리고 왔는데 다른 사람 입에서 교회

칭찬을 듣고 있자니 창피해서 "나도 지금 3부 예배 드리고 온 거예요" 하고 거짓말을 했답니다. 그 집사님은 "하나님 용서해 주세요!" 하며 나눔을 끝맺으셨습니다.

우리가 실수를 경계해야 하는 것은 이런 실수가 잦다 보면 반드시 치욕적인 실수를 하기 때문입니다.

> 그 밤에 하나님이 아비멜렉에게 현몽하시고 그에게 이르시되 네가 데려간 이 여인으로 말미암아 네가 죽으리니 그는 남편이 있는 여자임이라
>
> _ 창 20:3

믿음의 조상 아브라함이 영적으로 가장 민감해야 할 때 또 거짓말을 했습니다. 그리고 그 거짓말 때문에 문제가 생겼습니다. 그랄 왕 아비멜렉이 죽게 된 것입니다. 아비멜렉은 바로가 당한 재앙보다 더 강한 죽음을 예고 받았습니다.

거짓말이 무서운 이유는 내 거짓말 때문에 수많은 사람이 죽을 수 있기 때문입니다. 우리의 거짓말의 본질은 '나는 살 테니 너는 죽어라'입니다. 아브라함이 그랬습니다. 자기는 살 테니 부인더러 죽으라는 겁니다. 그랬더니 아비멜렉까지 죽게 됐습니다. 자기 이익만 생각하느라 부인은 물론 아비멜렉까지 죽게 만든 것입니다. 사라도, 아비멜렉도 무시한 것입니다.

누군가를 깔보고 업신여기는 것보다 거짓말하는 것이 상대를 더욱 무시하는 행동일 수 있습니다. 누군가를 얕잡는 것은 그 대상에게만 피

해를 주지만, 거짓말하면 일이 일파만파로 커져 다른 사람에게도 피해를 줍니다.

그래서 우리는 항상 하나님께 먼저 묻고 다음 걸음을 떼야 합니다. 그렇지 않으면 내 약점이 먼저 튀어나옵니다. 성경을 보면 하나님이 아브라함에게 언약을 주실 때는 장 처음에 여호와가 먼저 등장합니다(15, 17, 18장). 그런데 죄가 왕 노릇할 때는 아브라함이 먼저 등장합니다. 하갈을 들일 때(16장)나 남방으로 내려갈 때(20장) 하나님께 묻지 않으니까 위기 앞에 순간적으로 자기의 약점이 튀어나와 또 거짓말을 합니다. 아내의 일만 나오면 아브라함은 머리가 하얘져 거짓말을 하고, 그 거짓말로 또 다른 사람이 죄를 짓게끔 만듭니다.

아브라함이 누구입니까? 믿음의 조상 반열에 올라간 사람입니다. 그런데 똑같은 실수를 반복하면서 이렇게 어이없이 무너집니다. 창자가 끊어지도록 기도하던 아브라함은 어디로 갔습니까? 사람이 두려워 벌벌 떠는 그의 모습을 어떻게 해석해야 할까요?

사람은 누구나 약점이 있습니다. 게임만 하면 아내고 아들이고 상관없어지는 사람이 있고, 술과 마약에 넘어지는 사람도 있습니다. 술이나 마약은 한 번 중독 경험이 있으면 그 기억이 몸속에 남아서 아무리 몇 년 동안 참았다고 해도 또 쉽게 넘어진다고 합니다. 그래서 한 모금도 먹지 않아야 한다고 합니다. 어떤 사람은 부모 이야기만 나오면 거품을 물고, 자식 이야기만 나오면 뒤로 자빠집니다. 주식, 음란, 돈에 우리는 수도 없이 넘어집니다.

그래서 사람은 믿음의 대상이 될 수 없습니다. 누구도 믿을 수 없습니다. 실수할 때 그냥 실수할 수 있다고 봐 주셔야 합니다. '어떻게 저 사람이 저럴 수 있나' 해서는 안 됩니다. 안심할 사람이 없습니다. 마지막까지 장담할 인생이 없는 것입니다.

— 반복적으로 넘어지는 나의 약점과 중독은 무엇입니까?
— 습관처럼 튀어나오는 거짓말은 무엇입니까?
— 내 가족과 지체의 약점을 보게 되면 여러분은 어떤 태도를 보이나요?

**치욕적인 실수를 치명적인 실수가 되지 않게 하십니다**

아브라함을 부르신 분이 누구십니까? 바로 하나님이십니다. 하나님이 지금까지 아브라함을 약속의 자녀로 인도해 오셨습니다. 그런데 그 아브라함이 거짓말을 하고 죄를 짓고 있습니다. 지금 누가 제일 큰일 났습니까? 누가 제일 바쁘실까요?

하나님은 사라를 아브라함의 아내를 넘어 여러 민족의 어머니로 세우셨습니다. 여자의 후손 예수 그리스도를 낳아야 하는, 인류 전체에 막대한 역할을 할 사람이 사라인 것입니다. 그런데 그 사라가 아비멜렉과 동침하기 직전입니다. 그야말로 인류 최대의 위기입니다. 하나님이 보시기에 정말 큰일이 난 것입니다. 예수님이 이 땅에 오시지 못하면 구원자는 없습니다. 이 일은 위대하신 하나님의 일입니다. 결국 하나님이 이 위기의 밤에 믿음 없는 아비멜렉에게 현몽하셔서 약속의 자녀를 지키십니다. 롯에게도, 사라에게도 나타나지 않으셨던 하나님이 그랄 왕에게 나타나셔서 긴급하게 엎고 막으셨습니다.

여러분은 어떠세요? 내 거짓말 때문에 관계가 틀어지고 상황은 엉망진창이고 온 집안이 콩가루가 됐는데도 주의 일을 하면서 잘 살고 있습니까? 하나님이 위기를 막아 주셨기 때문입니다. 내가 잘나서가 아니라 그것이 하나님의 일이기에 하나님이 보호해 주신 것입니다. 그러니 내가 비록 실수했어도, 그 실수 때문에 위기를 맞았어도 하나님을 사랑한다면 그 밤에 빨리, 바삐 내려오셔서 도와주실 하나님을 믿고 기도하기 바랍니다. '하나님이 이 일을 다 책임져 주시겠구나' 하는 믿음을 가져야 합니다.

아비멜렉이 그 여인을 가까이하지 아니하였으므로 그가 대답하되 주여 주께서 의로운 백성도 멸하시나이까 _ 창 20:4

하나님이 아비멜렉에게 현몽하셔서 "너 그 여자 데려갔기 때문에 죽는다!" 하시니까 아비멜렉이 "의로운 백성도 멸하시겠습니까?" 합니다. 이 말 어디서 들어 본 것 같지 않습니까? 종전에 아브라함이 롯을 위해 중보하며 "주께서 의인을 악인과 함께 멸하려 하시나이까" 한 것과 똑같습니다(창 18:23). 아비멜렉이 성경과 하나님을 참 잘 알고 있지 않습니까? 기가 찹니다. 아브라함이 이 말을 들었다면 얼마나 부끄러웠을까요.

5 그가 나에게 이는 내 누이라고 하지 아니하였나이까 그 여인도 그는

내 오라비라 하였사오니 나는 온전한 마음과 깨끗한 손으로 이렇게 하
였나이다 6 하나님이 꿈에 또 그에게 이르시되 네가 온전한 마음으로
이렇게 한 줄을 나도 알았으므로 너를 막아 내게 범죄하지 아니하게 하
였나니 여인에게 가까이하지 못하게 함이 이 때문이니라 _ 창 20:5-6

아비멜렉은 자기 입으로 자신이 온전한 마음과 깨끗한 손으로 이렇게 했다고 말합니다. 이방인의 특징이 이것입니다. 매사에 '나는 온전한 마음과 깨끗한 손으로 살았다'고 강변합니다. 그러나 하나님은 그런 아비멜렉을 굳이 탓하지는 않으십니다. "그래, 네가 온전하게 살아온 것을 내가 알기에 네가 범죄치 않도록 사라를 가까이하는 걸 막았다"며 그의 말을 들어주십니다.

우리도 그렇습니다. 내가 온전한 마음과 깨끗한 손으로 살면서 큐티하니까 하나님이 여자를 막으시고, 술도 막으시고, 사방의 돈줄을 막으셔서 주일에 어디 못 가고 교회로 부르신 것일 수도 있습니다. 그렇다고 우리가 "큐티를 너무 잘해서 하나님이 내 범죄를 막아 주셨습니다" 하고 간증하면 안 됩니다. "나를 보면 기가 막히지만 내 일이 하나님의 일이었기 때문에 하나님이 막아 주셨습니다" 해야 맞는 말입니다.

하나님이 지금 아비멜렉의 범죄를 막으신 것 또한 그를 위함이 아니라 아브라함을 위함입니다. 아비멜렉이나 아브라함이 의인이어서가 아니라 이것이 하나님의 일이기 때문입니다. 아브라함은 보면 볼수록 구제할 길 없는 죄인이지만, 하나님의 택함과 은혜로 여기까지 왔습니다. 하나님이 아브라함을 믿음의 조상 되게 하고자 끈질기게 양육하셨

기 때문에 아브라함의 일이 하나님의 일이 된 것입니다.

하나님이 모든 거짓말을 다 막으시는 것은 아닙니다. 일일이 간섭하지도 않으십니다. 그러나 나의 일이 하나님의 일일 때 하나님은 우리의 거짓말을 막아 주십니다. 그러니 내 속을 솔직히 들여다보며 이 일이 과연 하나님의 일인가를 생각해 보시기 바랍니다.

제가 어느 집사님에게 “하나님 일을 하시면 집사님 일은 하나님이 다 해 주실 거예요”라고 말씀드린 적이 있습니다. 이 집사님이 그 말을 듣고《큐티인》을 100권이나 사서 사업장에 나누어 주며 전도를 했답니다. 그냥 나눠 주기만 했겠습니까? 본인 간증도 하고 복음을 전하면서 나누어 주어야 사람들이 그걸 읽어 보겠지요. 다음 달에는 500권을 신청할 예정이랍니다. 그런데 이렇게 전도를 했더니 사업도 덩달아 잘되더랍니다. 하나님의 일을 하니까 주님이 이 집사님의 일을 해 주신다는 것입니다.

그러나 아무 일이나 두고 “하나님은 나를 사랑하시니까 내 실수와 거짓말도 막아 주시고, 내 손을 들어 주시며 이기게 해 주실 거야!” 하면 안 됩니다. 하나님은 나의 사업을 흥하게도 하고 망하게도 하십니다. 이혼 재판도 하나님의 일이면 승소도 하고 패소도 합니다. 이긴다고, 내게 득이 된다고 그것이 다 하나님의 일이라 착각해선 안 됩니다.

나는 어쩔 수 없는 죄인이지만, 그럼에도 내 일이 하나님의 일이 되어서 하나님이 막아 주셨다고 하는 간증이 있기를 바랍니다. 우리의 일이 모두 하나님의 일이 되길 바랍니다. 나의 일이 하나님의 일이 되도록 기도하며 하나님의 증인 되는 삶을 살기 바랍니다.

— 나의 치욕적인 실수에도 하나님이 막으시고 책임져 주신 경험이 있습니까?

— 나는 내 온전한 마음과 깨끗한 손을 자랑하나요, 구제 불능의 죄인인 나조차도 사랑하고 도와주시는 하나님을 자랑하나요?

— 내 일이 하나님의 일이 되도록 기도하며 하나님께 물어야 할 것은 무엇입니까?

### 치욕적인 실수를 해도 하나님은 선지자로 삼으십니다

이제 그 사람의 아내를 돌려보내라 그는 선지자라 그가 너를 위하여 기도하리니 네가 살려니와 네가 돌려보내지 아니하면 너와 네게 속한 자가 다 반드시 죽을 줄 알지니라 _ 창 20:7

사실 행위 면에서는 아브라함보다 아비멜렉이 백번 낫습니다. 그런데 행위가 온전하고 깨끗한 아비멜렉이 아브라함 때문에 죽음의 위기가 닥쳤습니다. 거짓말은 아브라함이 했는데 하나님은 아비멜렉에게 "너 사라 건드리면 죽어! 우리 아들 아브라함 건드리면 죽어!" 하시는 겁니다. 이런 든든한 아버지가 내 아버지이시니 얼마나 감사합니까? 실수 많은 우리를 늘 지켜 주시지 않습니까?

그런데 우리가 여기에서 생각해야 할 것이 있습니다. 성도의 잘못된 말 한마디, 생각 한 번이 다른 사람을 이렇게 죽음으로 몰아넣을 수 있다는 것입니다. 내 불신앙적인 생각 하나가 나는 물론이고 공동체까지 파괴할 수 있습니다. 만약 내 거짓말 때문에 누군가가 범죄를 저지르게 된다면 그 책임을 어떻게 감당하겠습니까? 내 말과 생각 하나하나가 얼마나 중요한지를 알아야 합니다.

지금 이 일로 아브라함은 고개를 들 수가 없습니다. 하나님 앞에서 두 손 두 발 다 들고 고개도 들지 못할 치욕적인 순간입니다. 그런데 이런 때에 하나님은 아브라함에게 우리 귀를 의심케 할 만한 말씀을 하십니다. 그에게 처음으로 '선지자'라고 불러 주신 것입니다. "아비멜렉이 아무리 행위가 옳아 보여도 아브라함 너는 그를 위해 기도할 수 있는 책임과 특권을 가진 사람이다" 하시면서 아브라함이 세상에서 어떤 위치인지를 알려 주시는 말씀을 하십니다. 놀랍지 않습니까?

지금 아브라함이 한 거짓말이 보통 거짓말입니까? 이 세상을 다 망하게 할 뻔한 거짓말을 했단 말입니다. 한 나라의 비리 정도는 비교할 수도 없는 거짓말, 이 땅을 구원받지 못하게 할 거짓말을 했는데도 하나님은 그를 끝까지 사랑하시고 선지자라고 말씀해 주시는 것입니다.

우리는 다 알 수 없는 내일 때문에 염려합니다. 약점도 많습니다. 어떤 문제에만 부딪치면 번번이 넘어집니다. 하나님을 믿는다고 하면서도 안 믿는 사람과 다를 것이 하나도 없을 때도 있습니다.

그런데도 하나님은 우리를 사랑하십니다. 하나님은 우리를 통해서 세상을 구원하기를 원하십니다. 세상을 위해, 불신자를 위해, 아비멜렉 같은 자들을 위해 기도할 책임을 우리에게 주셨다는 말입니다. 아브라함이 아비멜렉에게 선지자가 되었듯이, 세상을 위해, 불신자를 위해, 내

가족과 이웃 친지들을 위해, 아비멜렉과 같은 모든 자를 위해 우리도 선지자가 되어야 합니다.

선지자의 특권이 얼마나 대단한지, 아브라함의 기도로 아비멜렉에게 내려질 저주와 재앙이 다 거두어졌습니다. 우리가 기도하면 하나님은 우리의 기도를 들으시고 그들을 구원하십니다. 우리에게는 선지자적 책임이 있습니다. 기도할 특권은 우리의 행위로 주어진 것이 아닙니다. 나는 100% 죄인이지만, 오직 믿음으로 다른 사람을 위해 기도할 수 있는 책임과 특권이 우리에게 주어진 것입니다.

우리들교회 중보기도는 응답이 참 잘됩니다. 주 안에서 죄인이라고 고백하는 사람들이 마음을 모아서 기도하니까, 우리의 많은 죄에도 불구하고 응답이 됩니다. 아브라함도 하나님께 쓰임 받기로 작정하고 걸어가기 때문에 그의 수많은 죄에도 불구하고 하나님이 그의 기도를 들어 응답하신 것입니다.

이렇게 믿음이 있는 사람들은 한 번의 실수에 절망했을지언정 곧 회복하고 주의 일에 매진합니다. 그런데 믿지 않는 사람은 어떻습니까? 선지자에게서 약속의 자녀가 나는 것을 아비멜렉이 방해하는 꼴이 됐습니다. 행위로 따지면 아비멜렉을 따라갈 사람이 어디 있겠습니까? 그런데 아비멜렉이 아무리 옳은 것 같아도 그 길의 끝은 죽음뿐입니다. 선지자와는 비교할 수 없는 결말입니다.

선지자의 인생 목적은 거룩이고, 전도이며, 하나님의 증인이 되는 것입니다. 하지만 아비멜렉은 전도와는 상관없는 인생이에요. 불신자는 하나님 나라에 관심이 없지만 하나님 나라는 이어져야 하기에 하나님의 자녀인 나를 인도해 가시는 것입니다. 내가 죄짓고 실수할지라도 영적 후손을 낳을 자이기에 나를 보호해 주시는 것입니다.

이 말씀이 제게 너무 위로가 되었습니다. 제가 아무리 형편없어도 어디를 가든지 전도하며 주님의 증인이 되고자 하니까, 결혼식장에서도 장례식장에서도 주님을 전하니까, 하나님이 오가는 길을 지켜 주시고, 자동차 안에서도 지켜 주시며, 늘 불꽃 같은 눈으로 저를 지켜 주셨습니다. 제가 참 못하는 것도 많고 부족한데 하나님이 전도하라고 저를 지켜 주시는 것을 믿습니다.

믿는 사람과 안 믿는 사람은 하늘과 땅 차이입니다. 우린 다 하나님의 택함과 지키심을 입은 선지자입니다. 그러니 함부로 살아서는 안 됩니다. 내가 얼마나 보배롭고 존귀한 존재인지 알아야 합니다.

그런데 우리는 치욕적인 실수 앞에 너무 쉽게 포기합니다. 삶을 포기하고 하나님의 일을 포기합니다. 그래서 우리에게 필요한 것이 '일관된 진실성'입니다. 아비멜렉의 도덕과 윤리를 넘어서는 일관된 진실성이 있어야 합니다.

심리학자이자 상담가인 헨리 클라우드(Henry Cloud)는 그의 저서《인테그리티》에서 '일관된 진실성'에 대해 이야기합니다. 사람의 마음을 감동시키는 힘은 인테그리티(integrity), 즉 일관된 진실성이라고 설명합니다. 항상 일관되게 진실한 태도로 살아가는 사람의 인생은 잘되고 번성하게 된다는 것입니다. 지능과 재능, 열정과 기술과 기회를 성공으로 바꾸어 주는 열쇠는 도덕과 윤리를 넘어서는 일관된 진실성이라고 합니다.

그런데 우리는 일관된 진실성이라고 하면 도덕이나 윤리를 먼저 떠올립니다. 인테그리티가 상실된 자라고 하면 비리 기업이나 거짓말로 인해 몰락한 슈퍼스타들을 떠올리고, 교회 안에서도 얼마나 비리가 많은가 밤낮 따지느라고 끝이 없습니다. 그러나 이러한 진실성은 안전장치에 불과합니다. '도덕적이고 윤리적인 사람 데려다가 결혼하면 내 가정이 안전하겠다', '도덕적 양심이 뛰어난 사람을 뽑으면 회사가 안전하겠다'고 생각하지만 그게 아니라는 것입니다. 헨리 클라우드는 20년간 수많은 CEO들을 컨설팅해 오면서 정직하고 윤리적임에도 불구하고 성공하지 못하는 사람들을 너무나 많이 보았다고 합니다. 어떤 사람은 절대로 거짓말을 안 하기로 소문난 사장인데 쓸모없는 사업을 포기하지 못해서 파멸 직전에 이르렀다고 합니다. 도덕과 윤리적 양심이 부족해서가 아닙니다. 정직한 사람이지만 일관된 진실성이 없어서 사업이 망해가는 현실을 직시하지 못한 것입니다.

그렇다면 이 일관된 진실성이란 무엇을 가리킵니까? 바로 인간 내면의 힘입니다. 만일 내가 아랫사람들의 전적인 신뢰를 얻지 못하거나, 눈앞의 현실을 제대로 파악하지 못하며, 잘못된 업무 방식 때문에 저조한 결과를 얻고, 골치 아픈 사람이나 부정적인 상황을 대처하지 못하며, 더 큰 임무를 달성하기 위해서 개인의 이익을 버리거나 큰 목표를 향해 헌신하지 못하고 있다면 우리는 각자의 내면에 좀 더 집중하여 스스로 진단해 볼 필요가 있습니다.

우리는 성공의 조건으로 재능, 지능, 교육 수준, 전문 기술, 지식 등을 꼽지만, 가장 크고 확실한 열쇠는 바로 일관된 진실성, 즉 우리 내면의 힘에 있습니다. 그런데 이러한 것에 관심을 쏟거나 이것을 다지기 위해 노력하는 사람은 거의 없습니다. 결국 우리의 예배와 말씀 묵상이 이 일관된 진실성을 얻는 길 아닙니까? 공동체 예배와 개인 예배, 큐티를 통하여 나의 내면을 점검하고 성경적 시간을 보내며 영적인 힘을 기르는 것이 곧 일관된 진실성을 기르는 훈련입니다.

우리들교회의 한 성도님이 사업을 하면서 여러 번 직원을 채용해 봤는데 정작 직원의 전문 지식이나 학벌은 중요하지 않더랍니다. 그보다 우리들교회에서 양육훈련을 잘 받은 사람이 백번 더 일을 잘하더랍니다. 그래서 앞으로는 '우리들교회 THINK 양육을 수료했는가, THINK 양육교사 과정까지 수료했는가'를 채용 조건에 넣고 모두 수료한 사람만 합격시키기로 했다고 합니다. 지금 여러분의 내면은 어떤 모습입니까? 일관된 진실성을 가지고 있습니까?

아브라함이 소돔을 위해 기도했지만 끝내 소돔은 멸망했습니다. 만약 내가 열심히 기도했는데 하나님이 반대의 응답을 주셨다고 생각해 보세요. 세상에서 수치와 조롱을 받아야 하는 역할이 내게 주어졌다고 생각해 보세요. 이겨 낼 수 있겠습니까? 자기 의로 가득 찬 사람은 그러지 못합니다.

그러나 주님은 실수를 반복할 수밖에 없는 100% 죄인인 우리를 택하셔서 이 땅의 선지자로 세워 주셨습니다. 말씀과 예배를 통해 끊임없이 양육하시고 일관된 진실성을 배우게 하셔서, 이 세상을 위해 기도하고 전도하는 책임을 맡기십니다.

그러니 하나님을 믿는 것이 얼마나 큰 특권입니까? 우리의 인생길에는 왜 슬픔과 고통이 따르는지, 그럼에도 왜 이 길을 가야 하는지, 이

길을 어떻게 걸어가야 하는지…… 이 모든 것의 해답인 일관된 진실성은 '예수 그리스도'입니다. 이 땅의 어떤 권세를 가졌다 해도 내가 죽음과 삶을 마음대로 결정할 수 없음을 알아야 합니다.

— 치욕적인 실수에도 불구하고 나를 택하신 주님의 사랑을 경험합니까?

— 나는 한없이 부족한 죄인이지만, 내가 선지자의 특권과 사명을 가지고 중보해 주어야 할 사람은 누구입니까?

— 생활 예배와 공예배, 공동체 예배를 통해 나 자신과 타인을 객관적으로 바라보는 일관된 진실성을 배워 가고 있습니까?

— 오늘 하나님이 나를 자녀 삼아 주신 놀라운 특권과 은혜에 감사하고 있습니까?

## 우리들 묵상과 적용

저는 불신가정에서 태어났습니다. 직장 상사의 소개로 아내를 만나 결혼했지만, 여전히 음주와 가무를 즐기며 살았습니다.

그러던 어느 날 아이들 교육에 욕심이 많았던 아내가 교회에 간다고 했습니다. 믿음을 위해서라기보다는 교회가 강남에 있기에 아이들 교육에 좋다는 친구 집사님의 말을 들은 것입니다. 고등학교 2학년 때까지 동네 교회에 다녀 본 저는 혹 이상한 교회는 아닌지 주일에 데려다 준다고 하면서 같이 우리들교회에 오게 되었습니다. 학교 강당에서 첫 예배를 드렸는데, 감정에 호소하듯이 울먹이는 목사님의 모습만 빼고는 너무 신선한 느낌을 받았습니다.

교회에 출석하면서 지체들의 간곡한 권유로 목장에도 참석했습니다. 그러나 주간과 야간으로 24시간 교대근무가 반복되는 저의 직장생활에는 유혹이 많았습니다. 주간근무가 끝나면 아내에게 문상 등의 거짓 핑계를 대며 1차 삼겹살에 소주, 2차 생맥주, 3차 도우미 있는 노래방, 4차 나이트클럽까지 갔다가 만신창이가 되어 밤늦게야 귀가하곤 했습니다. 세상 문화에 빠져 아내에게 거짓말을 하며 죄 가운데 살았던 것입니다.

또한 축난 몸을 추스르기 위해 마라톤, 등산, 축구에 열심을 내다 보니 급기야 운동 중독에까지 빠졌습니다. 그러던 어느 날 직장 동료들과 축구를 하다가 왼쪽 발 아킬레스건이 완전히 파열되는 사고가 생겼습니다. 대수술을 하고 한 달간 병원에 입원해야 했는데, 그때 목자님이 갖다주신 목사님의 설교 테이프와 아내가 일대일 양육을 받느라 사 둔 목사님 저서들을 통해 이 사건이 절벽 아래로 풀을 먹으러 뛰어내린 양 같은 저를 구하시기 위해 힘이 다 빠질 때까지 기다려 주신 구원의 사건임을 깨닫게 되었습니다.

퇴원 후 깁스를 하고 목장에 참석했고, 그때부터 말씀이 조금씩 들리기 시작했습니다. 공동체의 양육을 통해 비로소 주님이 나를 얼마나 사랑하시는지 깨닫게 되었고, 도무지 변하지 않는 나 같은 사람 때문에 목사님이 애통의 눈물을 흘리신다는 것을 알게 되었습니다.

공동체에 잘 붙어 있으라고 소그룹의 부리더 직분을 주셨지만, 여전히 술의 유혹을 끊지 못하던 저는 '방귀가 잦으면 똥 싸기 쉽다'는 속담처럼 반복적인 실수 끝에 결국은 치욕적인 실수를 하게 되었습니다. 술에 만취한 상태에서 주점 종업원과 시비가 붙어 싸우다가 문짝을 파손했다는 누명을 쓴 것입니다. 억울하게 경찰에 연행되어 문짝 값을 물어 주고 나서야 풀려나올 수 있었습니다. 하나님이 아비멜렉에게 "네가 온전한 마음으로 이렇게 한 줄을 나도 알았으므로 너를 막아 내게 범죄하지 아니하게 하였나니"(창 20:6)라고 말씀하신 것처럼 똑같은 사건에서 반복적으로 무너지는 저를 이 정도의 수치까지만 겪게 하시고 더 큰 실수로 범죄하지 않게 막아 주셨습니다. 그동안 술을 안 먹으면 살 수 없을 것 같았던 제가 이 사건을 통해 예배와 목장에 올인하며 술과 여자를 끊게 되었고, 제가 하는 일이 하나님의 일이 되게 하시기 위해 소그룹 리더로 섬기는 선지자적 책임도 주어졌습니다.

하지만 저는 아직도 부족하여 도덕적이고 윤리적인 아비멜렉 수준으로 소그룹을 섬기기에 지체들에게 미안한 마음이 듭니다. 아브라함처럼 가데스와 술 사이에 우거하며 애굽에 가면 뭐가 있지 않을까 싶기도 하고, 롯처럼 소돔에 거하고 싶은 유혹도 여전합니다. 그러나 말씀을 통해 이 땅에는 온전한 것이 없고 영원히 거할 곳은 천국이라는 사실을 알려 주셔서 나그네의 마음으로 안식하며 살아가게 하셨습니다.

이렇게 부끄러운 구원을 받고 소그룹 모임을 섬기는 리더가 되니 하나님 앞에 고개를 들 수 없지만 가장 중요한 것은 인간의 내면이기에 말씀으로 내 죄를 보며 일관된 진실성을 갖도록 하나님께 은혜를 구하고 있습니다. 아비멜렉에게 사라를 가까이하지 못하게 한 까닭을 설명해 주신 것같이 저에게도 설명해 주실 것을 믿습니다. 또한, 치욕적인 죄 가운데 있는 아브라함을 함부로 살아서는 안 되는 선지자로 호칭해 주신 것처럼 저의 기도로 아비멜렉을 살려 주신다고 하시니 저 자신이 얼마나 보배롭고 존귀한 존재인지 모르겠습니다.

하나님의 약속은 사람의 의로움에 의해서 이루어지는 것이 아니기에 영적 후손을 낳기 위해 하나님의 증인된 삶, 하나님께 쓰임 받는 삶을 살게 하시는 하나님 감사합니다.

나그네 인생길을 살면서 수도 없이 넘어지고 실수를 반복합니다. 그러다가 치명적인 실수를 합니다. 그런데 그런 나를 선지자라고 부르시는 하나님의 음성을 듣습니다. 내 실수를 막아 주시는 하나님을 만납니다.

### 치욕적인 실수를 하면서 나그네 인생길을 깨닫습니다(1절)

회사에서 쫓겨나면서 내 인생이 끝인 줄 알았습니다. 원하는 학교에 입학하지 못하고 실패한 인생을 사느니 차라리 삶을 포기하는 것이 낫다고 생각했습니다. 그런데 이 실수를 통해 이 땅은 완전하지 않다는 것을 깨닫고 직장도, 학교도, 그 어떤 영광스러운 자리도 영원하지 않다는 것을 알게 되었습니다. 우리의 최종 목적지가 새 하늘과 새 땅인 천국임을 알려 주시기 위해 하나님은 내게 나그네 인생을 살게 하시고 영육 간에 이사를 다니게 하셨습니다. 내 영혼이 소돔과 고모라에 영원천년 머물며 망하지 않기 원합니다.

### 실수를 반복하면 치욕적인 실수가 나옵니다(2-3절)

정말 제대로 살아 보고 싶은데 왜 이렇게 똑같은 실수에 넘어지는지요. 여호와 하나님을 내 앞에 두며 살지 않으니 약점이 드러날 때마다 그렇게 거짓말이 튀어나옵니다. 배우자에게 거짓말을 하고 부모에게 거짓말을 하고 상사에게 거짓말을 하고 친구에게 거짓말을 합니다. 하나님 두려운 줄 모르고 돈에 넘어지고 술에 넘어지고 자식에 넘어지고 정욕에 넘어집니다. 그러나 넘어짐이 끝이 아니게 하여 주옵소서. 또 일어나 다시 주님을 붙잡기 원합니다.

### 치욕적인 실수를 치명적인 실수가 되지 않게 하십니다(4-6절)

기가 막힌 죄인이 지금껏 살아 있는 것은 하나님이 그 밤에 내려오셔서 내 죄를 다 막아 주셨기 때문임을 알았습니다. 내가 잘나서가 아니라 하나님이 하나님의 일을 하시기 위해 막아 주셨다는 사실을 알았습니다. 나는 죄인인데 하나님은 하나님의 일을 하십니다. 그 사실이 말할 수 없는 은혜입니다. 내 일이 하나님의 일이 되길 원합니다.

### 치욕적인 실수를 해도 하나님은 선지자로 삼으십니다(7절)

'나 같은 게 무슨 크리스천인가' 하는 생각이 들 때가 있습니다. 하나님 보시기에 부끄러운 시간을 보낼 때가 많습니다. 이런 내가 어떻게 전도하고 이웃을 위해 기도합니까? 그러나 절망과 좌절은 하나님의 방법이 아니라는 사실을 아브라함의 삶을 통해 배웁니다. 하나님은 지금까지 죄뿐인 나를 전도하라고, 기도하라고 지켜 주셨다는 사실을 알았습니다. 이제는 함부로 살지 않겠습니다. 선지자적 사명을 기억하겠습니다. 내 삶이 하나님을 증거하는 삶이 되길 원합니다.

## 영혼의 기도

아버지 하나님, 인생 최대, 인류 최대의 치욕적인 실수를 아브라함이 또 하고 말았습니다. 수많은 믿음의 훈련을 지나고도 또 이렇게 같은 죄를 짓습니다. 그런데 하나님은 그 치욕적인 실수를 치명적이지 않게 막아 주셨습니다. 예수님이 오셔야 하는 일이기 때문에, 그것이 하나님의 일이기에 티끌 같은, 쓰레기 같은 자기를 보면서 절망했을 아브라함에게 '너는 선지자라' 불러 주십니다.

우리 죄가 아무리 크다 해도 이 아브라함의 죄보다 크겠습니까? 우리의 죄가 아무리 주홍같이 붉다 해도 아브라함을 따라갈 수 있겠습니까? 그런데도 여전히 또 실수하는 저입니다. 그럼에도 죄 많은 저의 기도를 들어주시니 감사합니다. 내가 지금껏 주의 일을 할 수 있는 건 그동안 수많은 위기를 주님이 막아 주셨기 때문임을 알았습니다. 혹시 실수에 넘어져 포기하고 싶더라도 '천부여, 의지 없어서 손들고 나옵니다' 고백하는 제가 되게 해 주옵소서.

치욕적인 실수 가운데에서도 하나님 앞에 나아가 하나님을 영접하도록 인도하여 주옵소서. 도덕과 윤리를 넘어서는 일관된 진실성을 가지고 기도하는 인생을 살 수 있게 하옵소서. 내 인생의 목적을 하나님께 두는, 하나님의 증인이 되기 원합니다.

예수님 이름으로 기도합니다. 아멘.

아버지 하나님, 우리의 모든 문제들이 선히 해결되기 위해 어떻게 해야 하는지, 오늘 아브라함의 모습을 통해 알려 주시기 원합니다. 말씀하여 주옵소서.

02

## 내 치졸함을 고백해야 해결됩니다

: 창 20:8-18

루스 퍼델(Ruth Padel)은 영국 옥스퍼드대학교에서 역사상 첫 여성 '시 교수'(professor of poetry)로 선출되었지만 열흘 만에 자진 사퇴를 했습니다. 옥스퍼드대학교의 시 교수는 영국 문학계 최고의 명예직으로 꼽히는 자리인데, 그녀가 교수로 선출되는 과정에서 경쟁자의 성추행 스캔들을 언론에 투서한 사실이 드러난 것입니다. 여론은 엄격한 도덕적 잣대를 들이대며 그녀의 자질을 문제 삼았고, 결국 그녀는 스스로 사퇴할 수밖에 없었습니다.

도덕적인 조건을 갖추지 못하면 문인으로서 존경받을 수 없는 걸까요? 문학사에서 위대한 시인으로 추앙받는 인물 중에는 도덕적으로 온

전하지 않은 사람들도 많았습니다. 20세기 예술가들에게 큰 영향을 끼쳤던 시인 딜런 토마스(Dylan Thomas)는 술고래에다가 친구들의 돈을 훔치는 나쁜 버릇이 있었고, 시집《황무지》의 작가이자 1948년 노벨문학상 수상자인 T. S. 엘리엇(Eliot)은 인종차별과 반유대주의로 해석될 수 있는 시들을 썼다고 합니다. 영국 낭만주의 시대를 이끌었던 시인 조지 고든 바이런(George Gordon Byron)은 난잡한 여성 관계로 유명했고, 그와 함께 영국의 낭만주의를 이끌었던 존 키츠(John Keats)는 상습적으로 마약을 복용했으며, 소설《검은 고양이》와 시 '애너벨 리'를 지은 에드거 앨런 포우(Edgar Allan Poe)는 스물일곱 살 때 열세 살인 사촌 누이와 결혼을 했다고 합니다.

과연 그들이 살아 있었다면 오늘날 시 교수라는 명예직에 오를 수 있는 사람이 몇 명이나 될까요? 그들의 뛰어난 작품들을 도덕적 잣대로 평가할 수 있습니까? 어쩌면 자신이 어쩔 수 없는 죄인이라는 것을 조금이라도 깨달았기에 그들에게서 그런 아름다운 시구가 나오지 않았을까요? 반면에 "나는 죄가 없다"고 외쳤던 바리새인들은 예수님을 십자가에 못 박은 자들이 되고 말았습니다.

그럼에도 우리는 여전히 매사를 도덕적·윤리적인 잣대로만 재려고 합니다. 훌륭하면 훌륭하다고 칭찬하고 치졸하면 치졸하다고 비난합니다. 그러나 우리 속에는 애초에 선한 것이 하나도 없습니다. 하나님이 지켜 주셔서 때마다 어려운 문제가 다 선히 해결되는 것입니다.

그러므로 우리는 먼저 하나님을 알아야 합니다. 십계명의 제1계명이 무엇입니까? "나 외에는 다른 신들을 네게 두지 말지니라"(신 5:7)라고 하셨습니다. 이 1계명을 모르면 아무리 부모를 공경하고 사랑한대도 그것은 진짜 사랑과 공경이 되지 못합니다. 그러나 1계명을 알면 원수를 미워하고 살인했다고 해도 고쳐질 가능성이 있습니다. 하나님을 하나님으로 모실 때 모든 행위가 빛나지만, 하나님을 모를 때는 어떤 행위도 빛이 날 수 없습니다. 죽은 행위일 뿐입니다.

### 믿음 없는 세상 왕 아비멜렉은 정말 훌륭합니다

지금까지 아브라함은 어땠습니까? 치욕적인 거짓말을 하고 부도덕하고 진실하지 못한 행동을 보였습니다. 그런 아브라함과는 다르게 아비멜렉은 얼마나 훌륭한지 모릅니다. 이 둘이 한자리에 있으니 그 차이가 더 분명하게 보입니다.

> 아비멜렉이 그날 아침에 일찍이 일어나 모든 종들을 불러 그 모든 일을 말하여 들려주니 그들이 심히 두려워하였더라 _ 창 20:8

첫째, 아비멜렉은 즉각적으로 순종하는 사람입니다. 아비멜렉은 이방인임에도 하나님이 현몽하여 말씀하시니까 그 아침에 일찍 일어나 즉각 자신의 잘못을 인정하고 고백했습니다.

둘째, 아비멜렉은 하나님을 두려워하는 사람입니다. 믿음이 없는 아비멜렉이 8절과 같이 행한 것은 자신이 무엇을 잘못했는지는 정확히 몰라도 하나님을 두려워했기 때문입니다. 아비멜렉에게 모든 일을 들은 종들까지도 두려워했다고 합니다.

그런데 11절을 보니 아브라함이 "이곳에서는 하나님을 두려워함이 없으니 내 아내로 말미암아 사람들이 나를 죽일까 하였다"고 합니다. 아브라함이 잘못 짚었습니다. 아비멜렉이 하나님을 두려워하지 않습니까? 우리는 다 알 수 없습니다. 소돔에는 한 명의 의인도 없었지만 생각지도 못한 그랄에 하나님을 두려워하는 왕이 이렇게 있으니 말입니다. 우리가 다 타락한 것 같지만 모두가 타락한 것은 아닙니다. 모두가 나쁜 것 같아도 그렇지 않을 수 있습니다.

> 아비멜렉이 아브라함을 불러서 그에게 이르되 네가 어찌하여 우리에게 이렇게 하느냐 내가 무슨 죄를 네게 범하였기에 네가 나와 내 나라가 큰 죄에 빠질 뻔하게 하였느냐 네가 합당하지 아니한 일을 내게 행하였도다 하고 _ 창 20:9

셋째, 아비멜렉은 나라를 걱정하는 훌륭한 지도자였습니다. 아브라함의 실수는 국가와 백성까지 영향을 미쳐 모두를 큰 죄에 빠질 뻔하게 만든 중대한 범죄였습니다. 이것을 정확히 짚어 내는 것을 보면 아비멜렉이 나라를 걱정하는 훌륭한 통치자였음을 알 수 있습니다.

그는 아브라함에게 "내가 네게 무슨 죄를 범하였느냐"라고 말합니다. 도덕적으로도 자신이 있다는 것입니다. 하나님이 현몽하여 모든 일을 막으시자 사라를 아예 가까이하지도 않았습니다. 그러니 "나를 큰 죄에 빠지게 한 것은 바로 아브라함 너다" 이렇게 당당히 말할 수 있는 겁니다.

아비멜렉이 또 아브라함에게 이르되 네가 무슨 뜻으로 이렇게 하였느냐
_ 창 20:10

넷째, 아비멜렉은 권위적이지 않습니다. 아비멜렉은 아브라함이 자신을 변호하도록 허락합니다. 이방인의 왕은 악할 것이라는 선입견과 달리 매우 신사적이고 온유한 태도를 보입니다.

아비멜렉이 양과 소와 종들을 이끌어 아브라함에게 주고 그의 아내 사라도 그에게 돌려보내고 _ 창 20:14

다섯째, 아비멜렉은 아량 있는 지도자입니다. 아브라함이 변명할 때 그 변명을 침착하게 들어주고, 자신의 결혼이 실패로 돌아갔음에도 복수하지 않습니다. 심지어 아브라함에게 양과 소와 종들까지 주며 사라를 돌려보냅니다. 매우 너그러운 모습입니다.

15 아브라함에게 이르되 내 땅이 네 앞에 있으니 네가 보기에 좋은 대로
거주하라 하고 16 사라에게 이르되 내가 은 천 개를 네 오라비에게 주어
서 그것으로 너와 함께 한 여러 사람 앞에서 네 수치를 가리게 하였노니
네 일이 다 해결되었느니라 _ 창 20:15-16

여섯째, 아비멜렉은 통 큰 지도자였습니다. 당시 결혼 지참금의 최고액이 50세겔이었다는 것을 생각하면 은 천 개를 준 것은 아비멜렉이

얼마나 통이 큰 사람인지를 보여 줍니다. 어마어마한 값을 치름으로 사람들 앞에서 사라의 명예를 회복시켜 주었습니다. 정말 훌륭하지 않습니까?

우리는 누가 옳은지 계속 헷갈립니다. 누가 봐도 아비멜렉이 더 훌륭합니다. 성도들은 이 아비멜렉과 같이 구별된 인생을 살아야 합니다. 요즘 세상은 기독교는 좋지만 예수 믿는 사람들이 싫다고 합니다. 예수 믿는 사람이 싫어서 예수도 안 믿겠다고 합니다. 문제만 생기면 다 예수 믿는 사람 때문이라고 합니다. 우리가 세상에서 빛과 소금이 되지 못하기에 이렇게 훌륭한 아비멜렉의 질책을 받을 수밖에 없습니다.

— 믿는 나보다 더 의롭고 훌륭한 아비멜렉 같은 불신자를 보며 부끄러웠던 적이 있습니까?

— 크리스천으로서 바르게 살지 못하여 세상의 윤리와 도덕적 잣대로 책망받은 사건은 무엇입니까?

**하나님의 선지자인 아브라함은 너무나 치졸합니다**

아브라함은 이방인인 아비멜렉의 심한 책망을 받을 만했습니다. 훌륭한 아비멜렉에 비해 계속해서 치졸한 모습을 보이고 있기 때문입니다.

아브라함이 이르되 이곳에서는 하나님을 두려워함이 없으니 내 아내로 말미암아 사람들이 나를 죽일까 생각하였음이요 _ **창 20:11**

첫째, 아브라함은 상황을 부정적으로 인식합니다. 아브라함이 "이곳에서는 하나님을 두려워함이 없다"고 했는데, 우리는 이미 아비멜렉이 하나님을 두려워한다는 것을 확인했습니다. 그런데 자기 마음대로 이곳 사람들은 하나님을 두려워함이 없다고 합니다. 행동으로만 보면 정작 비난의 화살을 맞아야 할 사람은 아브라함입니다.

또 그는 정말로 나의 이복 누이로서 내 아내가 되었음이니라_ 창 20:12

둘째, 아브라함은 사람을 두려워했습니다. 그 바람에 25년이 넘도록 한 번도 꺼내지 않은 이야기를 아비멜렉 앞에서 합니다. 사라가 정말 아브라함의 누이였다는 것을 우리도 이 대목에서 처음 듣습니다. 놀랍지 않습니까? 그동안 드러내고 싶지 않았던 사실을 아비멜렉이 너무 무서우니까 말해 버린 것입니다.

우리는 창세기를 차례로 읽으며 아브라함의 여정을 보아 왔기에 그의 말과 행동이 더 이해되지 않습니다. 지금까지 하나님의 인도를 받아서 승리한 아브라함 아닙니까? 롯을 구하기 위해 한때 생명까지 내어놓았던 사람입니다. 그랬던 그가 왜 이렇게 두려움과 공포에 떠는지 우리는 이해가 안 됩니다. 아비멜렉과 비교하자니 부끄러워서 고개를 들 수가 없습니다.

이 시대도 예수 믿는 사람들이 불신자보다 더 이상하다 보니 우리가 살 수가 없는데, 믿음의 조상이라 하는 아브라함이 너무 이상합니다. 그가 하는 말은 다 변명으로 들립니다. '초신자도 아니고 오래 하나님을 믿은 사람이 어떻게 이럴 수가 있는가!' 믿는 우리조차 이런 의문에 사로잡힙니다.

아무리 근친결혼이 고대 근동의 관습이었다고 해도, 아브라함은 하나님의 선지자 아닙니까? 지금까지 하나님이 어떻게 인도해 오셨는데, "사라가 정말 나의 누이이기도 하니 완전한 거짓말은 아니다"라고 하면 되겠습니까? 사라는 분명히 아브라함의 아내입니다. 아내와 누이는 하늘과 땅 차이입니다. '그럴 수밖에 없었다'는 말은 아브라함을 정당화시켜 줄 수 없습니다.

> 하나님이 나를 내 아버지의 집을 떠나 두루 다니게 하실 때에 내가 아내에게 말하기를 이후로 우리의 가는 곳마다 그대는 나를 그대의 오라비라 하라 이것이 그대가 내게 베풀 은혜라 하였었노라 _ 창 20:13

셋째, 아브라함에게는 진실성이 없어 보입니다. 이게 무슨 이야기입니까? 자기가 혼자 거짓말한 것이 아니고 사라와 짰다는 말입니다. 이미 12장에서 한 번 써먹은 변명입니다. 20년이 훨씬 지난 지금도 똑같은 변명을 늘어놓고 있습니다. 그때 바로에게 얼마나 혼이 났습니까? 그런데 같은 거짓말이 반복되니 정말 진실성이 의심되는 대목입니다. 그랄이고 벧엘이고 옮겨 다닐 때마다 아내를 누이라고 하며 결혼 사실을 늘 숨겼다면 이것만으로도 믿을 수 없는 사람으로 자리매김하기에 충분한 것 아닙니까? 치졸하기가 이루 말할 수 없습니다.

바람피우는 사람들도 "나 결혼 안 했어. 미혼이야"라는 거짓말은 안

한답니다. 그들은 그저 이런 변명을 한다고 합니다. "부인과 사이가 안 좋아서……", "남편과 별거한 지 꽤 돼서……", "결혼생활은 이미 끝났고 이혼만 앞두고 있어서……" 그러고 보면 아브라함은 그야말로 사기꾼 아닙니까?

> 사라에게 이르되 내가 은 천 개를 네 오라비에게 주어서 그것으로 너와 함께 한 여러 사람 앞에서 네 수치를 가리게 하였노니 네 일이 다 해결되었느니라 _ 창 20:16

넷째, 아브라함에게는 괘씸죄가 있었습니다. 아브라함의 모든 이야기를 들은 아비멜렉이 사라를 돌려보내며 '다 해결되었다'고 이야기합니다. 개역한글판 성경에는 이 대목을 '다 선히 해결되었느니라'라고 번역했습니다. 그런데 아비멜렉은 이 말을 아브라함이 아닌 사라에게 합니다. 그러면서 은 천 개를 '네 남편'에게 주라고 하지 않고 '네 오라비'에게 주라고 합니다. 아직도 아브라함이 괘씸하다는 겁니다. "네 변명은 잘 들었다만 내가 너를 용서는 못 하겠다"는 겁니다. "내가 하나님의 말은 들어도 너는 용서 못 한다. 하나님이 무서워서 주긴 준다만, 너 정말 그렇게 살지 마라" 하는 것이지요. 하나님을 믿는데도 너무 싫은 사람, 괘씸한 사람이 있지 않습니까? 아비멜렉의 말이 정말 공감됩니다.

> 17 아브라함이 하나님께 기도하매 하나님이 아비멜렉과 그의 아내
> 와 여종을 치료하사 출산하게 하셨으니 18 여호와께서 이왕에 아브라

함의 아내 사라의 일로 아비멜렉의 집의 모든 태를 닫으셨음이더라
_ 창 20:17-18

그런데 이어지는 본문을 묵상하면서 또 다른 놀라운 사실을 발견합니다. 이렇게 치졸하고 죄 많은 아브라함을 하나님이 선지자로 삼으셨다는 것입니다. 하나님을 두려워하는 훌륭한 아비멜렉더러 '지질한' 아브라함의 기도를 받고 치료 받으라는 것입니다. 이것은 하나님의 엄청난 명령입니다. 어떻게 이런 일이 일어날 수 있습니까? 어떻게 이런 거꾸로 인생이 있을 수 있습니까? 내가 피해를 준 사람에게 가서 기도로 그의 병을 고쳐 주어야 하는데, 그 대상이 이방인의 왕이란 말입니다. 기도가 나오겠습니까?

하나님은 아비멜렉의 집을 그냥 출산하게 하실 수도 있는데, 치졸한 아브라함의 기도를 받게 하십니다. 아브라함이 기도하여 아비멜렉의 집안이 치료를 받는 과정을 만드십니다. 아브라함이 "나을지어다" 한다고 갑자기 닫혔던 태가 열렸겠습니까? 하나님은 그렇게 일하지 않으십니다.

— 하나님을 믿으면서도 사람을 두려워하고 상황을 부정적으로 보고 있는 것은 무엇인가요?

— 나의 뿌리 깊은 편견과 피해의식에는 어떤 것이 있나요?

— 크리스천으로서 하지 말아야 할 일임에도 "그럴 수밖에 없었다"고 합리화하며 행했던 잘못은 무엇입니까? 그 잘못의 밑바닥에는 어떠한 두려움이 있었습니까?

## 문제 해결에 앞서 아브라함의 죄의 고백이 있습니다

11절을 다시 한 번 보겠습니다.

> 아브라함이 이르되 이곳에서는 하나님을 두려워함이 없으니 내 아내로 말미암아 사람들이 나를 죽일까 생각하였음이요 _ 창 20:11

안 믿는 자의 입장에서 보면 아브라함의 이 말은 치졸한 변명입니다. 그런데 이 똑같은 본문을 조금 다르게 생각해 봅시다. 아브라함은 지금 한 번도 말한 적 없는 숨은 부끄러움, 비밀의 죄를 오픈했습니다. 20년 이상 사라와 짜고 계획한 비밀을 말한 것입니다.

이 비밀은 스스로는 이야기할 수 없습니다. 무덤까지 가져가려던 비밀입니다. 너무나 부끄럽고 스스로도 말이 안 되는 비밀이기 때문입니다. 그런데 아브라함이 아비멜렉 앞에 서니 그가 워낙 압도적으로 훌륭하고, 얼굴을 들 수 없게 합니다. 아비멜렉 앞에서 자신을 보면서 얼마나 수치스럽고 한심했겠습니까? 게다가 아비멜렉에게 추궁을 당하는데, 그 추궁마저도 정의롭고 온화합니다. 아브라함이 정말이지 할 말을 잃었습니다. 그래서 깊고 깊은 무덤까지 가져가겠다고 생각한 뿌리 깊은 자신의 죄를 고백하게 된 것입니다.

이 생각을 가지고 본문을 다시 읽어 봅시다. 저는 이렇게 읽힙니다.

"이곳은 하나님을 두려워함이 없으니 내 아내 때문에 사람들이 나를 죽일 것 같았습니다. 그래서 사라에게 가는 곳마다 나를 그대의 오라비라고 해 달라고, 이것이 그대가 나에게 베풀 은혜라고 거짓말을 하게 했습니다."

간증 같지 않습니까? 솔직히 자기가 두려웠다는 것입니다. 내가 그것밖에 안 된다는 것입니다. 아브라함은 하나님의 사람입니다. 하나님의 사람은 때마다 이렇게 자기 죄를 봅니다. 그런데 세상 사람은 이것을 치졸하게밖에 안 듣습니다. 그러니 세상 사람들에게 알아 달라고 사정하며 이야기할 필요가 없습니다. 지금 아브라함은 하나님을 알 만한 왕 앞에서 최초로 자신의 죄를 오픈합니다.

그러면 무조건 오픈한다고 하나님이 지켜 주십니까? 하나님이 아브라함을 지키신 이유는 또 있습니다. 아브라함을 선지자로 세우신 분은 하나님입니다. 하나님은 계속해서 아브라함을 이끌고 이곳저곳을 다니게 하셨습니다. 지금으로 치면 선교사로서 이곳저곳으로 이사 다닌 것입니다. 아브라함 입장에서는 하나님이 우르를 떠나라고 하셔서 떠났지만 가는 곳마다 문화도, 풍습도, 말도 다르고, 어떤 곳은 치안도 혼란했을 것입니다.

당시 근동에서는 근친결혼을 통해서 자녀를 많이 낳아 세를 불려야 하는데 아브라함은 아들 하나 없으니, 적은 식솔들을 이끌고 얼마나 두려웠겠습니까? 말도 안 통하는데 예쁜 사라까지 옆에 두고 있자니 각 족속이 자기를 죽일 것 같아서, 무서워서 거짓말을 했다는 것입니다.

결국 하나님이 이 말을 듣고 보니까 아브라함이 증인 되려고, 선지자 하려고 거짓말한 것입니다. 물론 자기를 위해서 한 거짓말도 1%는 섞여 있었을지 모르지만, 아브라함은 근본이 선지자입니다. 사실 아브라함이 선지자 하기가 싫었다면 친척들이 있는 우르로 돌아가면 그만입니다. 그러면 이런 고민도, 두려움도, 수치도 없는 곳에서 잘 살 수 있었을 것입니다. 그런데 아브라함은 고향으로 돌아가지 않았습니다. 사명을 감당하겠다고, 선지자의 명령을 수행해 보겠다고 이곳저곳 다니다 보니 어쩔 수 없이 실수를 한 것입니다.

그러나 택함 받은 아브라함은 하나님이 직접 야단치지 않으셔도 사건이 올 때마다 깨닫는 것이 있어서, 점점 성숙해져 깊은 영성에 도달하는 것을 봅니다. 12장에서도 하나님은 아브라함을 야단치지 않으시고 바로를 야단치셨습니다. 그래도 깨닫는 것은 아브라함이라서 바로가 은금과 육축을 풍부하게 주었지만, 13장에 보면 아브라함은 그 재물을 롯에게 다 양보합니다.

영성의 깊이가 생기면 말씀을 적용하는 삶을 삽니다. 그래서 하나님은 지금까지 아브라함을 한 걸음 한 걸음 인도해 오셨습니다. 그런데도 아직 이렇게 치졸한 면이 있을 수 있습니다. 그래도 우리가 자기 죄를 보며 사명 깨닫고 걸어가는 것을 하나님이 전적으로 보호하십니다.

이방 왕에게 숨은 부끄러움을 고백했으니 아브라함이 얼마나 후련했겠습니까? 말하지 못하던 그 부분을 오픈하고 나니까 너무나 자유해졌을 것입니다. 바로 이 사건 이후에 다음 장에서 드디어 기다리고 기다리던 이삭이 나옵니다.

영적 상속자를 낳기 위해서 '오늘 내가 뿌리 깊은 죄의 고백을 해야 할 것이 무엇일까' 생각해 보기 바랍니다. 이 고백은 그냥 나오지 않습니다. 아브라함이 아비멜렉 앞에서 큰 실수를 하고 무서우니까 진실한 죄의 고백이 나온 것처럼, 우리가 실수할 때마다 숨은 부끄러움의 일이 하나둘씩 나오게 되는 것입니다. 이것을 생각하면 정말 기가 막힙니다.

하나님은 죄의 고백이 얼마나 큰 능력인지 알게 하십니다. 고백이 능력입니다. 우리들교회의 죄 고백이 얼마나 능력인지 모릅니다. 사실 얼마나 치졸합니까? 바람피우고, 쫄딱 망했다는 고백이잖아요. 그러나 이 고백을 하나님 앞에서 했을 때 하나님이 보호해 주십니다. 아브라함은 이 사건을 통해서 부활의 영광을 알게 됐습니다. 이후로 아브라함은 실수하지 않습니다. 고백을 통해서 자유함으로 해방되시기를 바랍니다.

— 다른 사람의 죄의 고백을 도덕과 윤리의 관점으로 판단하며 치졸하게만 바라보았던 적은 없나요?
— 나는 사건이 오면 불평하고 낙심해 넘어지나요, 말씀과 기도를 통해 내 죄를 보고 회개하나요?
— 큰 실수를 통해 하나님은 내 숨은 부끄러움의 일을 고백하게 하십니다. 영적 상속자를 낳기 위해 내가 회개해야 할 뿌리 깊은 죄는 무엇입니까?

### 아브라함에게 수준 높은 '안 되는 역할'을 맡기셨습니다

그렇다면 하나님은 왜 아브라함에게 이런 고백을 하게 하신 걸까요? 왜 그를 지켜 주신 걸까요?

17 아브라함이 하나님께 기도하매 하나님이 아비멜렉과 그의 아내와

여종을 치료하사 출산하게 하셨으니 18 여호와께서 이왕에 아브라함
의 아내 사라의 일로 아비멜렉의 집의 모든 태를 닫으셨음이더라 _ 창
20:17-18

내 옆에 누가 죽게 생긴 일이 있으면 그것은 전도하라는 뜻입니다. 죽게 될 일이 생겨야 기도와 전도를 받습니다. 그전엔 안 됩니다.

아비멜렉의 집이 그랬습니다. 사실 그는 훌륭한 사람이 아닙니다. 그가 사라를 취하지 못한 것은 병에 걸렸기 때문입니다. 그뿐 아니라 하나님은 그의 아내들도 출산하지 못하도록 그 집의 모든 태를 닫으셨다고 합니다. 그러니 아비멜렉이 스스로 거룩해서 죄짓지 않은 것이 아니라는 말입니다. 병이 걸리게 하신 분은 하나님이고, 하나님 때문에 사라를 취하지 않게 된 것입니다. 결국 아비멜렉도 하나님의 은혜가 필요한 사람이었습니다.

이처럼 하나님은 아비멜렉의 태를 미리 닫아 놓으시고, 아브라함이 아비멜렉에게 인정받도록 인도하셨습니다. 이것이 하나님의 기가 막힌 세팅입니다. 꼭 선지자의 기도를 받게끔 하시는 것입니다. 그래서 '아비멜렉이 훌륭하냐, 아브라함이 훌륭하냐' 하는 말은 소용이 없습니다. 우리는 늘 옳고 그름을 따지지만, 하나님은 내가 형편없는 죄인이라도 어떤 문제를 내 기도로 해결하기로 작정하셨으면 마지막에 가서는 나를 통해서 해결하십니다. 아비멜렉을 그냥은 안 고쳐 주시는 것입니다. 선지자 아브라함의 기도가 있어야 합니다.

아브라함이 기도하니까 아비멜렉의 집이 치료되어 출산하게 되었

습니다. 하나님은 아브라함을 통해 왕실의 건강이 회복되게 하셨습니다. 아비멜렉은 절대로 아브라함의 기도를 받을 사람이 아니지만, 죽게 생겼으니까 이렇게 기도를 받습니다.

그러나 여기서 중요한 것은 훌륭한 아비멜렉도, 치졸한 아브라함도 아닌 '영적 상속자'입니다. 하나님이 아비멜렉 집의 모든 태를 닫으신 것은 영적 상속자 이삭의 출생을 위해서입니다. 원죄의 형벌로 인해서 죄가 만연한 이 땅에 영적 상속자가 오는 것이 하나님께 가장 중요한 일입니다. 그런데 아비멜렉과 사라가 동침을 했다가는 이삭이 못 오지 않습니까? 그걸 막으신 것입니다. 그 이상도 이하도 아닙니다.

하나님은 태를 닫기도, 열기도 하십니다. 아비멜렉 집의 태를 여신 하나님은 아브라함의 집의 태는 아직 닫고 계십니다. 우리가 치유의 문제를 놓고 기도할 때 그것이 단순한 것이 아님을 알아야 합니다. 다른 사람의 자녀를 위해 기도해 주고도 내 자녀는 되는 일이 없을 수도 있습니다. 아브라함 입장에서 생각해 보면 자기는 지금 자식이 없지 않습니까? 어떻게 내가 23년 동안 기도했어도 해결이 안 되는 그 문제가 아비멜렉의 집에서는 내 기도 한 번에 금세 해결됩니까? 자기 부인은 임신도 못 하고 있는데 다른 부인들 아이를 낳게 해 주고 있는 꼴입니다. 아브라함이 아비멜렉의 태가 열리는 것을 보면서 '세상에, 이렇게 쉽게 되는 것이 왜 우리 집에서는 안 되는가' 하지 않았겠습니까? 하나님의 섭리를 생각하지 않았겠어요? 하나님이 무슨 빽덕어미라서 우리 집 문제는 해결을 안 해 주시는 것이겠습니까?

이는 오직 역할의 문제입니다. 빨리 되는 역할, 안 되는 역할이 있을 뿐입니다. 하나님은 아브라함에게 수준 높은 '안 되는 역할'을 맡기셨습니다. 이걸 생각하니 정말 눈물이 앞을 가립니다. 이런 기가 막힌 역할을 맡겨야 하니까 아브라함이 실수해도 하나님은 보호해 주실 수밖에 없습니다. 복을 주실 수밖에 없습니다. 아브라함이 얼마든지 고향으로 돌아갈 수 있는데도 하나님만 믿고 가잖아요.

하나님은 우리에게도 안 되는 역할을 맡기십니다. 그것도 오래도록 맡기실 수 있습니다. 우리들교회의 한 집사님도 그렇게 기도하고 선교하고 열심히 주의 일을 하는데 14년 동안 아이를 안 주셨답니다. 다른 가정을 위해 기도하면 그 사람들은 아이를 낳는데, 자기만 아이가 없는 겁니다. 그러나 오래도록 그 역할을 했기 때문에 지금은 하나님께 쓰임받고 있습니다. 그 역할이 오래될수록 내가 거룩으로 나아가는 구조가 되는 것입니다.

그러니 내 자식, 내 남편, 내 부모, 내 시부모의 문제는 해결하지 못해도, 이웃의 아내, 부모, 자식 문제는 열심히 돕고 기도해야 합니다. 그렇게 해결사가 되면 하나님은 이런 하나님의 선지자를 보고 기쁨을 이기지 못하실 것입니다.

저 역시 안 되는 역할로 얼마나 많은 사람을 살렸는지 모릅니다. 남편이 죽고, 자식도 어쩌면 그렇게 안 되는 게 많은지 모릅니다. 다른 사람들보다 쉽게 되는 것이 하나도 없었습니다. 그런데 이 역할로 "나는 왜 이렇게 되는 일이 없을까. 하나님이 싫다"라는 말을 한 적이 없습니다. 지난 몇 십 년간 큐티를 하면서 성도들과 저의 안 되는 것들을 나누고 솔직하게 오픈하면서 여기까지 왔습니다.

혹시 안 되는 역할을 맡고 있습니까? 그렇다면 "나는 되는 게 없어" 하시면 안 됩니다. 제가 겉으로는 되는 일이 없어 보여도 되는 일도 많게 하셨습니다. 하나님은 제가 남편의 생명을 내놓고 기도했을 때 남편의 구원을 이루셨고, 제 이야기를 약재료로써 나누었더니 많은 사람이 우리들교회로 모이게 하셨습니다. 이것도 되는 일입니다. 항상 영적 상속자에 초점을 맞추고 걸어가야 합니다.

후세인과 클린턴의 차이를 다룬 한 칼럼을 읽었습니다. 이라크 전 대통령 후세인은 이라크전 때 미국에 치욕적인 패배를 당하는 중에, 한 평도 안 되는 지하 벙커에 숨어 있다가 체포되었습니다. 그때 "쏘지 마라! 살려 달라!"고 너무나도 비굴하게 목숨을 구걸했다고 합니다. 그렇게 비굴하게 구걸한 목숨을 미군도 아닌, 자기 백성에 의해 사형당해 잃고 말았죠. 그 목숨이 오래 유지되지 못했습니다. 어차피 죽을 목숨인데 지도자답지 못한 치졸한 모습을 보여 주었습니다.

그에 비해서 클린턴 전 미국 대통령은 임기를 성공적으로 마무리하던 중에, 르윈스키와의 섹스 스캔들이 터지면서 모든 것이 하루아침에 추락했습니다. 미국 대통령이라는 최고의 자리에서 졸지에 전 세계 사람들에게 도덕적 망신을 당한 것입니다. 부인과 딸도 감당할 수 없는 수치심을 느꼈을 것입니다. 가장으로서 명예도 실추되었습니다.

처음에 그는 거짓말을 하며 모든 사실을 부인했지만, 증거가 드러나자 "부적절한 관계를 맺었다"고 진술했습니다. 그것도 백악관 한복판에서 말입니다. 만약 제가 그 입장이라면 살고 싶지 않았을 것 같습니다. 정쟁도 아니고 한낱 여자와의 스캔들로 망신을 당한 것 아닙니까? 그런데 클린턴은 극단적 선택을 하지 않고 용서를 구했습니다. 그는 만천하에 자기 잘못을 인정했고, 실추된 명예를 조금이라도 만회하기 위해서 갖은 노력을 했습니다.

클린턴이야말로 아브라함처럼 치졸하지 않습니까? 도무지 살 만한 이유가 하나도 없습니다. 그럼에도 예수 믿는 사람은 이 땅에서 그 수치와 조롱을 받아 내야 합니다. 반드시 그 모든 수모를 받으며 살아 내는 모습을 보여야 합니다. 그렇게 남편으로서, 아버지로서의 모습을 회복하는 것이 선히 해결되게 하시는 하나님의 처방이라는 말입니다.

우리는 도덕과 윤리에서 완벽히 자유로울 수 없습니다. 누구나 수치스러운 이야기는 하기 싫습니다. 한 나라의 대통령도 그렇지만, 평범한 가정을 꾸리며 사는 우리도 마찬가지입니다. 우리들교회의 목장 보고서에서 한 남자 집사님의 사연을 읽었습니다. 집사님의 딸이 혼전 임신을 하게 되었습니다. 남자친구는 불신자이고 딸은 대학생입니다. "성폭행당해 생긴 아이라도 하나님이 주신 생명이기에 낳아야 한다"는 말씀을 늘 들었지만, 막상 이런 일이 생기니 도저히 답이 안 나오더랍니다.

며칠 후 남자친구의 부모를 만났는데 그들은 아이를 떼라고 했습니다. 집사님 내외가 "우리는 교회에 다니는 사람들이니 아이를 낳아서 기르겠다"고 하니, 그 부모가 당황하더랍니다. 그러나 "아이는 우리가 기를게요" 하니 곧 표정이 풀어졌습니다. 집사님 부부는 공동체의 조언대로 모든 상황을 인정하고, 아이들을 결혼시키고 교회 양육을 받도록 돕기로 결정했습니다. 이렇게 예수 믿는 사람은 안 믿는 사람들이 죽었다 깨어나도 못할 적용을 해야 합니다.

집사님은 만약에 교회에 다니지 않았더라면 자신도 이 문제를 세상적인 방법으로 해결했을 것이라고 합니다. 그러면서 "돌아보면 교회를 다니지만 하나님과 세상 사이에서 양다리를 걸치며 살았습니다. 알게 모르게 음란도 많이 행했어요" 하며 자신의 뿌리 깊은 죄를 고백했습니다. 자신의 부끄러운 믿음 때문에 딸에게 이런 사건이 왔고, 자신의 실수로 딸이 죽게 생겼다고 고백했습니다.

아내 집사님도 교회 홈페이지에 공개적으로 기도제목을 올렸습니다.

> "대학교 새내기인 딸아이가 혼전 임신을 했습니다. 같은 학년인 남자친구는 불신가정에서 자라나 믿음이 없고, 아직 군대도 다녀오지 않았습니다. 둘 다 아이를 낳아서 기를 준비가 전혀 되어 있지 않기에 이 놀라운 사건 앞에서 고심했습니다. 그러나 반드시 아이를 낳아야 한다는 목사님 말씀에 순종하여 아이를 낳기로 적용했습니다. 이 일로 수치와 조롱을 당할지라도 이것이 딸에게 구원의 사건이 되기를 기도하고 있습니다.
>
> 이번 주부터 딸아이의 남자친구도 우리들교회에 나와서 예배드리고 새신자 양육도 받기로 했습니다. 저희 부부가 함께 양육훈련을 마치고 양육교사훈련으로 들어가기 직전에 이런 사건이 왔습니다. 얼마 전 남편이 목장에서 음란을 오픈하고, 술을 끊고 빚도 갚기로 결심했는데 연이어 이런 사건이 찾아와서 두렵기도 합니다.
>
> 그러나 이 사건을 통해서 100% 죄인인 저의 모습을 보았습니다. 저희 부부 역시 혼전순결을 지키지 못한 것을 하나님께 회개합니다. 더 회

개하고 수치와 조롱의 십자가를 잘 감당하라는 하나님의 명령으로 알고 순종하기를 원합니다. 이 일이 우리 딸과 남자친구, 그리고 그 가정의 구원 사건이 되기를 기도하며 중보기도를 부탁드립니다."

우리는 이런 이야기는 하기 싫어합니다. 그저 아이를 낙태해 버리면 그만이라고 생각하지 않습니까? 그러나 이렇게 두려운 일이 생기니까 우리에게 뿌리 깊은 죄의 고백이 일어나는 것입니다. 문제가 선히 해결되려면 이런 고백이 필요합니다. 숨은 부끄러움을 고백할 수 있는 마음가짐이 필요하고, 그런 마음가짐을 갖게 할 예배와 교회가 필요한 것입니다.

무슨 일만 일어나면 기독교가 욕을 먹습니다. 개독교라는 말까지 들립니다. 우리가 왜 그런 말을 들어야 하는지 억울합니까? 그러나 그럴수록 우리는 내 죄를 봐야 합니다. 문제가 해결되는 길은 아브라함처럼 자기 죄를 보는 것밖에 없습니다. 누가 훌륭하고 치졸하고를 다 떠나서, 날마다 잘잘못을 따지기에 앞서서 아브라함처럼 뿌리 깊은 죄 고백이 우리 각자에게 있을 때 모든 문제가 선히 해결될 줄을 믿습니다.

— "예수 믿어도 되는 일이 없어"라는 말을 입에 달고 있지는 않습니까?

— 하나님이 나에게 주신 '안 되는 역할'은 무엇이 있나요?

— 내가 '안 되는 역할'을 다하며 내 곁의 사람들을 섬기고 갈 때 하나님이 수준 높게 보아 주셔서 내 길을 인도해 가심을 믿습니까?

## 우리들 묵상과 적용

불신 가정에서 둘째 아들로 태어난 저는 교회 다니는 사람들이 너무나 지질하게 보여 절대로 교회에 다니지 않으리라 생각했습니다. 그러나 주재원으로 낯선 나라에 가니 먹고사는 문제부터 자녀교육 문제까지 걱정되지 않는 것이 하나도 없었습니다. 그래서 고민하던 중에 교회를 다니면 교인들이 이해타산 없이 도와준다고 하는 선배 주재원의 권유에 못 이기는 척 교회를 다니기 시작했습니다.

저는 술주정하는 아버지가 싫어서 술을 마시지 않겠다고 했는데, 정신을 차려 보니 어느새 술꾼이 되어 있었습니다. 그렇지만 술에 취해도 절대로 남에게 피해를 주지 않겠다고 다짐을 했고, 술 접대가 성접대로 이어진다는 말을 들어도 나는 절대로 그렇게 타락하지 않겠다고 다짐했었습니다. 그런데 어느 날 술에 취해서 외도를 경험한 후부터는 오히려 그때까지 절제한 것을 후회하며 술자리가 있을 때마다 적극적으로 기회를 엿보게 되었습니다. 정죄감이 들긴 했지만, 세상이 원래 그런데 난들 어쩔 수 있겠느냐고 치졸하게 합리화했습니다.

아브라함이 하나님의 선지자로서 이곳저곳 떠돌아다녀야 했기에 자신과 가족을 지키려고 거짓말을 하면서도 우르로는 돌아가지 않았다고 하는데, 저도 외국으로 돌아다닐 때마다 아내에게 거짓말을 하면서도 정죄감이 더해지니 세상으로 나가지 않고 더욱 열심히 주일성수를 했습니다. 하나님이 아브라함을 직접 야단치시지 않고 은금을 주셨던 것처럼 저에게도 재물을 주셨습니다. 하지만 세월이 흐를수록 저의 심령은 상해만 갔습니다. 육적으로도 술과 담배를 끊지 않으면 지방간이 심각해질 수 있다는 처방을 받았습니다.

그렇게 영육 간의 피곤함으로 괴로워하던 중에 2004년 새해 첫날 아내를 따라 난생처음 새벽기도를 갔습니다. 그 자리에서 온전한 크리스천이 되고 싶다고 환경을 바꿔 달라는 기도를 했는데, 한 달도 되지 않아 다시 영국 주재원으로 발령이 났습니다. 기도가 응답되었다는 생각이 들었고, 영국으로 가는 비행기 안에서《야베스의 기도》라는 책을 읽고 감동을 받아 영문 이름마저 Jabez Kim으로 지었습니다.

저는 야베스처럼 기도하면 하나님이 복을 더해 주셔서 곧 승진도 되고, 아이들도 영국으로 유학 오게 될 테니 모든 근심 걱정이 다 없어질 줄 알았습니다. 그런데 현실은 그렇지 않았습니다. 핵심 고객으로부터 좋지 않은 평가를 받았고 본사로부터도 불신임을 받아 승진은커녕 임기를 채우기도 어렵게 되었습니다. 상한 마음으로 새벽 예배에 나가 하나님께 떼를 부리듯 기도도 해 보았지만 상황은 나아지지 않았습니다. 그때부터 아내가 그토록 권했던 우리들교회 설교를 인터넷으로 듣기 시작했고, 결국 조기 귀임 발령을 받아 귀국한 후에는 우리들교회에 나오게 되었습니다.

그 후 우리들 공동체에서 말씀과 간증을 들으며 내 죄가 보이기 시작했습니다. 때마다 저의 바람 사건을 고백하고 싶었지만, 도저히 감당할 자신이 없었습니다. 이 세상 남자들이 다 바람을 피워도 내 남편만은 그럴 사람이 아니라고 굳게 믿고 있는 아내를 차마 실망시킬 수 없었습니다. 그런데 예비목자 양육훈련 마지막 날에 나도 모르게 무덤까지 가져가려 했던 음란죄를 고백하게 되었습니다. 치졸한 실수를 반복하던 아브라함이 24년간이나 말하지 못했던 뿌리 깊은 죄를 고백하고 나서 자유로워진 것처럼, 저도 도저히 말할 수 없었던 저의 한 부분을 오픈했다는 것만으로도 은혜와 감동이 느껴졌습니다.

하지만 집안에는 광풍이 불었습니다. 아비멜렉이 아브라함을 용서했지만 괘씸하게 생각해서 그를 사라의 '오라비'라고 한 것처럼, 아내는 다시 태어나도 지금 남편과 결혼하겠다고 말한 것을 취소하고 싶다며, 괘씸하게 생각하며 분노했습니다. 그런 아내와 험하게 변한 집안 분위기로 불안해하는 딸들에게 용서를 빌 때는 정말 비참한 심정이었습니다. 그런데 고백을 들은 초등학생 막내딸이 오히려 "솔직하게 말해 줘서 고맙다"며 저를 위로해 주었습니다. 아브라함의 솔직한 고백이 능력이 되어 십자가 후에 오는 부활의 영광도 알게 된 것처럼, 내가 세상으로 돌아가지 않고 끝까지 수치와 조롱을 받아 내고, 아버지로서 남편으로서 잘사는 것이 바로 다 선히 해결해 주시는 하나님의 처방이라는 것이 믿어졌습니다.

연초에 그렇게 바라던 승진이 또 안 되었습니다. 그렇지만 그동안 들어 온 말씀에 힘입어 소그룹의 리더가 되었을 때 '승진이나 시켜주시지' 하며 감사하지 못했던 것을 회개하며 지체들에게 억지로라도 감사의 문자 메시지를 보낼 수 있었습니다. 그러자 그렇게도 인정하기 어려웠던 나의 능력 없음이 인정되었고, 내 문제는 해결되지 않아도 다른 사람을 위해 기도하고 도우며 영적 상속자를 낳는 선지자의 역할을 잘하는 것을 기뻐하신다고 하신 말씀처럼, 먼저 승진해서 잘나가는 후배들을 위해서도 기도할 수 있게 되었습니다.

내가 별 볼 일 없는 인생이라는 것을 알게 되니 마음이 상할 때마다 부를 수 있는 하나님이 내 아버지인 것이 너무나 감사하고, 날마다 넘어지고 또 무너져도 나눌 수 있는 공동체가 있다는 것에 감사합니다.

## 말씀으로 기도하기

치졸한 기독교인들이 훌륭한 세상 사람들을 전도해야 하는 시대에 살고 있습니다. 그러나 우리가 이렇게 치졸한 아브라함 같으니 누가 우리 말을 믿겠습니까? 그러나 하나님은 죄인의 기도로 훌륭한 세상이 치료받을 수 있도록 기막힌 환경을 세팅하십니다.

**믿음 없는 세상 왕 아비멜렉은 정말 훌륭합니다**(8-10절, 14-16절)

이 땅에 크리스천이 이리도 많은데 여전히 많은 사람이 우울증과 자살충동으로 고통당하고, 외로움과 배고픔에 방치되어 있습니다. 예수 믿는다면서 선지자적 사명을 감당하기는커녕, 서로 도덕적, 윤리적 잣대를 들어 잘잘못을 따지니 어느 누가 이런 우리를 보며 박수 치겠습니까? 이웃이 나를 보며 '네가 싫어 예수 안 믿겠다'고 할까 두렵습니다. 세상이 여전히 하나님을 모른다면, 이웃이 여전히 주님을 모른 채 죽어 간다면 그것을 애통해하며 우는 우리가 되기 원합니다. 세상을 위해 기도하고 전도하기 원합니다.

**하나님의 선지자인 아브라함은 너무나 치졸합니다**(11-18절)

오늘 아비멜렉 앞에서 치졸하기 이를 데 없는 아브라함의 모습이 곧 나입니다. 세상과 사람을 두려워하며 핑계와 변명을 일삼았습니다. 하루 이틀 교회 다닌 것도 아니고 수도 없는 시간 동안 큐티하고 나눔

하고 훈련받아 놓고 큰 문제 앞에서 또 같은 약점에 넘어지며 모든 것이 허사가 되게 했습니다. 그런데도 주님은 제 기도를 들으십니다. 이웃을 위해 기도하라 하십니다. 그래서 주님 앞에 엎드릴 수밖에 없습니다. 회개할 수밖에 없는 인생을 살고 있습니다.

### 문제 해결에 앞서 아브라함의 죄의 고백이 있습니다(11절)

수치스러워 꺼내 놓지 못한 죄가 약점이 돼서 오늘도 나를 괴롭힙니다. 이제 그 죄를 꺼내 놓기 원합니다. 죄에서 해방되어 자유를 찾기 원합니다. 설령 그 죄 때문에 치졸하다 손가락질당하고 비난당해도 도망치지 않겠습니다. 내 곁에 죽게 된 사람이 있다면 기도하고 전도하겠습니다. 내 죄를 바로 보고 고백하는 것이야말로 이 땅의 모든 문제를 선히 해결하시는 주님의 방법임을 깨닫습니다.

### 아브라함에게 수준 높은 '안 되는 역할'을 맡기셨습니다(17-18절)

아브라함도 25년이나 안 되는 역할을 했다고 하는데, 나 역시 안 되는 역할인 것 같습니다. 남들은 그렇게 응답을 잘도 받는데, 어째서 나는 그 쉬운 응답을 못 받는지 궁금하기만 했습니다. 하나님을 원망할 때도 있었습니다. 그런데 그렇게 기도하다 보니 어느 순간 내가 기도의 용사가 되고 해결사가 되었습니다. 마침내 응답하시는 하나님을 더욱 신뢰하게 되었습니다. 결국 역할의 문제일 뿐, 내가 집중해야 할 것은 영적 상속자임을 깨닫습니다.

## 영혼의 기도

아버지 하나님, 훌륭한 아비멜렉과 치졸한 아브라함을 보면서 할 말을 잃었습니다. 이렇게 죄 많은 치졸한 아브라함 같은 사람이 바로 나이고, 우리이고, 한국교회입니다. 훌륭한 아비멜렉 앞에 우리가 무슨 수로 복음을 전하겠습니까? 주님, 우리의 말에 힘이 전혀 실리지 않는 것은 변명과 핑계만 가득하고 진정성이 없기 때문임을 고백합니다.

이 땅의 모든 문제를 다 선히 해결하기 위해서는 오늘 내 죄를 보는 길밖에 없음을 알았습니다. 아브라함이 자기 죄를 봤을 때 영적 상속자를 낳았듯이, 한 사람이 예수 생명을 탄생시키기 위해 죄를 고백하고, 그 일이 일파만파 번져서 우리나라의 모든 문제를 다 선히 해결하는 시작이 되게 하여 주옵소서.

날마다 옳고 그름으로 손가락질하다가 우리가 다 지쳤습니다. 모든 문제의 해결에 내가 있다는 것을 오늘 다시 한 번 깨닫기 원합니다. 참된 화해와 연합을 이루실 분은 예수님밖에 없습니다. 한국 기독교가 그 사실을 깨닫고 거듭나서 자기 죄를 보게 하여 주옵소서. 뿌리 깊은 죄의 고백이 터져 나오도록 역사하여 주옵소서.

예수님 이름으로 기도합니다. 아멘.

*Part 2.*

# 영적 상속자를 주십니다

하나님이 드디어 기다리던 영적 상속자를 주셨습니다. 이 영적 상속자의 의미가 무엇인지, 그리고 어떻게 키워야 할지를 말씀으로 듣고 배우기 원합니다.

03

# 오래 기다려야 참 웃음이 옵니다

: 창 21:1-7

인상을 쓰는 데는 64개의 안면근육이 사용되고, 웃기 위해서는 13개의 근육만 움직이면 된다고 합니다. 그런데도 우리는 온갖 안면 근육을 다 찌푸리며 너무 쉽게 인상을 씁니다. 웃는 것보다 더 애를 써야 하는데도 말입니다.

잘 웃는 것이 건강하고 장수하는 비결이라고 합니다. 장수하는 사람들은 하루에 100번 이상, 많게는 400번까지 웃는다고 합니다. 그래서 웃음 치료라는 건강법까지 생겨났습니다. 그러나 인간적인 웃음은 오래가지 못합니다. 아무리 "우리 많이 웃읍시다, 하하하!" 해 봐야 "너나 웃어라" 하는 겁니다.

웃는 게 좋은지 누가 모릅니까? 그런데 살다 보면 울 일뿐입니다. 아브라함의 인생도 그랬습니다. 치욕적인 실수를 반복하면서 얼마나 울고 싶었겠습니까? 뿌리 깊은 편견과 패배의식으로 두려움이 임하고, 그 두려움의 결과로 거짓말을 해 망신을 당했습니다. 이런 상황에서 어떻게 웃을 수 있겠습니까?

그런데 하나님은 치졸한 아브라함의 기도로, 훌륭한 아비멜렉의 병이 낫는 기상천외한 방법으로 아브라함이 치욕을 만회할 길을 여셨습니다. 하나님이 얼마나 사랑과 긍휼, 인자하심으로 끝까지 치졸한 인간을 인도해 가시는지, 우리는 아브라함을 보며 인정할 수밖에 없습니다.

드디어 영적 상속자인 아들 이삭이 태어났습니다. 우리의 진정한 웃음은 여기에서 나옵니다. 웃을 일 없는 세상에 유일한 웃을 일은 영적 상속자를 낳는 것입니다. 그러니 영적 상속자를 내 멋대로 키워서도 안 됩니다. 이삭을 통해 이 아들이 누구이고, 어떻게 해서 태어났고, 어떻게 길러야 하는지, 자녀 때문에 어떻게 감격의 웃음을 웃어야 하는지를 생각해 보겠습니다.

### 말씀대로 신뢰해야 영적 상속자를 낳습니다

누군가 한 예쁜 연예인에게 "어떻게 그렇게 예쁘게 생겼나요?" 하고 물으니 "저는 실수로 태어났어요" 라고 말하는 것을 들은 적이 있습니다. 실수로 태어난 생명이 어디 있습니까? 생명은 눈물의 씨앗이 아닙니다. 생명은 하나님의 창조입니다. 그런데도 부모가 자녀에 대한 신앙고백이 확실하지 않으니 예쁘면 우상처럼 여기고, 품질이 좋지 않으면 학대를 합니다. 환경이 안 된다고 낙태를 하고, 낳는다고 해도 못 기르겠다며 쓰레기통에 버립니다. 이런 부모 밑에서 자라니 자녀 역시 자기가 어떤 존재인지도 모르고 걸핏하면 "왜 나를 낳으셨나요?" 하면서 멋대로 생명을 좌지우지하는 것입니다.

> 여호와께서 말씀하신 대로 사라를 돌보셨고 여호와께서 말씀하신 대로 사라에게 행하셨으므로 _ 창 21:1

자식이 태어나는 것은 한 남자와 한 여자의 합작품이 아닙니다. 사람의 작품이 아니라는 것입니다. 생명은 하나님이 말씀대로 돌보시고 말씀대로 행하셔서 태어나는 것입니다. 하나님이 부르셔서 약속하신 그 말씀대로 영적 상속자가 나오는 것입니다.

내 자녀는 그냥 온 것이 아닙니다. 하나님이 우리에게 주시는 가장 귀한 것입니다. 그런데도 그 귀함을 모를 때가 많습니다. 그래서 귀함을 알게 하시려고 하나님은 때로 자녀를 늦게 주실 때가 있습니다. 기도하고 또 기도하면서 기도가 쌓일 때 자녀를 주시면 "하나님이 주셨다!"고 고백하지 않겠습니까? 신앙고백이 확실해지는 것입니다.

저야말로 기다리고 기다려서 낳은 영적 상속자입니다. 그런데 제 어머니는 제가 아들이 아니라는 이유로 영적 상속자로 보지 못하셨습니다. 그런 제가 지금은 영적 상속자를 주렁주렁 낳고 있지 않습니까?

'말씀대로 돌보신다'는 것은 하나님이 방문하시고 보살피신다는 뜻입니다. 이 말씀을 믿고 가면 나중에라도 하나님이 내 자녀를 방문하시고 영적 상속자가 되게 하십니다. 하나님이 친히 보살펴 주실 것을 믿습니다.

성경은 '말씀하신 대로', '말씀하신 시기에'라는 말을 반복합니다. 이 말은 정말 중요합니다. 말씀이란 곧 성경 전체를 이야기하는 것입니다. 출애굽기 25~40장에 성막 이야기가 나오는데, 성막 전체 구조를 보면 번제단과 물두멍이 있고, 성소로 들어가면 떡상과 등대, 분향단이 있고, 더 들어가면 지성소가 있는데 여기에 말씀의 증거궤가 있습니다. 가장 중요한 것이 말씀입니다. 내가 말씀을 사모하고 말씀대로 적용하고 걸어가면 하나님도 말씀대로 행하십니다. 말씀대로 믿고 살고 누리는 것이 큐티입니다.

— 나와 내 가족과 지체의 생명이 하나님이 말씀대로 돌보시고 행하신 일의 결과임을 믿나요?

— 생명의 귀함을 알게 하시려고 말씀하신 시기까지 나를 기다리게 하신 것은 무엇입니까?

— 나는 자녀의 모습을 있는 그대로 받아들이고 귀히 여기나요?

— 지금 나를 힘들게 하는 가족의 변하지 않는 모습에도 불구하고, 돌보시는 하나님의 말씀을 신뢰하고 가면 언젠가 그들을 방문해 주실 것을 믿습니까?

## 불가능해 보여도 말씀하신 시기에 영적 상속자를 낳습니다

> 사라가 임신하고 하나님이 말씀하신 시기가 되어 노년의 아브라함에게 아들을 낳으니 _ 창 21:2

임신한 사람은 사라입니다. 그런데 성경은 늙은 아브라함이 아들을 낳았다고 말합니다. 그 이유가 무엇입니까?

> 아브라함이 그에게 태어난 아들 곧 사라가 자기에게 낳은 아들을 이름하여 이삭이라 하였고 _ 창 21:3

3절에도 '아브라함에게 태어난 아들', '사라가 아브라함에게 낳은 아들'이라고 표현합니다. 아브라함이 아들을 낳았다고 강조하고 있습니다. 이걸 보고 "역시 대는 남자가 잇는다. 남자가 중요하다" 하시면 안 됩니다. 마리아가 잉태해서 예수님을 낳았을 때는 요셉이 낳았다고 하지 않았습니다. 계보에 올라간 사람은 마리아였습니다. 남자냐, 여자냐가 중요한 게 아니라는 것입니다.

창세기 15장 6절을 보면 "아브람이 여호와를 믿으니 여호와께서 이를 그의 의로 여기"셨다고 합니다. 믿음으로 상속자를 낳은 사람이 더 중요한 부모요, 영적 계보에 오르는 자입니다. 믿음으로 기다리는 사람이 주인공이라는 것입니다. 한 집안에서 가장 믿음이 있는 사람이 영적 상속자를 낳습니다. 한 사람이 여호와를 믿으면, 그가 온 가족을 영적 상속자로 만들 수 있습니다.

그런데 우리는 쉽게 얻는 것에는 좀체 감사할 줄 모릅니다. 그래서 주님은 우리의 힘이 빠지기를 기다리십니다.

하나님은 갈대아 우르에서 아브라함을 부르시면서 엄청난 축복을 약속하셨습니다.

> 2 내가 너로 큰 민족을 이루고 네게 복을 주어 네 이름을 창대하게 하리
> 니 너는 복이 될지라 3 너를 축복하는 자에게는 내가 복을 내리고 너를
> 저주하는 자에게는 내가 저주하리니 땅의 모든 족속이 너로 말미암아
> 복을 얻을 것이라 하신지라 _ 창 12:2-3

이에 아브라함은 여호와의 말씀을 따라갔습니다. 그런데 지난 25년 동안 된 일이 무엇입니까? 큰 민족을 이루기는커녕 몇 차례나 생명의 위협을 받았습니다. 말씀을 따라갔는데 롯 때문에, 바로 때문에, 아비멜렉 때문에 되는 일이 없었습니다.

그러나 이 25년은 아브라함의 힘을 빼는 시간이었습니다. 아브라함이 건강하고, 능력 있고, 전쟁도 잘하고, 용서도 잘하니까 하나님은 그가 늙을 때까지 기다리십니다. 아브라함의 힘이 빠지지 않아서 25년이 걸린 것입니다. 아들을 일찍 주면 "내 힘으로 낳았다!" 할 것이 뻔하니 하나님이 기한을 두신 것입니다.

이렇게까지 해서라도 우리를 데리고 가셔야 하는 하나님의 수고를 알아야 합니다. 영적 상속자인 이삭이 있어야 복의 근원인 아브라함의

씨가 생육하고 충만하게 됩니다. 이를 위해 하나님은 25년 동안이나 참고 인내하시며 아브라함을 긍휼로 인도하셨습니다. 하나님의 이런 수고를 생각하면 눈물이 납니다.

아브라함은 100살이 되어서야 불가능하리라고 생각했던 자녀를 품에 안았습니다. 아브라함을 훈련시키기 위해서 25년이나 안 주셨지만, 말씀하신 약속의 때가 이르러 꼭 주신 아들이 이삭입니다. 창세기 12장부터 20장까지의 여정을 통해 비로소 아브라함이 영적 상속자를 낳았듯, 우리도 내 자녀를 '하나님의 역사로 태어난 생명'으로 인식하기까지 거쳐야 할 과정이 있습니다. 그 과정을 거쳐야만 우리 자녀가 하나님의 창조물이 된다는 말이 아닙니다. 우리는 누구나 만세 전부터 정해진 하나님의 창조물이지만, "하나님이 자녀를 주셨다"는 고백을 하기까지 25년이 걸릴 수도 있다는 것입니다.

하나님의 시기는 처음부터 알 수 있는 것이 아닙니다. 다만 우리가 말씀을 따라가면 주께서 알려 주시는 시기가 반드시 있습니다. 몇 월, 며칠, 몇 시를 알려 주시는 것은 아닙니다. 내가 오늘 말씀을 좇아서 가다 보면 저절로 알게 해 주십니다. 모든 것에 대한 때를 예비하게 하십니다. 날마다 큐티하며 오늘 내게 주신 말씀을 믿고 나아가는 것이 장래에 대한 예비입니다. 돈 잘 벌어 두는 것이 아니라, 오늘 내게 주신 말씀 속에서 하나님의 명령을 찾고, 약속을 찾으며 가는 것이 장래 일에 대한 최고의 예비인 것입니다. 그러니 잘 기다립시다!

말씀 믿고 걸어가는 것이 이렇게 대단한 일이건만, 우리는 하나님의 말씀을 믿지 못하고, "되는 일이 없어", "내 생명을 몇 번이나 거두시려고 했어!" 합니다. 하나님이 어련히 알아서 주실 텐데, 말씀을 믿고 걸어간다고 하면서도 믿지 못하는 것들이 너무 많은 것입니다. 그래서 기도하면서도 낙심합니다. 응답이 늦어진다 싶으면 우울증에 걸립니다.

우리는 내가 정말로 누구인지 알아야 합니다. 나는 악하고 죄인이라는 사실을 말입니다. 닐 앤더슨(Neil Anderson) 목사님의 글 중에 이런 이야기가 있습니다. 어느 교회 수련회를 갔는데 한 여자 성도가 자신을 집으로 초청했다고 합니다. 그녀는 아직 믿지 않는 남편을 전도하고자 닐 앤더슨을 초청한 것입니다. 그녀는 20년 동안 남편을 위해 기도하다가 지쳐서 심한 우울증에 걸려 있었습니다. 정신과 의사는 그 우울증을 내부에서 비롯된 것이라고 진단했습니다. 닐 앤더슨도 그 의견에 동의하면서 그 여인의 우울증은 불가능한 목표에서 비롯되었다고 분별했습니다.

무엇이 불가능한 목표일까요? 지난 20년간 그녀의 인생 목표는 남편과 아이들을 예수님께 인도하는 것이었습니다. 그래서 가족을 위해 기도하고, 예수를 증거하고, 설교자를 집으로 초청하는 등 할 수 있는 일은 다 했습니다. 그러나 전혀 진전이 없고 모든 노력이 헛수고로 돌아가자 그녀는 점차 용기와 희망을 잃었습니다. 우울증도 점점 더 심해졌습니다.

닐 앤더슨은 말합니다. "사랑하는 사람이 그리스도께로 나아오기를 원하는 것은 정당한 바람이고, 우리는 그것을 목표로 반드시 기도하고 노력해야 합니다. 그러나 내가 친구로서, 배우자로서, 자녀로서 내 옆 사람이 구원받는 것에 따라서 내 가치가 평가된다면, 그것은 잘못된 것입니다. 어떻게 내 남편, 내 자녀를 내가 구원시키겠습니까? 그들을 구원으로 인도하는 것은 내 능력과 내 권리 밖에 있다는 사실을 우리는 깨달아야 합니다. 그런데 왜 우울합니까? 지금 내가 목표로 하는 것의 동기가 건강하지 않다는 것입니다. 이룰 수 없는 목표에 절망적으로 매달려 있다는 말입니다."

생각해 보세요. 남편과 자녀가 세상에서 잘나가면 우리는 기도하지 않습니다. 울며불며 기도할 일이 뭐가 있겠습니까? 아무리 짜내도 눈물 한 방울 안 나옵니다. 그런데 남편이, 자녀가 속 썩이면 그때는 정말 열심히 기도합니다. 그러니 얼마나 감사할 일입니까? 20년이 되도록 남편이, 자녀가 안 돌아와도 그것 때문에 내가 기도하게 되니 감사한 것이지요.

그런데도 속상한 이유는 무엇입니까? 가족이 구원받지 못해서라기보다는 그 기도의 초점이 '기복'에 맞춰져 있기 때문입니다. 자녀가 거듭나서 공부 잘하기를 원하고, 남편이 예수 믿고 바람피우지 않기를 원하는데 내 맘대로 되지 않으니 우울증이 걸리는 것입니다. 기도하는 목표에 기복과 팔복이 뒤섞여 있으니 분별이 안 됩니다.

혹시 세상에서 잘살기 위해 예수를 믿어야 한다는 마음이 있습니까? 그러나 환경의 어떠함으로 내가 기쁠 수 있는 것이 아닙니다. 기도의 목표를 잘 정해야 합니다. 혹시 기도하다가 우울증이 왔다면 그 기도의 목표가 기복이라는 사실을 알아야 합니다. 그 기도에는 '내가 이 모든 걸 다 이뤄야 하는데……' 하는 야망이 숨어 있는 것입니다.

한 가지 분명한 것은 그럼에도 기도하는 사람이 기도하지 않는 사람보다 백번 낫다는 것입니다. 우울증에 걸리더라도 기도하는 것이 낫습니다.

— 나 한 사람이 하나님을 믿음으로 온 가족이 영적 상속자가 될 것을 신뢰하나요?
— 아직도 내 힘과 열심이 남아돌아서 하나님이 쓰실 수 없는 부분이 있나요? 25년이라는 긴 시간을 통해서라도 내 힘을 빼시는 하나님의 옳으심을 인정합니까?
— 돈을 벌고, 학력과 인맥을 쌓는 것보다 매일의 말씀 묵상이 장래에 대한 최고의 예비임을 믿습니까?
— 기도가 응답되지 않아 우울하고 괴롭습니까? 자녀와 배우자, 가족을 위한 내 기도의 밑바닥에는 기복이 있습니까, 팔복이 있습니까?

### 기다림이 없으면 감사를 모르고 쉽게 잊어버립니다

자녀가 너무 속을 썩여서 우리들교회에 온 부모가 있습니다. 이름하여 '일류 부모'였습니다. 이들은 아이를 중고등부에 등록시키고 자신들도 열심히 신앙생활을 했습니다. 그런데 이 아이가 은혜를 받았는지 교회에 출석한 지 얼마 되지도 않았는데 큐티도 잘하고 양육훈련도 잘 받으며 자기 수치도 곧잘 나누었습니다. 그런데 정작 이 부모가 공동체에서 아이가 구구절절 나눔하는 것이 지질해 보인다며 교회를 떠나 버렸습니다. 다행히 아이는 남겨 두었습니다.

우리는 은혜를 받았다가도 시간이 지나면 너무 쉽게 잊습니다. 기쁜 일이 있으면 들뜬 나머지 하나님의 약속과 명령들을 너무 쉽게 잊습니다. 화장실 들어갈 때와 나갈 때 마음이 달라지듯이 자녀 안 주신다고 울고불고할 때는 언제고, "하나님이 이 자녀를 주셨습니다" 하며 감사 눈물 흘릴 때는 언제고, 10년, 20년 지나면 자녀를 일류 대학, 일류 기업 보내기에 여념이 없습니다. 처음엔 자녀 때문에 힘들다고 울고불고 하나님을 찾다가도, 막상 그 자녀가 달라지면 교회를 떠나 버립니다. 그러나 교회는 아픈 사람, 문제 있는 사람만 오는 곳이라고 생각하지 마십시오. 인간은 다 100% 죄인입니다. 다 환난당하고 빚지고 원통한 자들입니다. 별 인생 없습니다.

> 아브라함이 그에게 태어난 아들 곧 사라가 자기에게 낳은 아들을 이름 하여 이삭이라 하였고 _ 창 21:3

아브라함은 25년 만에 낳은 아들의 이름을 이삭이라고 짓습니다. '이삭'은 하나님이 주신 이름입니다. 부모가 준 이름이 아닙니다. 아브라함과 사라는 길 떠난 지 24년 만에 이름을 바꾸어 주셨는데 이삭은 낳기도 전에 그 이름을 주셨습니다(창 17:19). 이것이 믿음 1대와 2대의 차이입니다.

이렇게 하나님의 약속이 이루어지는 것을 보려면 어떤 것도 하나님보다 더 크게 여기면 안 됩니다. 아브라함에게는 이삭이 태어난 것이 하나님보다 더 큰 사건이 아니었습니다. 99세에 아들을 품에 안았는데 얼마나 좋았겠습니까? 그런데도 아브라함은 하나님의 말씀을 먼저 기억합니다. 말씀을 기억하여 이삭이라 이름 짓는 순종을 합니다. 기도 응답을 받았다고 기쁘고 들떠서 하나님의 약속을 잊지 않았습니다. 이런 사람에게 하나님은 영적 상속자를 주시는 줄 믿습니다.

> 그 아들 이삭이 난 지 팔 일 만에 그가 하나님이 명령하신 대로 할례를 행하였더라 _ 창 21:4

이스마엘은 난 지 13년 만에 할례를 받았는데, 이삭은 8일 만에 할례를 받았습니다. 사실 이삭은 위대한 아버지 아브라함과 훌륭한 아들 야곱 사이에 치여서 별 볼 일 없는 사람이었습니다. 한마디로 '비실이'입니다. 그러나 그가 난 지 8일 만에 할례를 받은 것은 이삭을 하나님의 선물로 여긴다는 부모의 신앙고백입니다.

믿음의 부모라면 자녀를 말씀으로 길러야 합니다. 특별히 자녀가 어리다면 때를 놓쳐서는 안 됩니다. 아브라함은 이삭을 난 지 8일 만에 말씀으로 자식을 양육하겠다고 헌신했습니다. 우리 자녀를 말씀으로 양육하기 가장 좋은 때는 언제일까요?

사람이 거듭나기 가장 좋은 나이가 열두 살이라고 합니다. 초등학생 때입니다. 이때를 놓쳐서는 안 됩니다. 어려서부터 기독교적인 가치관을 심어 주지 않으면 바위처럼 완고하고 딱딱해져서 좀처럼 깨기가 어렵습니다.

자녀가 돈 많이 벌고 권세를 가졌을 때는 부모라도, 배우자라도, 그 누구라도 못 잡습니다. 이미 권세와 돈을 그득그득 쌓고 있는데 우리가 무슨 수로 잡겠습니까? 그러니 어렸을 때 잡아야 합니다. 목숨 걸고 자녀를 주일학교에 보내야 합니다. 아이가 중2병이라도, 수험생이라도 상관없이 정말 목숨 걸고 예배드리게 해야 합니다.

세상 교육은 반(反)기독교적인 세계관이기에, 자녀에게 일찌감치 말씀을 넣어 주지 않으면 안 됩니다. 자녀가 공부를 잘할수록 더 힘든 인생을 산다는 걸 아셔야 합니다. 딱딱한 바위는 강한 것으로 내리치기 전에는 절대로 무너지지 않습니다. 우리의 바위 같은 가치관도 지독하게 힘든 사건이 오기 전에는 절대로 깨지지 않습니다.

로마도 313년 만에 기독교에 무너졌습니다. 말이 313년이지, 그 오랜 세월이 지나도록 사람들이 세상 가치관에 얼마나 완고하고 단단해졌겠습니까? 배우자라고 그 굳은 가치관을 깰 수 있겠습니까? 내가 키운 자녀도, 그 자녀의 자녀도, 그 자녀의 자녀의 자녀도 속수무책이었을 것입니다. 그런데 313년이라는 긴 시간이 흘러 증손자에 고손자가 나와서야 비로소 로마가 기독교에 무너졌습니다. 그러니 내 남편에게 믿음이 생기지 않는다고 절망할 필요는 없습니다. 남편이 안 되면 내 자녀가, 내 자녀가 안 되면 손자, 손녀가 될 것입니다. 그동안 세상에서 쌓아온 것이 많아서 깨지기 힘들다는 것을 인정해야 합니다.

그러고 보면 우리는 자녀에게 말씀을 심어 주기는커녕 상처만 주면서 살았습니다. 제가 어렸을 때만 해도 대한민국에서 어린아이의 인권은 존중받지 못했습니다. 만날 "이 웬수, 넌 다리 밑에서 주워왔다", "이 빌어먹을 놈아" 하는 소리를 듣고 자랐습니다. "사랑한다", "예쁘다" 이런 말을 들어본 적이 없었습니다. 제가 딸이어서 더 그랬을 수도 있었겠지요.

물론 지금은 그때에 비하면 자녀를 인격적으로 키우려고 노력을 많이 합니다. 그럼에도 여전히 부모가 자녀에게 별말을 다 하여 무의식적으로 상처를 주곤 합니다. 어떻습니까? 자녀에게 "네가 있어서, 네가 태어나줘서 행복하다", "너는 기도 받고 태어난 아이야", "너는 하나님의 약속의 자녀이니 함부로 살아서는 안 된다" 이런 말을 해 준 적이 있습니까?

어떤 부모는 내가 낳은 아이가 너무 예쁘니까 "이렇게 봐도 저렇게 봐도 너는 내 새끼, 이걸 누가 낳았나! 너는 어쩌면 이렇게 예쁘니?" 합니다. 그러면서 "내 아이는 잘났고 남의 아이는 못났다" 합니다. 그걸 사랑이라 생각하고 밤낮 '내 사랑, 내 사랑' 합니다. 사랑한다는 말은 못 들어도 문제지만 너무 많이 들어도 문제가 되는 것 같습니다.

어떤 부모는 자녀를 위해서 열심을 내서 기도합니다. 그러고는 자녀에게 "내가 너를 위해서 얼마나 기도했는데!" 하며 생색을 냅니다. 그러나 기도도 중요하지만 '자녀에게 무엇을 가르치느냐'가 더 중요합니다. 우리는 자녀를 말씀으로 키워야 합니다. 그것이 절체절명의 과제입니다. 그리고 이왕이면 아이가 어렸을 때부터 아침마다 말씀으로 축복해 주어야 합니다. 함께 큐티하고 말씀대로 살겠노라고 기도하며 "우리가 이렇게 예배드릴 수 있어서, 기도할 수 있어서 참 행복하다"고 이야기해 주어야 합니다.

그런데 부모의 삶에 하나님의 말씀이 없으면 "내 아들, 공부 잘해서 너무 좋다. 네 밑으로 몇 명이 있다고?", "내가 교회를 다녔더니 내 아들이 이렇게 공부를 잘하네", "친구랑 싸우지 마라. 친구가 덤비면 한 대 때려 주고!" 고작 이런 말밖에 할 수 없는 겁니다.

우리들교회에서는 세 살 영아부 아이들도 큐티를 합니다. 성막에 대해 배우면서 자원함으로 예물을 가져오는 기쁨, 성막을 거룩하고 깨끗하게 가꾸는 것을 배웁니다. "예배에 나올 때는 기쁜 마음으로 오세요. 엄마가 아침에 일찍 깨워도 떼 쓰지 말고 세수도 깨끗하게 하고 오세요. 예배당에 까까 흘리지 말고 예쁘고 기쁘게 예배드려요!" 이렇게 설교를 하면 아이들이 입을 헤벌리고 듣습니다. 젖먹이 아이라도 경청하는 것이죠. 젖먹이라고 못 알아들을 것 같습니까? 어려도 다 듣고 있습니다.

그런데도 자녀를 교회에 데려오지 않는 부모가 있다면 때를 놓치고 있다는 것을 아셔야 합니다. 자녀가 공부 잘하고 성공해서 돈을 잘 벌면 부모 고생한 것 생각해서 효도할 것 같습니까? 같이 말씀을 묵상하고 나누며, 기도하면서 자녀를 은혜 가운데 키워야 합니다.

자녀에게 말씀을 들려주는 것이 부모에게 주어진 축복권입니다. 부모와 자녀가 말씀으로 교제하고 사랑하는 것이 복 중의 복입니다.

— 기도가 응답되었다고 금세 잊어버린 하나님의 은혜는 무엇인가요?

— 나는 자녀를 어떻게 말씀으로 양육하고 있습니까? 주일학교 예배, 수련회보다 학원과 입시, 가족 여행이 더 중요하다고 여기는 부모는 아닙니까?

— 자녀와 함께 같은 말씀을 묵상하며 나누고 있습니까? 나는 내 자녀를 내 방식대로 사랑하고 칭찬합니까, 성경의 말씀으로 축복하고 권면합니까?

## 영적 상속자는 모두에게 웃음을 줍니다

6 사라가 이르되 하나님이 나를 웃게 하시니 듣는 자가 다 나와 함께 웃
으리로다 7 또 이르되 사라가 자식들을 젖먹이겠다고 누가 아브라함에
게 말하였으리요마는 아브라함의 노경에 내가 아들을 낳았도다 하니라
_ 창 21:6-7

아무리 웃음치료연구소를 다녀도, 하나님이 웃게 하시지 않으면 우리는 진정으로 웃을 수 없습니다. 그러면 무엇이 우리를 웃게 할까요?

이전에는 장막 뒤에서 하나님을 비웃었던 사라가 "세상에, 내가 90살이 되어서 아들을 낳고 젖을 먹이게 되었다니!" 하면서 웃습니다. 누가 시키지도 않았는데 방긋 웃음이 나옵니다. 절대 변하지 않을 것 같았던 상황이 이렇게 달라지니 저절로 웃음이 나오지 않겠습니까? "이것이 나의 간증이요" 하면서 나도 웃고 듣는 자도 웃는 것입니다. 영적 상속자는 이렇게 우리에게 웃음을 줍니다.

나만 기쁜 것이 아닙니다. 공동체가 함께 기뻐합니다. 바람피운 남편이 돌아오면 그 아내 집사님뿐만 아니라 함께 기도했던 모든 공동체 식구가 자기 일처럼 같이 기뻐합니다. 속만 썩이던 아들이 갑자기 마음 잡고 공부하면 그 아들을 위해 염려하고 기도해 주던 지체들도 같이 웃고 기뻐합니다. 그래서 우리가 하나님께 영광을 돌리려면 먼저 공동체에 나의 아픔을 오픈해야 합니다. 지질한 과거는 숨기고 지금 잘된 것만 간증한다면 누가 같이 기뻐하겠습니까? 이혼한 것도, 재혼한 것도 숨기

고, 영적 상속자를 낳아서 유아세례를 받는다고 한들 그것이 무슨 큰 은혜가 되겠습니까? 내가 아들 낳았는데 누가 함께 웃겠습니까? "자식이 속 썩이다가 일등 했다"고 하면 다 같이 기뻐해 주지만, 그냥 "일등 했다"는 말만 쏙 하면 시기당할 일밖에 없습니다. 안 되고 안 풀리는 이야기를 미리미리 공동체에 오픈해야 잘될 때 함께 기뻐할 수 있습니다.

아브라함과 사라에게 이삭이 얼마나 감격이었겠습니까? 그 오랜 시간을 기다리다가 아이를 낳았으니 아버지 되는 것도 감격이고, 어머니 되는 것도 기쁨이고, 기저귀를 갈아도 신기하고, 아기가 울어도 너무나 사랑스러웠을 것입니다. 이것은 아이가 뭘 잘해서 웃는 웃음이 아닙니다. 영적 상속자를 위해 오랫동안 기도했기에 참된 웃음이 나오는 것입니다. 기도도 안 했는데 아이가 떡하니 생기면 부모 되는 것이 무엇이 기쁨이고 감격이겠습니까?

제 딸 부부도 딸을 둘이나 낳았습니다. 요새 낳기도 어렵다는 아이를 쑥쑥 낳았으니 제가 항상 사위에게 "진짜 예쁘냐?"고 물어봅니다. 그러면 "자기 새끼 안 예쁜 아버지가 어디 있어요?" 합니다. 그래도 아브라함의 마음은 모를 것 같습니다. 결혼하자마자 아들을 품에 안은 것과 99세에 안은 것이 같겠습니까? 그 마음을 헤아리려면 허벅지를 꼬집어도 안 되는 것입니다.

그래서 오래 기다리면 모든 것이 기쁨이 됩니다. 고난의 시간이 길었던 만큼 기쁨과 감격은 배가 됩니다. 지나온 모든 시간도 다 잊습니다. 우리에게 기쁨이 없는 것은 기도하지 않고 기다리지 않아서입니다.

우리 자녀는 모두 이삭이라는 것을 기억해야 합니다. 이삭은 '웃음'

이라는 뜻입니다. 우리를 거룩하게 하려고, 행복하고 즐겁게 하려고, 웃게 하려고 하나님이 선물로 주신 것이 자식이라는 말입니다. '웃음, 행복, 기쁨 좋아하네! 그놈의 자식만 없으면 내 인생을 살 텐데', '이 웬수 같은 자식!' 할 수도 있습니다. 아브라함도 처음부터 기쁨은 아니었습니다.

하나님이 아브라함에게 아들을 주리라고 약속하셨을 때 엎드려 웃으며 "이스마엘이나 하나님 앞에서 살게 하세요. 말도 안 돼요. 이 나이에 웬 아들?" 했습니다. 그러나 하나님은 "네 아내 사라가 네게 아들을 낳으리니 너는 그 이름을 이삭이라 하라 내가 그와 내 언약을 세우리니 그의 후손에게 영원한 언약이 되리라"고 하셨습니다(창 17:15-19). 얼마 후에 또 찾아오셔서 "네 아내 사라에게 아들이 있으리라"고 말씀해 주셨지만 사라도 속으로 피식하고 비웃었습니다(창 18:10-12).

사실 이삭이라는 이름에는 '조롱, 비웃음'이라는 의미도 있습니다. 우리는 자식 때문에 기뻐서 참 웃음을 웃기도 하지만 얼마나 울기도 많이 우는지 모릅니다. 조롱도 당하고 비웃음도 당합니다. 그러나 그러면서 참 웃음을 알게 됩니다. 하나님이 정하신 그때까지 기다리다 보면 참 기쁨이 우리에게 다가오는 것입니다. 그래서 우리에게 자식은 다 '이삭'입니다.

참 웃음을 웃기까지 비웃음, 쓴웃음, 냉소, 나 자신에 대한 실소가 수도 없이 터져 나옵니다. 내가 아무리 "웃읍시다. 하하하!" 한들 이게 안 되는 것입니다. 그럼에도 하나님은 불신앙으로 쓴웃음 짓고 조롱하고 냉소하는 치졸한 나에게 '이삭'을 주십니다. 나 같은 것에게도 영적 상속자를 주십니다. 이것이 감사입니다. 그 모든 과정을 겪은 후에야 비로소 참 웃음을 웃게 되는 것입니다. 그래서 자녀는 눈물이지만 마지막엔 웃음이 되는 것입니다.

집에서는 자녀가 이삭이고, 목장에서는 목원들이 영적 자녀요 이삭입니다. 우리는 이 영적 상속자가 변화돼서 하나님 앞에 나오면 너무나 기뻐서 웃음이 나옵니다. 처음에는 '저 인간이 변할까', '어휴, 저 사람은 나를 괴롭히려고 여기 왔나 보다' 하다가도 그 사람이 변하면 입이 귀에 걸립니다. 목자가 되어 보면 이것이 무슨 말인지 알 것입니다.

그러므로 내가 웃는다는 것은 환경이 좋아서 웃는 것이 아닙니다. 아브라함은 100세에 이삭을 낳았습니다. 왜 하필 100세였을까요? 그만큼 우리 환경이 변하는 것은 불가능한 일이라는 것입니다. "믿음은 바라는 것들의 실상이요 보이지 않는 것들의 증거"(히 11:1)라고 했습니다. 그러니 웃을 일이 없어도 그 웃을 일을 미리 바라보면서 웃읍시다. 보이는 것 하나 없어도 이미 다 된 것처럼 여기면서 조롱과 멸시의 웃음이 아니라 진정한 웃음을 웃을 때, 그런 나를 보고 영적 상속자가 주렁주렁 나올 줄 믿습니다.

미국에서 편지 한 통이 날아왔습니다.

> "저는 미국에 사는 ○○○입니다. 매주 인터넷을 통해 목사님의 큐티 설교를 들으며 눈물을 흘리고 감사하면서 살고 있습니다. 저는 1.5세대 젊은 엄마들과 함께 3년째 큐티 나눔을 하고 있는데, 우리들교회의 새벽 큐티 설교도 늘 함께 듣고 있습니다. 그러는 중에 하나님의 사랑과 성령의 인도하심으로 너무나 많은 간증이 터져 나오고 지체들의

삶이 변하고 있습니다.

한 엄마는 가정이 붕괴 상태에 있었는데 남편이 예수님 안으로 들어와서 가정이 살아났습니다. 이번 6월에는 단기 의료 선교로 남미에 가게 되었습니다. 그런데 이 남편이 하와이 휴가도 포기하고 선교 가겠다고 해서 이 젊은 엄마가 얼마나 좋아하면서 기도하고 감사하는지 모릅니다.

두 아이를 뇌종양과 백혈병으로 잃고 고통하던 한 엄마도 이제는 큐티를 통해 예수님의 구원 안으로 들어왔습니다. 지금은 한국에서 어린 여자아이를 입양해 그 가정 전체가 구원의 삶을 살아가고 있습니다.

또한 바람난 남편이 아내의 지극한 십자가 사랑으로 돌아와서 아이들과 아내를 진정 소중히 여기며 교회를 열심히 나가고, 십일조 생활까지 하게 되었습니다.

우리들교회 인터넷 사역을 통해 전해지는 목사님의 영혼 구원을 향한 간절함이 이렇게 많은 열매를 맺고 있습니다. 세상에서 부러워할 만한 가정에 고난의 바람이 불지 않았다면 이들이 어떻게 예수님의 구원의 반열에 들었겠습니까? 하나님의 구원 방법은 정말 돌아보면 지혜 중의 지혜인 것 같습니다. 눈물을 흘리면서 찬양하고 기도하며, 말씀을 나누고 있습니다. 모두 '하나님 사랑해요' 하면서 하나님을 높이고 있습니다. 진정으로 거듭남을 체험한 이들이 드리는 예배와 찬양은 그 어느 것보다 아름답고 감동 그 자체입니다. 시간과 공간을 초월하여 역사하시는 하나님의 구원 사역에 아름답게 쓰임 받는 목사님과 우리들교회를 사랑합니다. 감사합니다."

우리의 간증과 눈물, 그리고 웃음을 조롱하는 사람들도 있을 것입니다. 그러나 이런 간증들을 통해 영적 상속자로 키워지는 사람도 있음을 믿습니다. 그러니 어린아이부터 어른까지 예배에 목숨을 걸어야 합니다. 말씀하신 대로 돌보시고 말씀하신 대로 행하시는 하나님, 말씀하신 시기에 아들을 낳게 하시는 하나님이시니 우리는 어려서부터 예배와 말씀이 최고가 되어야 합니다.

캐나다에 사는 어느 집사님도 우리들교회 큐티 나눔 게시판에 글을 올렸습니다. 이 가정은 근처에 한인교회가 없어서 매주 우리들교회 설교 영상을 틀어 놓고 함께 예배를 드린다고 합니다. 간절히 말씀과 예배를 사모하는 이분들의 마음이 저에게도 절절히 전해졌습니다.

> "목사님, 저희 가족은 주일 아침 6시 30분에 일어납니다. 7시에 아침을 먹고, 7시 30분에 세면을 한 후 깨끗한 옷으로 갈아입고, 50분에는 온 가족이 성전 세팅에 들어갑니다. 주영이, 하영이는 컴퓨터 주변의 책과 장난감을 정리하고, 성국이는 의자와 테이블 위치를 옮기고, 아내는 거실을 쓸고 닦고, 저는 강대상을 깨끗이 청소합니다. 강대상은 모니터가 놓인 컴퓨터 테이블입니다.
>
> 8시 10분에 찬양을 하고 주일 간증을 듣고서 본문 말씀을 교독한 후 설교 말씀을 듣기 전 기도를 합니다. 말씀을 듣는 가운데 항상 사랑의 매를 준비해 놓습니다. 그것은 아직 어린 주영이와 하영이를 위한 것입니다.
>
> 목사님이 말씀으로 찬양과 기도를 하실 때 주영이와 하영이가 헌금

바구니를 돌립니다. 말씀이 끝난 후, 10분 정도 설교 말씀을 중심으로 기도와 중보기도를 합니다. 대략 예배를 마치는 시간은 9시 40분, 전체 예배 시간은 1시간 30분 정도입니다. 간절한 마음으로 이렇게 주일 예배를 드립니다. 매주 더욱 사모함으로 드립니다."

이것이 바로 성막을 대하는 태도입니다. 이렇게 예배를 사모함으로 드리는 분들 앞에서 우리가 무엇으로 핑계를 대며 예배를 빠질 수 있겠습니까? 어떤 분은 토요일 늦은 밤까지 술을 마시다가, TV를 보다가 주일날 겨우 교회에 와서는 꾸벅꾸벅 졸기만 합니다. 목장 보고서 게시판에 보면 툭하면 "어디 가느라 교회에 못 왔다", "술 마시느라 예배에 못 왔다" 하는 성도님들이 수두룩합니다. 물론 이런 이야기조차 안 하는 것보다 내 치졸함을 드러내는 것이 더 낫습니다. 그래도 예배를 사모하며 전날 일찍 자고 주일날 일찍 일어나 예배에 나와 보십시오. 하나님이 은혜를 부어 주실 수밖에 없지 않겠습니까?

"말씀도 때가 되어야 들린다", "종교의 자유가 있는데 자녀가 교회에 가고 안 가고는 다 자기 몫이다" 이런 말 하지 마십시오. 이것이 인격적인 것 같지만 결국에 사람 잡는 소리입니다. 예배를 사모하며 정성껏 준비하는 우리의 태도에서 영적 상속자가 주렁주렁 맺힐 줄 믿습니다.

— 지금의 힘들고 안 풀리는 사건들을 공동체에 오픈하며 함께 기도하고 있습니까? 그럴 때 언젠가 공동체와 함께 웃고 기뻐하게 하실 하나님을 신뢰합니까?

— 자녀와 배우자를 보며 나는 어떤 웃음을 웃고 있나요? 비웃음, 쓴웃음, 냉소, 실소를 짓습니까? 이런 웃음들을 거쳐 가는 기다림 속에서 참 웃음을 웃을 것을 믿습니까?

— 예배를 준비하는 나의 태도는 어떻습니까? 나는 자녀들을 영적 상속자로 키우기 위해 예배를 사모하는 본을 보이고 있습니까?

## 우리들 묵상과 적용

아버지의 술주정과 폭력으로 저는 초등학교 때부터 자살 충동과 불안, 우울증에 시달리며 성장했습니다. 거기다 우울한 남편까지 만나 불행한 너와 내가 되었고, 친정아버지보다도 더 폭력적인 시아버지의 알코올 중독과 의처증 때문에 결혼생활은 지옥이었습니다. 오직 살기 위해 스스로 교회를 나왔으나 바람피우는 남편에게 집착하며 내 힘으로 고쳐 보겠다고 이혼하자는 말을 입에 달고 살았지만, 죄의식도 없는 남편의 네 번의 바람 사건을 통해 주님을 인격적으로 만나게 되었습니다.

주님을 만나고 남편의 사랑과 비교할 수 없는 주님의 사랑을 깨닫게 되니 자존감이 회복되었고, 비로소 인생의 목적이 행복이 아니라 거룩임을 알게 되었습니다. 남편과 시아버지의 구원을 위해 애통하게 되니 주님은 시아버지에 대한 긍휼한 마음을 주셨고, 결국 친자식들도 외면한 시아버지를 제가 모시고 살게 되었습니다.

의처증으로 가족을 힘들게 하는 시아버지 때문에 더욱더 주님만 의지했습니다. 그러다 보니 끝날 것 같지 않던 시아버지의 의처증을 주님의 보호하심으로 고쳐 주셨습니다. 교회 다니면 죽이겠다고 칼로 협박까지 하셨지만 "주 예수를 믿으라 그리하면 너와 네 집이 구원을 받으리라"(행 16:31)는 말씀을 믿고 가니 주님의 때에 구원하시고 천국 가게 하셔서 기쁨의 참된 웃음을 웃게 하셨습니다.

또한, 남편이 교회에 나와 세례 받고 대표 간증을 하는 은혜도 주셨습니다. 그러나 여전히 남편은 술을 끊지 못하고 알코올 중독으로 열여덟 번의 입, 퇴원을 반복하고 있고 작년에는 강제 입원시켰다는 이유로 법원까지 다녀왔습니다. 시어머니는 술만 안 마시면 멀쩡한 내 아들을 왜 강제 입원시켰느냐고 분해 하시며 아들을 퇴원시키기 위해 소송을 하셨지만, 판사는 입원해야 한다고 판결을 내렸습니다.

그동안 저는 시어머니가 화내실까 봐 무조건적인 순종을 해 왔지만 사라가 약속의 자녀인 이삭을 조롱한 이스마엘을 내쫓은 것같이 남편을 살리기 위해서 시어머니께 단호하게 말했습니다. "그동안 어머니께 협조해달라고 말씀드렸지만 한 번도 도와주지 않으셨고 급기야 소송까지 하시니 저는 충격을 받았습니다. 앞으로 어머니께서 아들을 책임지세요. 저는 어머니를 더 이상 모시고 살지 않을 것이며 다시는 보지 않을 겁니다"라고 했습니다. 어머니는 그제야 잠잠해지셨고 저는 마음을 돌이켜 어머니를 계속 모시며 원만하게 잘 지내고 있습니다.

제게 허락하신 환경을 주께서 다 아신다고 말씀해 주시니 위로를 받으면서도, 변하지 않는 남편을 볼 때면 언제까지 이렇게 살아야 하느냐고 주님께 쓴웃음과 냉소를 지을 때도 있습니다. 하지만 소그룹 부부모임에서 같은 마음으로 기도하고 아파해 주시는 지체들의 사랑과 헌신을 통해 저도 같은 마음으로 공동체를 섬겨야 한다는 것을 배우며 감사하는 마음으로 함께 울고 웃으며 버티고 있습니다.

얼마 전 남편이 퇴원을 했습니다. 그런데 자신을 정신병원에 입원시킨 것을 용서하지 못한다며, 죽이겠다고 일을 벌였습니다. 그런 남편을 보호하기 위해 경찰에 신고했더니 더더욱 저를 용서할 수 없다고 하면서 저를 멀리하고 교회를 나오지 않고 있습니다.

반복되는 삶 속에 지치지만 하나님은 예배를 통해서 제게 감당할 힘을 주십니다. 이번 주일 말씀에도 영적 상속자를 낳기 위해서는 25년의 기다림이 있어야 한다고 하시니 여전히 술에 취해 있는 남편을 잘 섬기며 갈 수 있기를 기도합니다. 남편에게 내 소원이 당신과 함께 예배에 가는 것이라고 했더니, 술에 취하지 않으면 소그룹 부부모임에는 나가겠다고, 우리 목사님 말씀이 최고라고 하니 그래도 소망이 있습니다.

주님의 뜻이 아닌 내 뜻대로 살고자 하는 저 때문에 남편이 수고하고 있음을 알기에 잠잠히 감당하게 됩니다. 작년에는 너무 힘들고 지쳐서 몸도 많이 아프고 무기력한 상태였는데 말씀을 붙잡고 기도하니 너는 내 것이라는 음성으로 응답해 주셔서 조금씩 회복되어 가는 중입니다. 남편의 알코올 중독이 치유되지는 않았지만 20여 년을 지내오며 이제는 남편이 술을 마셔도 두려워하지 않고 담담하게 받아들이게 되었고, 저의 가치관을 변화시키기 위해 허락하신 제게 딱 맞는 남편임을 인정하고 불평하지 않게 되었습니다.

저의 사정을 아시는 사장님이 그런 환경에서도 어떻게 평안할 수 있는지 궁금하다고 하셔서 주님을 만나면 가능하다고, 사장님도 꼭 주님을 영접하시라고 담대히 말할 수 있게 되었습니다. 힘든 환경 가운데 있는 직장 동료에게도 하나님을 전하니 자신보다 더 힘든 저를 보며 살아갈 소망이 생긴다고 합니다. 이전에는 나의 환경 때문에 수치를 당할까 봐 두려웠지만, 이제는 주님을 보일 수 있는 너무도 좋은 선물이 되었습니다. 제 삶을 약재료로 사용해 달라는 저의 기도에 신실하게 응답하신 하나님입니다.

세상 사람들은 지금의 환경 가운데서 어떻게 살아가느냐고 하지만, 예배를 통해 날마다 넉넉히 이길 힘을 주시고 말씀 묵상 속에서 장래 일을 예비해 주시는 주님이 계시니 도저히 거룩할 수 없는 제가 수입도 없는 남편의 돕는 배필 역할을 할 수 있습니다. 영적 상속자를 낳기 위해 제게 오는 모든 고난에 순종하니 아들 내외가 담임 목사님의 주례로 신결혼을 하게 되었고, 소그룹의 부리더로 섬기게 해 주셨습니다. 게다가 두 손자가 유아세례까지 받게 하시니 더욱 감사합니다.

현재의 고난은 장차 나타날 영광과 족히 비교할 수 없다 하시며 날마다 저희의 구원을 위해 애통함으로 기도해 주시는 목사님 감사합니다. 남편과 시아버지 때문에 하나님의 사랑을 알게 되어 인생의 방황을 끝내고 영적 상속자를 낳게 해 주신 하나님 사랑합니다.

아브라함이 영적 상속자 이삭 하나를 낳기 위해 치졸함과 유혹과 조롱을 당하면서 여기까지 왔습니다. 그럼에도 이 세상에서 하나님보다 더 큰 것은 없다고 생각했기에 이삭이 태어난 즉시 하나님 앞에 순종할 수 있었습니다. 연약하고 치졸할 수밖에 없는 우리이지만, 하나님보다 더 큰 것은 없습니다.

**말씀대로 신뢰해야 영적 상속자를 낳습니다**(1절)

내 자녀가 내 작품인 줄 알았습니다. 그런데 자랄수록 내 뜻대로 되지 않으니 매 순간 속이 상하고, 그럴 때마다 '저런 게 왜 태어나 내 속을 이렇게 썩이나' 하고 생각했습니다. 그런데 오늘에야 자녀의 마음에 건강한 신앙고백은커녕 나를 향한 원망, 세상을 향한 원망만 가득한 것이 내 탓임을 알았습니다. "너는 하나님이 말씀대로 돌보시고 말씀대로 행하셔서 태어난 소중한 하나님의 자녀다"라고 가르쳐 주었어야 했는데, 그러지 못한 것이 너무나 미안합니다. 이제라도 말씀으로 잘 양육함으로 영적 상속자 되기를 원합니다.

**불가능해 보여도 말씀하신 시기에 영적 상속자를 낳습니다**(2-3절)

아무리 기도해도 환경은 왜 그렇게도 달라지지 않는지요. 여전히 믿지 않는 배우자, 자녀, 부모 때문에 고통스럽습니다. 그러나 문제는 달라지지 않는 환경이 아니라 내가 이룰 수 없는 목표에 절망적으로 매달려 있는 것임을 알았습니다. 구원은 하나님 손에 달린 것입니다. 오히려 지금 내가 하나님께 매달리며 기도할 수 있는 것이 감사요, 은혜입니다. 이렇게 감사로 나아갈 때 하나님은 말씀하신 시기에 영적 상속자를 낳게 하실 것을 믿습니다.

### 기다림이 없으면 감사를 모르고 쉽게 잊어버립니다(4절)

간절히 기도할 때는 언제고, 응답받았다고 하나님 말씀을 잊었습니다. 내게는 하나님보다 직장에서 승진하는 일이 더 크고, 자식이 좋은 대학 가는 게 더 컸습니다. 그게 사랑인 줄 알았습니다. 그런데 25년을 기도하고 받은 아들에게 말씀을 잊지 않고 '이삭'이라 이름 짓는 아브라함을 보니 저의 어리석음이 보입니다. 저도 이제는 아브라함처럼 기쁜 순간일수록 더욱 말씀을 기억하고 순종하기 원합니다. 자녀에게도 먼저 예배에 나가고 예물을 드리는 기쁨을 가르치겠습니다.

### 영적 상속자는 모두에게 웃음을 줍니다(6-7절)

모든 자녀가 '이삭'이라고 하셨는데, 저에게는 애통이고 눈물입니다. 자식 이야기만 나오면 비웃음을 당할 것 같습니다. 그러나 이제는 저도 사라처럼 비웃음이 진정한 웃음으로 바뀌는 기적이 있기를 기대합니다. 비록 지금 환경은 절대로 바뀔 것 같지 않지만 이미 영적 상속자를 주시기로 약속하신 하나님을 믿음으로 나아갑니다. 말씀하신 시기에 영적 상속자를 낳게 하실 하나님을 찬양합니다.

## 영혼의 기도

하나님 아버지, 주님은 말씀하신 대로 돌보시고 말씀하신 대로 행하셔서 말씀하신 시기에 영적 상속자를 주시는 분입니다. 그런데도 오늘 저는 그게 믿어지지가 않아서 쓴웃음, 비웃음을 짓고 냉소하고 있습니다. 주님, 아브라함 부부가 "이삭아, 이삭아" 부르면서 얼마나 만감이 교차했겠습니까? 이삭을 낳기 위해서 비웃음과 냉소와 조롱들을 모두 거쳐 드디어 영적 상속자가 나온 기막힌 상황을 봅니다.

주님, 지금 내 눈에 보이는 것이 하나도 없습니다. 남편을 봐도, 아내를 봐도, 자녀를 보고 부모를 봐도 절망밖에는 없습니다. 우울증이 심하게 올 수밖에 없는 상황입니다. 그러나 앞으로 될 모습을 실상으로 놓고, 보지 못하는 것들을 증거하며 믿음으로 미리 웃기 원합니다. 비록 지금 상황은 변하지 않더라도, 그래서 내가 이 세상을 떠난다고 할지라도 하나님이 우리 자녀에게, 손자, 손녀에게 방문해 주옵소서. 말씀하신 대로 돌보시고 행하셔서 영적 상속자가 되게 하옵소서. 그렇게 될 줄 믿습니다.

주님, 오늘 이 말씀을 내게 주시는 말씀으로 듣겠습니다. 영적 상속자가 온전히 올 수 있기를, 우리가 웃을 수 있기를 원합니다. 장차 웃음을 날마다 웃는 우리가 되도록 은혜를 주옵소서.

예수님 이름으로 기도합니다. 아멘.

아버지 하나님, 기업을 얻기 위하여 우리에게 내쫓을 것이 있다고 하십니다. 오늘 말씀으로 알려 주옵소서. 듣겠나이다.

04

## 영적 상속자를 위해 내쫓을 것이 있습니다

: 창 21:7-21

우리들교회는 매주 등록하는 새신자들 앞에서 놀라운 간증을 들려주시는 집사님 부부가 있습니다. 남편 집사님은 유수한 병원의 의사이고 모든 것을 갖춘 것처럼 보이는 분인데, 과거에 바람을 네 번 피우고 아들까지 낳았다고 간증을 합니다. 그러면 그 옆에서 아름다운 부인 집사님이 "내가 이 사람을 10년 이상 기다린 부인입니다" 하고 함께 간증합니다. 어떻게 이런 일이 가능하겠습니까? 게다가 매주 이 간증을 하는 것이 보통 일이겠습니까? 그럼에도 이 쉽지 않은 일을 두 분이 감당하시는 것은 바로 기업을 얻기 위해서입니다.

### 기업을 얻기 위해 우리는 잘 서 있어야 합니다

바뀔 것 같지 않은 환경에서 드디어 사라는 이삭을 품에 안습니다. 갑자기 환경이 풀린 것 같습니다. 그러나 육적으로 원하던 일이 이루어져도 그것이 100% 하나님의 응답은 아니라는 것을 아셔야 합니다.

> 또 이르되 사라가 자식들을 젖먹이겠다고 누가 아브라함에게 말하였으리요마는 아브라함의 노경에 내가 아들을 낳았도다 하니라 _ 창 21:7

하나님은 말씀하신 대로 돌보시고 말씀하신 대로 행하셔서 사라에게 이삭을 주셨는데, 어느새 사라의 말 속에 아들을 낳은 주체가 바뀌어 있습니다. "여호와께서 주셨다" 하지 않고 "내가 아들을 낳았도다" 하는 것입니다. 그만큼 우리는 환경이 바뀌면 깨어 있기가 어렵습니다. 그래서 성경은 우리 인생에 '되었다 함은 없다'고 계속 이야기합니다.

우리는 사랑하는 사람을 만나면 처음에는 "내 님이시여" 하며 감격합니다. 오래 기다린 연인이면 그 만남이 더욱 애틋합니다. 그러나 결혼을 하고 사회에서 승승장구하고 부와 권력을 맛보면 슬슬 다른 곳에 눈을 돌립니다. 바람을 피우고 이혼을 하기도 합니다. 그래서 돈을 많이 벌고 승진하는 것이 100% 하나님의 응답이 아닙니다.

사라가 90세에 갓난아기에게 젖을 먹이면서 얼마나 기뻤겠습니까? 이게 꿈인가 하지 않았겠습니까? 스물네 시간 젖을 먹이면서 아기를 보고 있으니 '내가' 낳은 것으로 바뀌게 되는 것입니다. 너무 오랫동안 기다리던 자녀를 주셨는데, 먹이고 입히고 키우다 보니까 내 자식, 내 남편, 내 아내로 바뀌는 것입니다. 25년을 기다렸다 주셔도 이러는데, 빨리 얻은 응답은 100% 내 것인 줄 압니다.

그래서 고난 없이 어려서부터 잘되기만 하는 인생은 위험합니다. 늘 성취만 하는 사람은 그것을 하나님의 은혜로 여기기보다 '내가 노력해서 되었다'고 생각합니다. 그래서 늦게 주실수록 '하나님이 주셨구나!' 하고 깨닫습니다. 이를 가장 확실하게 하는 방법은 아예 거두어 가시는 것입니다. 있다가 없어지면 생각만 해도 소중하고 안타깝습니다. '모두 하나님이 주신 거였는데……' 하면서 지은 죄를 헤아립니다.

기복적인 감사는 교만으로 이어지게 되어 있습니다. 좋은 대학에 보내 달라고 그렇게 기도하더니 결국 붙으면 처음엔 감사하다가도 나중에는 '내가 공부 잘해서 붙었지 뭐' 하는 것입니다. 취직되게 해달라고 열심히 기도했다가도 막상 취직돼서 십일조를 내려고만 하면 '아, 여행 가고 싶다. 쉬고 싶다' 하는 것입니다. 반면에 영적으로 잘 싸워 온 사람은 성공하건 실패하건 넘어지지 않습니다. 입시에서 떨어져도 붙어도 영적으로 잘 서 있습니다. 그런데 육적으로 싸운 사람은 붙어도 떨어져도 다 넘어지고 맙니다.

우리는 늘 쉬는 것이 목적이라서 이 일이 빨리 끝나기만 학수고대합니다. 그러나 정말 원해야 할 것은 쉬는 것이 아니라 서는 것입니다. 주일은 '쉬는 날'이 아니라 '서는 날'입니다. 그래서 예배 시간에 졸지 않도록 전날 밤부터 일찍 자야 합니다. 술 마시고 TV 보면 안 되는 것입니다. 우리는 항상 쉬기를 원하지 말고 서기를 원해야 합니다. 구약의 성막에는 의자가 없습니다. 잘 서 있어야 온전하게 하나님을 섬기는 삶을 살아갈 수 있습니다.

그런데 우리는 사람이 예쁘면 예쁘다고, 미우면 밉다고 쉬려고 합니다. 자식이 예쁘니까 그 자식만 쳐다보느라 "난 지쳤어. 당분간 쉬어야 해" 하며 주의 일을 그만두고, 또 옆 지체가 미우니까 "난 지쳤어. 당분간 쉬어야 해" 합니다.

그러나 "우리의 씨름은 혈과 육을 상대하는 것이 아니요 통치자들과 권세들과 이 어둠의 세상 주관자들과 하늘에 있는 악의 영들을 상대함이라"(엡 6:12)고 했습니다. 우리가 싸워야 할 대상이 단순히 인간이 아니기에 '싸움'이 아니라 '씨름'이라고 합니다. 억울하건 아니건 성공하건 패배하건 우리의 씨름 대상은 그 배후의 악한 영입니다. 사탄은 늘 인간을 대리자로 세워 놓고 싸우는데, 우리는 사람만 보고 그 배후 세력인 사탄은 보지 못합니다. 그러니 인간과의 모든 싸움을 오늘부로 다 멈추시기를 바랍니다. 사탄이 그 배후에서 유혹하고 낙심을 주는 것입니다.

아이가 자라매 젖을 떼고 이삭이 젖을 떼는 날에 아브라함이 큰 잔치를 베풀었더라 _ 창 21:8

영적 상속자가 태어나는 것도 감사하지만 영적으로 잘 자라기 위해서는 젖을 떼야 합니다. 한 단계 업그레이드해야 하는 것입니다. 아브라함도 이 기막히게 귀한 이삭에게 칼을 대고 할례를 행하지 않았습니까? 내 것은 없습니다. 자식도, 생명도, 소유도 모두 하나님께로부터 온 것입니다. 철저히 하나님의 것입니다. 하나님이 주신 것을 하나님 뜻대로 기르고 사용해야 함을 깨닫는 것이 기업을 얻는 길입니다.

그러나 때마다 욕심이 역사해서 우리가 "내가 낳았도다" 하기에, 우리에게 잘 서 있으라고 하나님이 사건을 주십니다. 이때 내 앞에 닥친 사건을 어떻게 해석하는가가 중요합니다.

우리들교회 목장 보고서에 목자 한 분이 하나님을 믿은 후 한 번도 십일조를 안 내 본 적이 없는데, 이사를 하면서 재정이 빠듯해져 십일조를 한 달 못 냈다고 나눴습니다. 돈이 채워진 후에도 '이미 지나간 일인데 뭐' 하면서 그달의 십일조를 다시 내야겠다는 마음을 접었답니다. 그런데 문제는 그 일이 있고 난 후에, 교회에 관한 모든 일에 대해서 매너리즘에 빠지기 시작해 '내가 힘든 목자 직분을 꼭 감당해야 하나' 하는 생각도 들더랍니다. 제가 늘 십일조는 자신의 신앙고백이라는 말을 하는데, 이 목자님도 정말 신앙에 시험이 온 것을 실감하게 되었다고 합니다. 그러면서 다음 달에는 함께 첨부해 낼 수 있기를 소망한다는 나눔을 해 주셨습니다.

목자가 되어도 내가 언제 어디에서 무너질지 모릅니다. 내 것이라고, 내가 낳았다고 생각하는 교만이 계속 나를 괴롭힙니다. 내 것은 없습니다. 다 하나님이 주신 것입니다. 그러니 "이제 그만 쉬고 싶어" 하지 마십시오. 우리의 신앙고백이 끝까지 지켜지기 바랍니다. 이것이 바로 잘 서 있는 것입니다.

— 지금 내가 쉬고 싶은 것은 무엇입니까?

— 내가 쉬는 대신 잘 서 있기 위해서 해야 할 적용은 무엇입니까?

— 내가 씨름해야 할 대상은 배후의 사탄임을 깨닫고 바로 멈춰야 할 사람과의 싸움은 무엇입니까?

— 내 것이라고, 내가 이루었다고 생각하며 교만한 마음을 품고 있는 것은 무엇입니까? 내 것이 아니라 하나님의 것이고, 모든 것이 하나님께로부터 왔음을 겸손히 인정합니까?

### 기업을 얻기 위해 돕는 배필의 역할을 잘해야 합니다

사라가 영적 상속자를 낳고 "내가 낳았도다" 했어도 사건이 오니 금세 오뚝이처럼 깨달았습니다. 그리고 바로 돕는 배필의 역할을 합니다.

사라가 본즉 아브라함의 아들 애굽 여인 하갈의 아들이 이삭을 놀리는지라 _ 창 21:9

그런데 이삭을 낳은 기쁨도 잠시입니다. 일이 좀 풀리는가 싶었더니 금세 이스마엘이 와서 이삭을 희롱합니다.

이삭이 태어나기 전 사라도 하갈에게 조롱을 받았습니다. 그런데 지금 영적 상속자까지 얻은 이때, 사라가 함박꽃 같은 웃음을 웃고 있는 이때 또 희롱 받는 사건이 생긴 것입니다. 똑같은 사건이라도 영적 상속자를 낳기 전과 후에는 해석이 달라집니다. 그러므로 우리에게 왜 이런 일이 왔는지 앞뒤를 늘 살펴야 합니다. 성경은 계속해서 '되었다 함이 없다'고 하지 않습니까?

그러면 이삭은 어떤 희롱을 당했을까요? 희롱에는 '웃음'이라는 뜻도 있고 '조소하다', '놀리다'라는 뜻이 있습니다. 여기에는 성적인 희롱도 포함되고, 무시와 잔인한 모독도 포함됩니다. 그런데 생각해 보세요. 지금 이스마엘은 열여섯 살이 되었습니다. 지금이야 돌 전후로 젖을 떼지만 당시에는 두세 살은 되어야 젖을 뗐다고 합니다. 이삭은 그때 많아야 두세 살 정도입니다. 말도 잘 못하고 그저 눈만 껌벅껌벅하는 아기를 이스마엘이 희롱했다니 이게 말이 됩니까? 도무지 싸움의 대상이 안 되지요.

그런 이스마엘이 아버지 아브라함에게는 효도했던 것 같습니다. 남자답고, 사냥도 잘하고, 아버지에게 큰 기쁨을 주는 아들이었는데, 지금 약속의 아들이 태어난 것입니다. 아마도 이스마엘은 장자의 기업을 얻을 이삭의 역할을 희롱했을 것입니다. '감히 저것이' 하면서 말입니다.

이스마엘이 이삭을 이렇게 희롱할 수 있었던 것은 믿음의 자손이 아니기 때문입니다. 아브라함이 약속의 말씀을 믿고 25년을 기다려 이삭을 얻었는데, 이스마엘은 약속이 뭔지 하나도 모릅니다. 아들인 자기가 태어난 지 14년이나 지났고 아브라함은 백 살이 되었는데, 또 무슨 아들을 낳겠는가 하면서 말씀을 전혀 믿지 않았습니다.

이것은 이삭 때문에 자기 위치가 흔들린다고 생각하여 나온 행동입니다. 그러나 이렇게 위치와 역할을 멸시하는 것이 가장 쫓겨날 일이라는 사실을 알아야 합니다. 하나님은 내가 잘났다고 쓰지 않으십니다. 능력으로 훈련하지 않으십니다. 하나님은 우리를 위치와 질서로 훈련하십니다. 그래서 예수님도 세례 요한에게 세례를 받으셨습니다. 질서와 역할을 우습게 알면 평생 성공하지 못합니다.

사울도 이 질서와 역할을 우습게 여겨서 망하지 않았습니까? 처음에는 다윗을 너무 좋아하고, 그의 수금 소리를 정말 사랑했습니다. 그런데 백성들이 "사울이 죽인 자는 천천이요 다윗은 만만이로다"(삼상 18:7) 하는 소리를 듣더니 다윗을 시기, 질투하고 죽이는 데 인생을 다 보냈습니다.

인간이 그렇습니다. 우리는 내 위치가 조금만 흔들려도 불안해집니다. 직분 하나에도 정신을 못 차립니다. 인정하는 말 한마디 못 들으면 죽을 것처럼 괴로워합니다. 내 아들이 남의 아들과 비교만 당해도 가만있지 못합니다.

그런데 이스마엘이 이삭을 희롱하는 장면을 사라가 봤습니다. 그리고 이 문제가 무엇을 의미하는지 깨닫습니다. 첫째는, 이 문제가 자기 인생의 결론이라는 것입니다. 이스마엘이 어떻게 태어났습니까? 사라가 이삭을 기다리다가 못 참고 하갈을 아브라함에게 들여보내서 나오지 않았습니까? 그래서 이 문제의 발단은 사라 자신의 죄인 것입니다. 둘째는, 그럼에도 애굽 여인 하갈의 소생은 영적 상속자가 될 수 없다는 것입니다.

돕는다는 것은 무조건 편들어 주는 것이 아닙니다. 무조건 내 남편이, 내 아내가 옳다고 역성들어 주는 것이 아니라는 말입니다. 신앙과 양심에 따라서 잘잘못을 정확히 보고, 기도하면서 깨우칠 줄 알아야 합니다.

내 자식보다 다른 사람을 용서해 달라고, 다른 사람들의 죄를 위해서 날마다 주의 전에 나갈 때 분별의 영이 생깁니다. 이것은 이기적인 사람은 절대 할 수 없습니다. 제사장이 바로 이런 사람입니다. 이런 분별이 있어야 분명한 처방을 내릴 수 있습니다. 함께 망하지 않고 주의 복을 누리게 되는 것입니다.

이스마엘은 모든 것을 갖춘 세상 사람입니다. 그런데 이삭은 영적 대물림을 받았어도 학벌도, 돈도 없고 비실비실하게 눈만 껌벅거리고 있습니다. 이스마엘은 "네가 예수 믿어서 되는 게 뭐가 있어? 학벌이 있어, 돈이 있어, 능력이 있어, 뭐가 있어?" 하면서 예수 믿기 시작한 이삭을 희롱합니다. 세상의 성공한 사람들이 다 와서 희롱합니다. 그럴 때 사라는 "이것은 내가 믿음으로 행하지 못했기 때문이다" 하고 정확하게 분별했습니다. 그렇다고 이스마엘을 내버려 두어서는 안 됩니다. "비록 내 인생의 결론이지만, 저건 아니야" 하고 처방해야 합니다. 이스마엘은 쫓아내야 하는 대상입니다. 사라가 처방을 잘 내렸습니다.

— 나는 능력에 순종합니까, 위치와 질서에 순종합니까?
— 수치와 조롱을 당하는 사건 앞에서 내 죄를 먼저 회개하고 있습니까?
— 나의 관심사, 묵상과 기도의 주제는 나와 내 가족입니까, 지체와 동료와 공동체입니까?

## 기업을 얻기 위해 내쫓아야 할 것이 있습니다

그가 아브라함에게 이르되 이 여종과 그 아들을 내쫓으라 이 종의 아들은 내 아들 이삭과 함께 기업을 얻지 못하리라 하므로_ 창 21:10

사라는 사건이 오자 바로 서서 영적인 깨달음을 가지고 이스마엘을 내쫓으라고 명령합니다. 성경에 사라가 이렇게 강하게 나온 적이 없습니다. 사라는 냉정하고 하갈은 불쌍해 보입니까? 사실 하갈이 무슨 죄입니까? 사라가 시키는 대로 아브라함에게 들어가 아들 낳은 죄밖에 더 있습니까? 사라의 학대를 피해 도망갔다가 그럼에도 다시 돌아와 살고 있었습니다.

그러나 성경은 믿음은 행위가 아니라고 끊임없이 이야기합니다. 사라의 말이 왜 맞습니까? 이스마엘은 기도도 안 하고, 하나님께 묻지도 않고 자기 노력으로 성공한 사람입니다. 이스마엘 이름의 뜻이 '하나님이 그 부르짖음을 들으신다'이지만, 하나님은 결코 그를 약속의 자녀라고 표현하신 적이 없습니다. 아무리 그가 성공한들 그것은 약속의 자녀로서 성공한 것이 아니라는 것입니다.

우리는 이 사실을 잘 새겨야 합니다. 물론 이스마엘도 아브라함의 아들이기 때문에 하나님이 보호해 주시기는 합니다. 아브라함이 실수했지만 하나님이 다 거둬 주십니다. 예수 믿는 특권이 얼마나 대단한지 모릅니다. 내가 다는 모르고 못하더라도 하나님이 지키십니다.

혹시 육의 자녀가 영의 자녀를 "너 따위가 예수 믿어서 나에게 주는 게 뭐가 있냐?" 그러면서 핍박하고 희롱합니까? 그러면 우리는 이 육의 자녀를 쫓아내야 합니다. 이스마엘과 이삭은 공존할 수 없습니다. 영적 상속자가 오기 전에는 기뻐하면서 더불어 같이 잘 살 수 있었을지 모릅니다. 이스마엘은 영적 상속자인 이삭이 태어나기 전까지만 해도 부모에게 기쁨을 주는 효자 역할을 아주 잘했습니다. 그러나 때가 되면 정리해야 합니다.

예수 안 믿는 배우자와 살면서 '멋있으면, 돈 잘 벌어다 주면 행복할 수 있겠다' 하는 가치관은 16년이면 됐다는 것입니다. 우리의 갈 길은 영원한 본향이지 이 땅에서 잘사는 게 아닙니다. 그만하면 됐습니다. 끊어 내야 합니다. 신약성경에도 "그때에 육체를 따라 난 자가 성령을 따라 난 자를 박해한 것같이 이제도 그러하도다 그러나 성경이 무엇을 말하느냐 여종과 그 아들을 내쫓으라 여종의 아들이 자유 있는 여자의 아들과 더불어 유업을 얻지 못하리라"(갈 4:29-30) 하고 이스마엘에 대한 말씀을 주석으로 사용했습니다. 그렇다고 믿지 않는 배우자를 내쫓고 이혼하라는 말은 아닙니다. 불신 배우자라도 나를 잘살게 해 주면 그만이라는 나의 세상 가치관을 끊어 내고 이제부터라도 가정의 구원을 위해 믿음의 결단을 해야 한다는 것입니다.

어떤 사람은 안 믿는 사람 전도한다고 불신결혼하고, 이단을 전도한다고 그 소굴에 들어가기도 합니다. 그런데 잘못하다가는 물어뜯겨서 금세 낙심하고 만신창이가 되든지, 아예 끌려가든지 둘 중 하나가 되기 십상입니다. 단호하게 쫓아내야 하는 것입니다. '믿지 않는 자와 동행하는 것은 행복할 수 없다'가 이삭을 취하는 가치관입니다. 이스마엘과 이삭의 가치관이 같이 있으면 결단코 진정한 성령 충만과 기쁨은 있을 수 없습니다.

그런데도 아브라함은 여전히 정신을 못 차립니다.

아브라함이 그의 아들로 말미암아 그 일이 매우 근심이 되었더니 _ 창 21:11

아브라함은 이스마엘이 너무나 좋았습니다. 16년간이나 자기에게 기쁨을 주던 아들인데, 사냥도 잘하고 남자답고 효도하는 이 아들을 어떻게 쫓아내겠습니까? 그렇다고 하나님이 주신 영적 상속자인 이삭을 버릴 수도 없습니다. 둘 다 곁에 두려고 하니 충돌이 일어납니다. 이삭과 이스마엘 사이에서 아브라함은 깊은 고민에 빠지고 말았습니다.

그러나 아무리 이스마엘이 좋아 보여도 우리는 믿음의 문제를 생각해야 합니다. 내쫓아야 할 가치관이 있다는 것입니다. 우리도 예배를 드리고 기도하고 찬양도 하지만 내 눈에 보기 좋은 이스마엘을 내쫓지 못하니까 날마다 이스마엘에게 굴욕을 당하지 않습니까? 이스마엘 때문에 내가 돈도 갖고 학벌도 갖고 풍성한 삶을 살 수 있을 것 같습니까? 그렇지 않다는 것입니다. 뭐 하나 남부럽지 않을 것같이 사는 사람도 그 집안을 자세히 들여다보십시오. 온갖 굴욕을 당하면서 풍성한 삶을 살지 못합니다. 겉으로 보는 것과는 다릅니다.

분명 이스마엘과의 헤어짐은 쉽지 않습니다. 아브라함 입장에서는 그래도 아들인데 이스마엘의 장래가 걱정되었겠지요. 그러나 하나님은 걱정하지 말라고 하십니다. 네가 이스마엘을 내쫓으면 하나님이 이스마엘을 책임진다고 하십니다.

그런데도 포기 못 하는 고집이 우리 안에 있습니다. 하나님의 손에 이끌려가는 중에도 도무지 가만있지 못합니다. 25년 만에 이삭이라는 기적을 보여 주셨는데도, '이게 정말 하나님이 하신 일일까? 어쩌다 우연히 되었겠지' 하는 것입니다. '네 이름을 창대하게 하리라, 네가 복의 근원이 되리라, 큰 민족을 이루리라' 하는 약속을 주셨는데도, 그게 빨리 안 되는 것 같으니까 내 열심이 발동해서 가만있지 못하는 것이 바로 이스마엘의 가치관입니다.

큐티하면서 하나님을 먼저 알아 가라고 해도 그건 뒷전이고 영어를 배우고, 자기계발을 하고, 자꾸 다른 걸 우선 하려고 합니다. 진짜 하나님을 만나려면 가만히 있어서 여호와께서 베푸시는 구원을 봐야 하는데, 하나님의 열심보다 늘 내 열심이 앞섭니다.

어느 집사님이 사교육에 들일 돈은 없고 그저 아이들을 말씀으로 교육했다고 합니다. 그 아이가 큐티하고 말씀 읽던 가락으로 논술을 썼는데 그걸로 대학 4년 등록금에 장차 입사까지 보장 받았답니다. 디자인을 공부하는 한 아이는 디자인 대회에 나가서 '하나님의 시간, 카이로스'라는 주제로 출품했는데 40명 중에 당선이 됐다고 합니다. 예수님 말씀만 잘 알고 있으면 세상에서도 성공하게 되어 있습니다. 고액 학원에 보내고 족집게 강사 찾아가고 할 필요가 없습니다. 입시반이라고 예배에 안 나가고 공부하면 원하는 대학에 붙을 것 같습니까? 일류 대학을 나와서 대기업에 취직하면 자녀 인생이 성공인 것 같습니까?

모든 것의 길 되시는 예수님 말씀을 멸시하고 무시하면 절대로 잘될 수 없습니다. 훗날 후회해도 소용없습니다. 지금은 바보 같아도 이스마엘을 내쫓아야 합니다. 이스마엘 가치관을 버려야 합니다.

그런데 우리는 육적 이스마엘이 영적 이삭을 희롱하며 "예수 믿어서 뭐 되겠어? 예수 믿으면 돈이 나오냐 떡이 나오냐?" 합니다. 그런 조롱을 받으면 심각하고 애통해야 하는데, 여전히 내 남편, 내 아내가 안 변하고 내 자식이 안 변하는 것 때문에 애가를 부릅니다. 지금 문제는 안 믿는 남편, 아내가 아닙니다. 자식이 문제가 아닙니다. 예수를 믿지 않아도 너무 보기에 좋은 남편, 아내, 자식을 못 끊는 것이 문제입니다.

지금 무엇 때문에 애통합니까? 남편이 술 마셔서, 바람피워서, 돈 못 벌어서, 자녀가 공부 못 하고 속 썩여서 속상합니까? 복음에 대해서는 어떻습니까? 예수님이 비난 받고, 교회가 비판을 당하는데 그건 아무렇지도 않고, 오로지 남편, 아내, 자식 비위 맞추느라 발만 동동거리고 있습니까? 아직도 "내가 얼마나 너를 위해 기도했는데 너는 나를 이렇게 무시할 수 있냐?" 하며 웁니까? 하나님 욕하고 교회 욕할 때 눈물을 좀 흘리십시오. 우리는 지금 다 거꾸로 가고 있습니다. 내 남편이, 아내가, 자녀가 교묘하게 나를 속이고 있다는 사실이, 내가 가장 끊어 내기 힘든 이스마엘이라는 사실이 깨달아집니까?

이 장의 첫머리에 소개한 집사님 부부의 삶을 좀 더 살펴보면 그들이 인생에서 이스마엘을 내어 쫓기까지 얼마나 애통의 시간을 보냈는지가 절절하게 와 닿습니다. 이 남편 집사님이 네 번이나 바람을 피우다가 급기야는 열아홉 살 어린 여자에게서 아들을 낳고 조강지처에게 이혼을 요구했습니다. 아내 집사님은 연상이고 아들도 없었는데, 다른 젊은 여자에게서 아들을 낳고 보니 생각이 달라진 것입니다. 급기야 남편 집사님은 이사를 가려고 온갖 가구와 가재도구를 채워 놓았던 60평 새 아파트에 외도녀와 부모님을 함께 데리고 입주해 버렸습니다. 아내 집사님은 하루아침에 집도 뺏기고 이혼을 당할 위기를 맞았습니다. 상황이 이 지경이 되니 교양을 따질 겨를이 없어진 아내 집사님이 우리들교회에 왔습니다. 말씀을 들으며 별 인생이 없는 것이 깨달아지니 남편이 불쌍해지더랍니다. 그래서 다 내려놓았습니다. 이 남편을 다시 쟁취해서 보란 듯이 잘살아야겠다는 이스마엘 가치관을 끊어 냈습니다. 남편이 바람피워서 창피한 것도 다 내려놓았습니다. 그리고 남편 집사님에게 제안을 했습니다.

"당신이 하고 싶은 것 다 하세요. 그렇지만 이혼만은 절대 안 돼요. 조강지처 버리고 잘되는 사람 못 봤어요. 실컷 나가서 놀되 우리들교회만 와 주세요."

아내 집사님이 죽자사자 이혼 불가를 외치니까, 이 남편 집사님이 그러면 두 집 살림을 하겠다고 하더랍니다. 이 시대에 두 집 살림이 웬 말입니까? 그러나 아내 집사님이 우리들교회에 와서 생각이 달라졌습니다. 그래서 이것도 허용해 주었습니다. 배다른 자식도 키워 줄 터이니 교회만 오라고 했습니다.

갑자기 아내가 두 집 살림까지 허락하니 남편 집사님이 차마 거절도 못 하고 교회에 왔습니다. 그런데 설교 듣는 태도부터가 불량에 불량, 불량 곱하기 백이었습니다. 있는 대로 인상을 팍팍 쓰고 앉아 있지를 않나, 결정적인 이야기를 할 때는 화장실에 가기 일쑤였습니다. 맨 뒤에 앉아서 교만한 얼굴을 하고 있는데 그 모습은 이루 봐줄 수가 없을 지경이었습니다. 그런 상황에서 아내 집사님은 한 걸음 더 나가 남편에게 오후 예배까지 드리면서 양육 받기를 권했습니다. 대신 외도녀에게 하루 더 가게 해 주겠다고 약속했습니다. 이 말에 솔깃해진 남편 집사님은 1년이 지나도록 오후 예배를 드리게 됐습니다.

저는 1년 동안 남편 집사님에게 직분을 주지 않았습니다. 그랬더니 이분이 저에게 전화를 해서는 "왜 나한테는 직분을 안 주십니까? 교회를 나가라는 소립니까?" 하는 게 아닙니까? 그래서 저는 이분이 대단한 지위에 있는 사람이건 의사이건 간에 "여자를 끊으셔야죠. 두 집 살림을 하는 사람을 제가 어떻게 직분자로 세웁니까?" 하고 직언을 했습니다. 그러면서 제자훈련을 권했습니다.

결국 이 남편 집사님은 제자훈련까지 하게 됐습니다. 워낙에 공부도 잘하고 직업도 의사다 보니 지식을 총동원해서 얼마나 숙제를 열심히 해 왔는지 모릅니다. 그러면서 "나는 목사님처럼 설교 못 하는 사람은 세상에서 처음 봤다"는 둥, "아무개 목사처럼 설교를 좀 해 보라"는 둥 제게 갖은 희롱과 조롱을 해댔습니다.

그런데 이 남편 집사님이 제자훈련을 시작하며 자연스럽게 교회에 오는 날이 많아지면서 본처 집에 가게 될 일도 늘었습니다. 환자 진료도 포기해 가면서 숙제를 열심히 하는데, 만날 목사님한테 야단이나 맞으니 이제는 본처 집으로 슬쩍 숙제를 컨닝하러 가는 것입니다. 그랬더니 점점 조강지처가 좋아 보이더랍니다. 열아홉 살이나 어린 외도녀는 갈수록 잔소리도 늘고 골치가 아픈데, 워낙에 기도로 다져진 조강지처는 닦달하지도 않고 오히려 "왜 자꾸 오시나, 안 와도 되는데" 하니 마음이 자꾸 헷갈리더랍니다.

1년이 넘도록 교회 욕을 하고 목사 욕을 하던 이 남편 집사님이 점점 말씀을 듣는 구조 속으로 들어오니까 깨지기 시작했습니다. 주일예배, 수요예배, 목장예배, 제자훈련을 통해 끊임없이 이스마엘을 끊어 내라는 메시지를 들으니까, 공동체가 돕는 배필의 역할을 충실하게 해 주니까 이분이 안 깨질 재간이 없는 것입니다.

남편 집사님은 간증을 하면서 이렇게 말합니다. "하나님과의 관계가 바로 되어서 이스마엘을 끊을 수 있었지 조강지처 불쌍해서 돌아왔다면 오래 가지 못했을 것입니다."

아브라함도 깊이 근심하면서 물었습니다. "이스마엘을 쫓아내야 합니까, 이삭을 쫓아내야 합니까?" 그가 기가 막힌 괴로움 속에서 물었더니, 하나님이 이렇게 답해 주십니다.

> 12 하나님이 아브라함에게 이르시되 네 아이나 네 여종으로 말미암아
> 근심하지 말고 사라가 네게 이른 말을 다 들으라 이삭에게서 나는 자라
> 야 네 씨라 부를 것임이니라 13 그러나 여종의 아들도 네 씨니 내가 그
> 로 한 민족을 이루게 하리라 하신지라 _ 창 21:12-13

이 남편 집사님도 이런 갈등이 있었습니다. '그래도 내 핏줄을 낳아준 여자이고, 이 아이는 내 하나뿐인 아들인데 어떻게 그리 쉽게 끊어낼 수 있는가!' 그때 사무엘상을 묵상하면서 한나가 사무엘을 성전에 맡기는 모습을 보았습니다. 당시 엘리는 악한 제사장이었지만, 그래도 순종함으로 사무엘을 성전에 맡겼더니 그가 선지자가 되지 않았습니까?

이 말씀을 곧바로 적용해서 남편 집사님은 조강지처에게 돌아갔고, 외도녀가 아들을 보내지 않자 양육비를 대는 것으로 더 욕심을 부리지 않기로 했습니다. 그러면서 지금까지 한 번도 아들을 보러 가지 않았다고 합니다. 불가능한 가운데서 이스마엘을 완전히 끊어 낸 것입니다.

이 부부가 주일마다 새가족부 앞에 나란히 서서 이 수치스러운 간증을 하고 있습니다. 사실 얼마나 창피하겠습니까? 게다가 남편 집사님은 아직도 현역에서 의사로 일하며 사회적 지위를 가진 분입니다. 세상에서 실패 한 번 안 해본 사람이 주일마다 주홍글씨를 가슴에 달고 간증하는 일이 쉽겠습니까? 그러나 하나님의 보호하시는 은혜가 그 위에 임했습니다. 사회에서 낙오자가 되기는커녕 병원에서 과장이었다가 지금은 의료원장으로 승진하여 병원을 영적 기업으로 이끌고 있습니다.

물론 그렇다고 바람피워 낳은 아들이 없어지지는 않습니다. 내 죄는 인식해야 합니다. 이 남편 집사님이 다른 사람들을 위해서 눈물 흘리고 그 죄를 위해서 기도하고 갈 때 하나님이 그 아이까지 지켜 주실 줄 믿습니다. 나아가 이 간증을 수많은 사람을 살리는 약재료로 쓰실 것을 믿습니다. 내가 이스마엘 가치관을 끊어 낼 때, 하나님은 나를 놀랍도록 쓰십니다.

하나님은 내 고난으로 또 누군가를 건지십니다. 그러니 하나님이 쓰시기에 까다롭지 않은 아무개가 되기 위해 나의 고난이 이렇게 걸어오고 걸어가는 것입니다. 이 부부 집사님만큼 수치스러운 일을 겪으셨습니까? 이 수치를 다 당해 내면서 영적 상속자, 기업을 이어가기 위해서 어떤 환경에서도 말씀을 믿고, 말씀을 적용하고 가길 바랍니다.

— 내가 단호하게 내쫓아야 할 이스마엘 가치관은 무엇입니까? 끊기에 너무나 어렵고 근심이 되지만, 내가 적용하면 하나님이 책임지시고 보살펴 주심을 믿습니까?

— 말씀과 예배에 집중하지 않고 가만있지 못하며 내 열심으로 자꾸만 쌓고자 하는 것은 무엇인가요?

## 우리들 묵상과 적용

주일학교 교사까지 하며 신앙생활을 하던 엄마는 불교 집안의 아빠와 혼전 임신으로 저를 낳으셨습니다. 엄마는 스무 살 어린 나이에 불신결혼의 주제가인 폭력, 바람, 시댁 식구들의 괴롭힘 등을 겪으며 고생의 아이콘으로 살다가, 제가 열 살이 되던 해, 갑작스러운 아빠의 교통사고로 과부가 되셨습니다. 지독한 가난으로 더 이상 삼남매를 키우기 힘들어지자 재혼하여 불교로 개종까지 하셨던 엄마는 10년 후 아빠처럼 갑작스러운 교통사고로 세상을 떠났습니다.

엄마가 돌아가시기 1년 전 가스펠을 들으러 갔던 청소년 찬양 집회에서 하나님을 영접한 후, 고3 생활 내내 교주라는 소리까지 들어가며 거의 300명 가까운 친구들에게 복음을 전했던 저였지만, 하늘이 무너지는 것 같았던 엄마의 사고 소식에 하나님은 없다고 생각했습니다. 졸지에 새아버지에게서도 쫓겨난 저희 삼남매가 살길은 오직 제가 고등학교 2학년 때부터 준비했던 가수가 되는 길밖에 없다는 생각에, 필사적으로 발버둥치며 가수로 데뷔해 큰 성공을 거두었습니다.

환경이 풀리자, 사라가 '내가 아들을 낳았도다' 한 것처럼 저도 제 힘으로 유명해졌다는 교만한 생각이 들었습니다. 한편 부모님의 죽음으로 인한 불안과 두려움을 채우기 위해 저는 연락을 끊었던 친척을 만나 말동무로, 친구로, 엄마 대신으로 삼았고, 모든 집안일과 회사 일까지 친척에게 맡기고 의지했습니다.

하늘같이 믿었던 친척은 10년 동안 고생하며 모은 저의 전 재산과 회사 일까지 전부 망하게 하였습니다. 어느 날 집안에 들이닥친 압류 딱지를 보고 정신을 차렸을 때는 이미 수십억 원의 빚이 제 어깨 위에 얹혀진 뒤였습니다. 죽을 것 같은 상황에서 매달릴 곳 하나 없이 두려움의 벼랑 끝에 서 있을 때 우리들교회로 인도되었습니다.

어린 나이에 남들보다 더 크고 다양한 고난을 겪어야 할 때마다 하나님이 원망스러웠습니다. 그러나 말씀을 보는 믿음의 공동체 속에서 말씀으로 내 죄를 보고 회개하는 자립 신앙이 되기 위해 젖을 떼는 첫 걸음을 내딛게 되니, 저희 집안의 뿌리 깊은 불신앙의 죄를 자복하게 되었습니다. 눈만 껌벅껌벅하고 있는 어린 이삭을 남자다운 이스마엘이 희롱한 것처럼 제가 애정을 모두 쏟았던 친척이 도무지 싸움 상대도 되지 않는 저를 힘들게 했고, 내가 잘나서 내 능력으로 성공한 가수가 된 거라고 착각하며, 잘 서 있기보다는 쉬고만 싶어했던 기복신앙을 보게 되었습니다.

변호사들은 수십억 원의 빚을 제가 떠안지 않으려면 친척을 형사고발하라고 조언했습니다. 그러나 아브라함이 이스마엘을 내쫓아야 하기에 깊은 근심을 했던 것처럼, 부모 대신으로 생각하며 영혼 구원을 위해 오랜 세월 기도했던 친척에 대한 애정으로 '어떻게 고발을 하나' 하고 깊이 근심했습니다. 하지만 말씀을 들으며 사건에 대한 해석이 달라진 저는 돈, 야망, 남들로부터 인정받고 싶어 가만히 있지를 못하는 내 속의 이스마엘을 쫓아내야 한다는 것을 깨닫게 되었습니다. 우리의 씨름의 대상은 억울하건 아니건 그 배후에 있는 악한 영이라고 하신 말씀대로 사탄은 인간을 대리자로 놓고 싸우는데, 저는 그 배후 세력을 보지 못하고 유혹에 넘어갔던 것입니다.

처음 우리들교회에 왔을 때 다른 곳에서처럼 내 영혼의 목마름이 아닌 내가 연예인이라는 것 때문에 다른 사람의 관심 대상이 될까 봐 걱정했습니다. 그러나 새가족부에서부터 지금의 소그룹 모임까지 저를 알아보는 지체들이 없어 처음에는 신기하고 편했는데, 나중에는 '내 인기가 예전만 못한가' 실망하기도 했습니다. 그리고 부활주일에 제 생일이 겹쳐 기쁜 마음에 큰맘 먹고 특송을 하겠다고 교회에 말씀드렸는데 '특송보다는 간증을 하라'며 보기 좋게 거절당했습니다. 단 한 번도 제가 먼저 특송을 하겠다고 자원해 본 적이 없던 터라 '역시 이 교회는 달라' 하며 기뻐하는 제가 신기하게 느껴지기도 했습니다.

소녀 가장의 불가능한 환경을 인기 가수의 가능한 환경으로 역전시키시는 온전한 은혜를 베푸시고, 고아와 과부를 긍휼히 여기시는 하나님이 우리 삼남매를 온전히 구원하시고 지켜 주실 것을 믿습니다. 그러기 위해 '환경에서 오는 열등감을 내쫓아야 하고, 빚도 갚아야 하고, 동생들도 가르쳐야 하는데, 내가 할 수 있을까?'하는 불안함과 두려움이 있습니다. 이런 육적인 이스마엘이 영적인 이삭을 희롱하는 것이 가장 무서운 죄라고 하셨으니, 이런 생각들을 내어 쫓기 위해 날마다 하나님의 언약을 신뢰하며 살겠습니다.

하나님, 감사합니다.

# 말씀으로 기도하기

여전히 내 안에 끊어 내지 못하는 이스마엘이 있습니다. 육의 자녀가 영의 자녀를 희롱하는데도 이스마엘을 내쫓지 못합니다. 그러나 이스마엘은 결국 내 죄의 결론입니다. 끊어 내야 하는 것입니다. 육의 자녀와 영의 자녀는 함께 지낼 수 없습니다. 힘들지만 쉬기 위해 씨름하지 않고 서기 위해 씨름해야 합니다.

### 기업을 얻기 위해 우리는 잘 서 있어야 합니다(7-8절)

쉬운 인생이 어디 있겠습니까? 자식이 없을 때는 자식 달라 기도하고, 남편이, 아내가 옆에 없으면 돌아오게 해달라고 울고불고 매달리며 지금까지 왔습니다. 당장 내일 먹을 것이 없을 때도 주님 은혜로 살아왔습니다. 그런데 '되었다 함이 없다' 하시듯, 돈 없을 때는 그렇게 매달리고 기도했는데, 정작 부족한 것이 없게 되니 다 내 것인 줄 착각했습니다. "내가 이루었다" 하면서 떵떵거렸습니다. 이 정도면 되었으니 이제 교회 봉사도 쉬어야겠다는 생각이 들고, 나도 모르게 내 안에 주님보다 큰 것들이 생겼습니다. 그러나 주님, 제가 쉬기를 원하지 않고 서기를 원합니다. 기복적인 감사를 버리고 영적으로 바로 서기를 원합니다. 단 하루도 주님 은혜가 아닌 날이 없었음을 고백합니다.

### 기업을 얻기 위해 돕는 배필의 역할을 잘해야 합니다(9절)

믿지 않는 남편이, 아내가 여전히 나를 희롱하고 괴롭힙니다. "예수 믿으면 떡이 나오냐, 돈이 나오냐?" 합니다. 그런데도 나는 그것이 내 죄 때문이라고는 생각하지 못하고 여전히 남편 때문이고 아내 때문인 줄 알았습니다. 그러나 문제는 내가 불신결혼을 했기 때문입니다. 약속의 말씀을 믿지 못하고 주님보다 앞서서 움직였기 때문입니다. 이제는 이스마엘 비위나 살살 맞추며 살지 않겠습니다. 무엇이 잘못인지를 분별하고 정확하게 끊어 내겠습니다. 나보다는 남을 위해 중보하는 삶을 살겠습니다.

### 기업을 얻기 위해 내쫓아야 할 것이 있습니다(10-13절)

한평생을 이스마엘의 가치관으로 세상을 살았습니다. 배우자가 나를 희롱하고 자녀가 나를 조롱하면 어떻게 나한테 이럴 수가 있느냐고, 내가 얼마나 애쓰며 지금까지 왔는데 어떻게 나를 이렇게 무시하느냐고 원망하고 애통해하며 지금까지 왔습니다. 그러나 주님은 그 가치관으로 이만큼 살았으면 됐다고 하십니다. 끊어 낼 것은 끊어 내야 한다고 타이르십니다. 이제는 내 노력, 내 애씀을 내려놓고 주님 말씀만 의지합니다. 비록 내가 희롱을 받더라도 이제는 거기에 휘둘리지 않고 하나님을 위해서 복음 전하는 삶을 살겠습니다.

## 영혼의 기도

하나님 아버지, 늘 되었다 함이 없습니다. 우리는 영적 상속자를 낳고 틈만 나면 "내가 낳았도다" 합니다. 이 교만 때문에 이스마엘이 이삭을 희롱하는 사건이 와야 했습니다.

아브라함이 깊이 근심하며 이스마엘을 쫓아내지 못하는 것처럼, 우리도 이 세상 이스마엘이 너무 좋습니다. 탐심과 욕심을 끊어 내지 못해서 깊이 근심합니다. 성경을 보고 기도하고 찬양을 함에도 '내 자식은 왜 안 되는가, 내 식구는 왜 안 되는가?' 하며 지옥을 삽니다.

원리는 아는데 마음이 움직이지 않습니다. 잘되고 싶은 슬픔과 연민 때문에 살 수가 없습니다. 그러나 그것이 오늘 내가 끊어 내야 할 이스마엘인 것을 알게 해 주셔서 감사합니다. 내가 예수님 자체를 기뻐하지 않기 때문에, 그런 나의 영향을 온 집안 식구가 받게 된다는 것을 알았습니다. 내가 세상 때문에 슬퍼하기에 세상에서 돌아오지 않는 식구들이 있음을 알았습니다.

자녀와 배우자를 객관적으로 볼 수 있도록 도와 주시옵소서. 근심이 되더라도 하나님이 책임져 주실 것을 믿고 나의 이스마엘 가치관을 쫓아내기를 소원합니다. 우리가 눈물로 가야 하는 이 세상에서, 영적 상속자가 무엇인지를 날마다 우리 죄를 통해서 보여 주시니 오늘도 동일한 말씀으로 역사하여 들리게 하실 줄을 믿습니다.

예수님 이름으로 기도합니다. 아멘.

아버지 하나님, 세상에서 방황할 때 주님을 몰랐습니다. 그 가운데 부르짖는 우리의 음성을 들으시고, 약속의 자녀 되도록 말씀하여 주옵소서.

05

## 불평하는 노예근성은 죽을 길밖에 없습니다

: 창 21:14-21

14세기 벨기에 왕 레이먼드 3세는 동생의 반란으로 감옥에 갇혔습니다. 그를 가둔 감옥 문은 특별하게 설계되어서 아래쪽에 몸집이 작으면 빠져나갈 수 있는 구멍이 있었다고 합니다. 동생은 그 구멍으로 때마다 산해진미를 공급했는데, 형을 살찌워서 감옥에서 나오지 못하게 하려는 의도였습니다. 모르는 사람들이 보면 형을 향한 동생의 정성이 지극하다고 생각했을 것입니다.

동생의 계략을 간파한 레이먼드 3세는 '내가 음식을 절제해서 반드시 이 구멍으로 빠져나갈 것이다. 내가 네 계략에 속아 넘어갈 줄 아느냐' 하며 그 구멍을 보면서 살을 뺄 결의를 다지곤 했지만, 때마다 들어오는 음식의 유혹을 거절하지 못했습니다. 그는 결국 자신에게 져서 음식을 마음대로 먹으면서 자유인이 되기를 포기했습니다. 식욕의 포로가 된 것입니다.

이것이 세상에서 방황하는 자의 특징입니다. 바깥에 진정한 자유가 있는데 이를 포기하고, 한 평 감옥에서 음식 먹는 것을 자유라고 큰소리치는 것입니다. 술 먹고 마약하고 게임하고 이 여자 저 여자 만나는 내 자유를 막지 말라고, 구멍 바깥에 나가면 자유가 있는 걸 나도 다 알지만 그럼에도 이 자유를 선택하겠노라고 외치는 것입니다.

자유가 세상을 아는 것이라면, 진정한 자유는 새 하늘과 새 땅을 아는 것입니다. 방황하고 싶어서 방황하는 사람이 어디 있겠습니까? 하갈도 비록 쫓겨나긴 했지만 어린 아들을 데리고 아브라함을 떠나면 여종의 신분에서 자유를 얻을 줄 알았습니다. 그런데 그것은 방황의 시작이었습니다. 이 사건을 단지 그들의 방황으로만 볼 수 없는 것은 우리도 항상 똑같은 처지에 놓이기 때문입니다.

### 우리가 세상에서 방황하는 것은 노예근성 때문입니다

> 아브라함이 아침에 일찍이 일어나 떡과 물 한 가죽부대를 가져다가 하갈의 어깨에 메워 주고 그 아이를 데리고 가게 하니 하갈이 나가서 브엘세바 광야에서 방황하더니 _ **창 21:14**

하나님이 아브라함에게 이스마엘을 언제 쫓으라고 했습니까? 이삭을 주시고 나서입니다. 자유를 맛봐야 속박을 내쫓을 수 있기 때문입니다. 자유의 기쁨을 맛보았기 때문에 하나님은 자신 있게 이스마엘을 내쫓으라고 하셨습니다.

우리들교회의 한 목장에서 '그러면 쫓겨 나가는 이스마엘은 대체 뭔가?'를 놓고 나눔을 했는데, 교회에 오랫동안 출석하신 똑똑한 분들이 "언제는 이삭 낳았다고 좋아하더니 첩의 아들이라고 쫓아내는 게 말이 되느냐?" 했더랍니다. 듣고 있던 부목자가 옆에서 "나도 동감하는 바이다" 했다기에, 이것에 대해 자세히 설명하는 시간을 가져야겠다는 생각을 한 적이 있습니다.

이스마엘은 쫓겨남을 자초했습니다. 그의 어머니가 누구입니까? 사라의 여종이었던 하갈입니다. 그녀는 아브라함과 동침할 수 없는 신분입니다. 그런데 자신의 생살여탈권을 쥔 사라의 호의로 아브라함과 동침을 해서 아들을 낳게 된 기가 막힌 은혜를 받았습니다. 실상 하갈에게는 아무 자유가 없습니다. 사라를 멸시하고 이삭을 희롱할 자격이 없는 것입니다. 그런데 입장이 바뀌자 태도가 달라집니다. 이는 노예근성에서 비롯된 태도입니다.

노예는 어떻습니까? 안식이 없습니다. 잠도 못 자고 일만 열심히 하는데도 날마다 깜짝깜짝 놀라면서 '내가 이렇게 놀아도 되는가?' 하며 눈치를 봅니다. 열심히 사는 것 같아도 매여 있는 것입니다. 매사에 자원함도 없고 기쁨도 없고 내 유익에 따라 거짓말도 밥 먹듯이 합니다. 인간이 악하고 음란하기에 높은 지위에 올라가면 자기가 당한 만큼 아랫사람을 혹독하게 대합니다. 이것이 바로 노예근성입니다.

인간이 죄의 노예로 살면 죄에 대해 아무런 반항도 못 하고 죄가 이끄는 대로 고통당할 수밖에 없습니다. 죄가 얼마나 가공할 만한 힘을 지녔는지 모릅니다. 죄는 바로 앞에 자유가 있어도 우리를 그 앞으로 나가지 못하게 합니다. 감옥에서 나갈 수 있는 구멍이 열려 있는데도 음식에 속박되어서 절대로 살을 못 빼는 것입니다. 우리는 죄의 답을 다 알고 있는데도 그 죄에 속박당합니다. 레이먼드 3세처럼 '산해진미보다 좋은 게 없구나' 하면서 유혹을 벗어나지 못하는 것입니다.

반면 죄의 노예에서 벗어나 하나님의 자녀가 된 사람은 어떻습니까? 안식이 있습니다. 눈이 없어도, 다리가 없어도, 술을 퍼마셔도 눈치 볼 사람이 없습니다. 행위가 형편없어도 아버지의 아들이기 때문에 눈치를 안 보는 것입니다. 이것이 믿음입니다.

어떤 목사님이 친구 아들을 맡게 됐답니다. 그 목사님은 아이에게 "너는 내 아들이다. 나는 네 아버지다" 하고 수없이 이야기해 주었습니다. 그런데도 이 아이는 냉장고를 열 때도 허락을 받고 뛰어놀고 싶어도 눈치를 보며 가만히 앉아만 있었습니다. 친아들은 마음대로 냉장고를 열어 간식을 먹고 소파에서 천장에 닿을 때까지 뛰어노는데 말입니다.

이처럼 우리는 진짜 아버지 아래에 있을 때에야 참 자유를 누릴 수 있습니다. 그렇다고 재혼 가정에는 자유가 없다는 말이 아닙니다. 제 말을 오해하시면 안 됩니다. 친아버지, 친어머니가 아니더라도, 친아들, 친딸이 아니더라도 우리의 아버지이신 하나님 안에서 우리의 가치관이 새로워질 때 그 가정에 참 자유와 안식이 찾아온다는 것입니다.

우리에게는 새어머니, 새아버지에 대한 고정관념이 있습니다. 새엄마들은 '내가 그렇게 잘해 주는데 저 아이는 왜 나를 친엄마 대접하지 않는가' 생각할 수 있습니다. 그러나 이런 생각도 노예근성에서 비롯된 것이라는 것을 알아야 합니다. '쟤가 나를 친엄마와 같이 대하지는 않을 거야' 인정하는 것이 주인의식을 가지는 것입니다. 새엄마, 새아빠가 되어서 옳고 그름만 따지느라고 인생을 낭비한다면 내가 얼마나 노예근성에 사로잡혀 있는지 돌아보시기 바랍니다.

자녀는 친엄마가 살림 안 하고 도망을 가도 결국 친엄마를 찾게 되어 있습니다. 아버지가 술에 절어 살아도, 정신적인 이상이 있어도 그 친아버지를 찾아가게 되어 있습니다. 친부모가 잘나서가 아닙니다. 그것이 창조질서이기 때문입니다. 그러니 이혼하지 말라는 것입니다. 창조질서를 지키지 않으면 이 땅의 질서가 엉망이 되지 않겠습니까? 이 질서를 인정하는 것이 노예근성에서 벗어나 주인의식을 갖는 것입니다. '나는 비난을 받더라도 이 고난을 택하겠다'라고 생각하고 가야지 '다 벗어던지고 행복을 택하자' 하면 고통밖에 없습니다. 이 땅에 완전한 행복은 없기 때문입니다. 거룩을 길로 놓고 갈 때 행복도 따라옵니다. 결국 우리의 가치관이 바뀌어야 합니다.

우리가 안식일을 지켜야 하는 이유도 우리의 아버지이신 하나님 안에서 안식과 평강을 누려야 이 땅에서 잘 살 수 있기 때문입니다. 내가 안식과 평강이 없는데 교회는 왜 나오고 부부생활, 직장생활은 왜 하겠습니까? 그래서 하나님은 출애굽기 25장에서 31장까지 성막의 양식을 알려 주시고 31장에 안식일 제도를 주시면서 "그날을 더럽히는 자는 모두 죽일지며 그날에 일하는 자는 모두 그 백성 중에서 그 생명이 끊어지리라"(출 31:14)고 하셨습니다. 왜입니까? 안식 없이는 아무것도 못 하기 때문입니다.

안식은 하나님의 백성 된 징표입니다. 결혼생활, 사회생활에서 내가 평강과 안식을 누리는 것이 하나님의 백성 된 징표입니다. 내 목숨과 같이 주일을 지키며 예배드린다는 것을 만천하에 공표하면서 하나님의 증인 된 삶을 사는 것이 최고의 안식입니다.

이스마엘은 육체를 따라 난 계집종의 자녀이기에 속박을 대표하고, 이삭은 자유자에게서 태어난 상속인입니다. 하갈과 이스마엘에게는 진정한 안식이 없습니다. 그들은 여전히 죄의 종으로 살아가는 것입니다. 그러니 16년간 여유롭게 장자 노릇을 하다가 이삭이 나오니 아기를 두려워하고 희롱합니다. 노예의식에 가득 차 있습니다. 주인의식 없이 늘 비교하고 남을 탓하고 조롱하면서 객식구처럼 종의 인생을 벗어나지 못하는 것입니다.

그러니 결국 쫓겨날 수밖에 없습니다. 누가 쫓아낸 것이 아니라, 쫓겨날 수밖에 없는 인생을 그들이 자초했습니다. 아브라함이라고 16년이나 함께 지낸 자기 혈통과 그 혈통을 낳아 준 여자를 쫓아내고 싶었겠습니까? 아브라함도 노력하지 않았을까요? 16년간이나 믿음의 자녀를 만들어 보려고 했지만 피가 섞였음에도 절대로 하나가 되지 못한 것입니다.

우리 가정에도 이런 사람이 있을 수 있습니다. 주인의식 없이 늘 불평하고 남 탓하며 객식구처럼 떠도는 자녀와 남편과 아내가 오늘 내 식구로 자리매김하고 있을 수 있습니다. 매우 근심이 되지만 결국 천국과 지옥으로 나뉘어 갈 수밖에 없는 사람이 내 식구 가운데 있을 수 있다는 것입니다.

그래서 내 자녀에게 어릴 때부터 안식을 가르쳐 주어야 합니다. 안식하라고, 평강하라고, 구별된 가치관을 가져야 한다고 가르치고 배우게 해야 합니다. 자녀에게 안식일에 쉬는 것을 보여 주어야 합니다. 대체 누가 이 세상에서 이렇게 쉬라고 말해 주겠습니까? 안식이 없이는 절대로 어디에도 성전을 지을 수 없습니다. 부부간에도, 교회에서도, 사회에서도 성전을 지어 갈 수 없습니다.

그런데 교회를 다니면서도 쾌락을 위해서 열심히 금송아지를 섬기며 사는 사람이 얼마나 많은지 모릅니다. 예수님을 제대로 만나지 못했는데 좋은 학교를 졸업하고 좋은 직업을 가지고 돈도 잘 벌다 보면, 악하고 음란한 이 세대를 따라 성적 타락으로 가게 되는 것입니다. 일의 결국이 이렇다면 자녀를 쾌락 누리게 하려고 그동안 부모가 열심히 뒷바라지해 준 셈이 아니겠습니까? 그래서 자녀가 방황하는 것도 부모 책임이고, 식구들이 방자한 것도 다 내 책임입니다. 내가 어떤 가치관으로 자녀를 키웠는가, 내 삶의 결론이 자녀 인생에서 나타나게 되어 있습니다.

한번 노예는 그 노예근성이 없어지기까지 평생이 걸립니다. 주님이 자유자로 우리를 부르셔도 누리지 못합니다. 하갈도 노예에서 구원해 주셨으니 아브라함 가문에서 평강 가운데 살았다면 얼마나 좋았을까요. 하나님은 과거에 사라의 학대를 피해 도망간 하갈을 살려 주셨습니다. 그런데 여전히 정신을 못 차리고 비교하고 멸시하다가 결국 쫓겨납니다. 살려 주실 때만 "하나님, 하나님" 하다가 다시 세상으로 돌아가는 것입니다.

이스라엘 백성도 400년 애굽 노예 생활에서 어렵게 구원받았는데, 모세가 십계명 받으려고 시내산에 올라갔다가 더디 내려오니 그걸 못 참고 금송아지를 만들어서 하나님이라고 칭하며 절하지 않았습니까? 이것이 우리 방황의 시작입니다. 구해 주었는데 정신 못 차리고, 또 구해 주어도 또 정신을 못 차립니다.

— 나의 현재를 있는 그대로 인정하고 있습니까? 노예근성 때문에 계속해서 비교하고 멸시하고 있는 부분은 무엇입니까?

— 노예근성 때문에 늘 안절부절하며 근심하고 있습니까, 하나님 안에서의 안식을 누리고 있습니까? 오늘 내가 안식을 누리기 위해 해야 할 적용은 무엇이 있을까요?

— 자녀를 안식과 평강의 구별된 가치관으로 양육하기 위해 말씀을 심어 주며 예배의 자리로 이끌고 있습니까?

## 노예근성 때문에 결국 죽을 수밖에 없습니다

15 가죽부대의 물이 떨어진지라 그 자식을 관목덤불 아래에 두고 16 이
르되 아이가 죽는 것을 차마 보지 못하겠다 하고 화살 한 바탕 거리 떨
어져 마주 앉아 바라보며 소리 내어 우니 _ 창 21:15-16

아브라함 집안에서 일상의 행복을 누리면서도 불평만 하던 이스마

엘은 이제 쫓겨났습니다. 무더위를 피할 수 있는 그늘도 없고, 갈증을 식힐 시원한 물도 없습니다. 모든 걸 박탈당했습니다. 사막에서 물이 없다는 것은 죽음을 의미합니다. 평생을 수고하고 사망을 월급으로 받게 생겼습니다.

'화살 한 바탕 거리'란 화살을 쏘아서 가는 거리로, 약 200~300m 정도입니다. 우리도 고작 300m도 못 가서 후회할 것을 이혼하고 가출을 하고 난리를 피웁니다. 결국 이들의 앞에는 죽음을 넘나드는 배고픔과 목마름뿐입니다. 죽음의 그림자가 시시각각 다가오고 있습니다. 어디로 가야 할지 몰라 슬피 울지만 도무지 해결 방법이 없습니다.

아브라함 집에 살 때는 부족한 것이 없었습니다. 하지만 고마운 것을 몰랐습니다. 광야에서 길을 잃었는데 돌아갈 수가 없습니다. 죽는 일만 남은 것입니다. 그런데 회개가 없습니다. 이스라엘 백성도 그러지 않았습니까? 금송아지 만든 일로 모세가 돌판을 깨뜨리면서 회개를 촉구했지만 아론도 백성도 아무도 회개하지 않았습니다. 그래서 하나님은 3천 명을 죽이실 수밖에 없었습니다.

내 인생에 부도가 났습니까? 이혼을 당하고, 배신을 당하고, 인간관계가 깨어졌습니까? 죽는 일만 남은 것 같습니까? 하나님이 참다못해서 내리신 결정이란 걸 아셔야 합니다. 나를 주님께 돌아오게 하려고, 3천 명을 죽여야만 돌아오게 생겼기에 이렇게 결정하신 것입니다.

— 부족함이 없는 대신 감사가 없었기에 내게 온 죽을 것 같은 사건은 무엇입니까?

— 그 사건이 하나님께서 돌아오라고, 회개하라고 주신 사건임을 믿습니까?

### 그럼에도 아브라함 공동체에 붙어 있으면 살려 주십니다

17 하나님이 그 어린아이의 소리를 들으셨으므로 하나님의 사자가 하늘
에서부터 하갈을 불러 이르시되 하갈아 무슨 일이냐 두려워하지 말라 하
나님이 저기 있는 아이의 소리를 들으셨나니 18 일어나 아이를 일으켜
네 손으로 붙들라 그가 큰 민족을 이루게 하리라 하시니라 _ 창 21:17-18

이스마엘이 브엘세바 광야에서 우는 소리를 하나님이 들으셨습니다. 지금 내가 있는 자리가 거룩하지 않을 수 있습니다. 감옥이라도 괜찮습니다. 브엘세바 광야에서 하나님을 부르기만 하면 하나님이 들어 주신다고 합니다.

돌이킬 수 없는 죄를 지었습니까? 세상으로부터 버림을 받았습니까? 내 편은 아무도 없는 것 같아 두렵고 외롭습니까? 내 앞에 죽음밖에는 없는 것 같습니까? 그래서 하나님 앞에 나왔습니까? 그런 우리를 하나님이 부르십니다. "아무개야, 무슨 일이냐. 두려워 말라." 그 누구도 불러 주지 않던, 죄밖에 지은 것 없는 하갈의 이름을 불러 주신 것처럼 우리 이름을 부르시는 주님이십니다. 내가 무더위와 고통 속에서 죽어 가는 것을 하나님은 외면하지 않으십니다. 그뿐입니까? 두려워하지 말라

고 하시며 약속의 말씀도 주십니다. 이렇게 버림받은 하갈이 오늘 우리와 같은 인생이 아니겠습니까?

> 하나님이 하갈의 눈을 밝히셨으므로 샘물을 보고 가서 가죽부대에 물을 채워다가 그 아이에게 마시게 하였더라 _ 창 21:19

탐욕으로 인해 슬픔과 낙심에 빠져 있을 때는 내 옆의 샘물이 보이지 않습니다. 그저 죽을 것 같은 처지일 때만 보입니다. 그런데 지금 하갈과 이스마엘의 영안이 열렸습니다. 그래서 샘물을 보게 되었습니다.

살길은 언제나 하나님 안에만 있는 줄 믿으십니까? 은혜의 샘물은 언제나 내 옆에 준비되어 있는데 내 눈에 보이지 않을 뿐입니다. 그런데 하나님이 찾아오시면 그 샘물이 보입니다. 이 하나님을 우리가 만나야 합니다. 내 방황을 끝낼 분은 하나님밖에 없다는 사실을 알아야 합니다. 어떤 재물도 권세도 능력도 이 방황을 끝내지 못합니다.

'갑자기 빛이 사라지는 것도 아니고, 방황이 어떻게 끝납니까? 샘물이 지금 당장 어디에 있습니까?' 생각할지 모르겠습니다. 그러나 우리는 말씀으로 살아날 수 있습니다. 하나님이 우상숭배를 한 이스라엘 백성 3천 명을 죽이셨습니다. 아론이라는 잘못된 지도자를 만났기 때문입니다. 그 3천 명만 놓고 보면 "왜 3천 명이나 죽어야 하느냐, 말이 안 된다" 하면서 통곡할 수 있습니다. 하지만 아론을 좇아 범죄한 백성은 총 60만 명입니다. 그중에서 3천 명이면 200분의 1입니다. 모세를 좇은 자들은 "모세의 기도로 60만 명 죽을 것을 3천 명만 죽이셨구나. 내 죄를 200분의 1만 처리하시는구나" 하면서 감사했을 것입니다. 생각이 달라지고 가치관이 바뀌면 방황이 끝나는 것입니다. 환경은 달라지지 않아도 하나님이 내 죄를 200분의 1만 다스리신다는 사실을 알면 생각이 달라집니다. 말씀이 나를 살리는 것입니다.

— 지금 내가 있는 자리가 어디라도 하나님께 울며 부르짖으면 하나님이 들으십니다. 나의 괴롭고 힘든 상황에서 염치 불구하고 하나님을 부르고 있습니까?

— 내 문제 가운데서 영안이 열려 말씀의 샘물을 마시고 있습니까?

### 살려 주셔도 약속의 자녀가 되어야 방황을 끝냅니다

하나님이 하갈과 이스마엘을 살려 주셨습니다. 육의 축복도 허락하십니다. 여기까지 너무 좋았습니다. 그런데 육적인 축복을 받아 좋은 대학 입학하고 사업이 잘되는 것이 끝이 아닙니다. 약속의 자녀가 되어야 합니다.

> 20 하나님이 그 아이와 함께 계시매 그가 장성하여 광야에서 거주하며
> 활 쏘는 자가 되었더니 21 그가 바란 광야에 거주할 때에 그의 어머니가
> 그를 위하여 애굽 땅에서 아내를 얻어 주었더라 _ 창 21:20-21

내 자녀가 세상에서 아무리 잘되어도 약속의 자녀가 되지 못한다면

부모로서 슬퍼해야 합니다. 하나님은 이스마엘을 살려 주셔서 큰 민족이 되게 하시고 번성하게 하셨습니다. 그런데 이런 축복을 받아 이스마엘이 바란 광야의 활 쏘는 자가 되자, 어머니 하갈은 약속의 땅 앞에서 애굽 여인을 취하여 아들을 불신결혼 시킵니다. 이스마엘은 아브라함과 애굽 여인 하갈 사이에서 나왔는데, 그런 그가 애굽 여인과 결혼을 했으니 이제 완전히 애굽화가 되어 갑니다. 갈수록 세상 가치관이 강해집니다.

하나님은 하갈과 이스마엘을 선대하시고, 소리 내어 우는 것도 들으시며, 하갈의 눈을 밝혀서 살길도 열어 주셨습니다. 특히 이스마엘과 함께 계시매 그가 활 쏘는 자가 되지 않았습니까?

그러고 보면 하나님이 똑같이 힘을 주셔도 그것을 받는 사람의 그릇에 따라 결과가 다릅니다. 한쪽 이스마엘은 세상 가치관이 점점 더 강해지고, 다른 한쪽 이삭은 영적인 하나님 나라의 가치관이 점점 더 강해집니다. 그래서 내 그릇, 내 본바탕이 거듭나지 않았는데 성령집회, 은사집회만 좇아다니면 오히려 세상 가치관만 강해질 수 있습니다.

우리는 분별하지 못합니다. 하갈과 이스마엘도 16년간 아브라함 가문에서 세례 받고 할례 받으면서 믿는 사람으로 자리매김하고 있었습니다. 그런데 날이 갈수록 이들 안에서는 세상이 강해집니다. 아브라함 가문에 있어도 믿음으로 들어오지 못하는 것입니다. 아무리 기다리고 기회를 주어도 이스마엘과 이삭은 절대로 하나가 될 수 없습니다.

우리도 그렇습니다. 예수를 믿고 성경공부도 때마다 하고 기도 훈련도 받는데 어쩜 그렇게 세상 가치관만 더 강해지는지 모릅니다. 왜 그렇습니까? 활도 잘 쏘고 잘난 게 많아서 그렇습니다. 이스마엘은 세상에서 잘나가니 만날 "아버지면 다냐?" 하며 희롱하고, 밤낮 멸시합니다. 그런데 이삭은 그저 착하고, 제물로 묶여 올려져도 반항도 안 하고, 장가도 보내 줘야만 갑니다. 그 성품으로 세상을 이길 힘이 없기에 전적으로 아브라함의 돌봄이 필요한 것입니다.

그러나 믿음 없는 자들은 하나님의 자녀들을 위해 영적·육적으로 수고할 수밖에 없습니다. 의도했든 안 했든 이스마엘은 아브라함을 떠나서도 이삭을 위해 살 수밖에 없습니다. 안 믿는 사람들이 아무리 큰소리 떵떵 치며 살아도 나중에 보십시오. 결국 알곡은 알곡이요, 가라지는 가라지일 뿐입니다. 우리나라가 잘살게 된 것도 복음이 들어오고 예수가 들어왔기 때문입니다. 그 전까지만 해도 우리나라는 최대 빈국 아니었습니까? 이 땅에 복음이 들어와서 믿는 사람들이 많은 학교와 기업을 일구었는데 많은 사람들이 이 은혜를 모른다는 사실에 가슴이 아픕니다.

세상은 알곡과 가라지가 함께 자랍니다. 가라지가 알곡보다 더 빨리 크니까 우리는 다 가라지인 이스마엘을 부러워합니다. 그러나 결국 이스마엘은 가라지 역할에 불과합니다. 끝까지 하나님을 버리고 세상으로 가는 자녀도 있다는 것을 알아야 합니다.

그리고 이렇게 어쩔 수 없는 자녀가 우리 중에, 우리 식구 중에 있다는 사실을 객관적으로 볼 수 있어야 합니다. 그런 사람이 주인의식을 가진 자입니다. '내 자식, 내 새끼' 하며 끼고만 돌 게 아니라 내 가족의 실상을 객관적으로 보아야 합니다. 하나님은 아브라함 때문에 이스마엘을 끝까지 책임지시지만, 이스마엘 스스로 하나님 책임 밖의 세계로 뛰쳐나가고 있습니다.

아직도 하나님이 유치하게 "첩의 아들이니 쫓아내라" 하신 것 같습니까? "아들 낳을 땐 좋다 하더니 이삭 낳았다고 이제 와서 내쫓을 수 있나?" 하십니까? 이 모든 이야기를 영적으로 들으셔야 합니다. 하갈이라는 여인의 운명이 비참한 것 같지만 그것은 결국 자기의 선택이었습니다. 16년이나 유예 기간을 주었지만 소용없었던 것입니다.

어느 집사님이 조강지처가 있지만 바람을 피워 아이를 가졌답니다. 그런데 어느 날 이 집사님이 예수님을 믿게 됐고, 자기 죄가 끔찍해 회개가 되더랍니다. 자기랑 바람을 피웠던 여자에게 예수님을 전했지만 받아들이지 않아 결국 버렸다고 합니다. 남들에게는 이 여자의 처지가 기구해 보일 수 있습니다. 그러나 이 역시 마찬가지입니다. 집사님이 첩을 버린 것이기도 하지만 그녀의 선택이기도 한 것입니다.

조강지처가 있는 사람을 택해서 만난 것부터가 죄의식이 없는 것이고, 유부남의 아이를 가질 생각을 하는 것도 죄의식이 없는 것입니다. 바람을 피우고 자식을 낳은 것보다 이 모든 일에 죄의식이 없다는 것이 더 큰 문제입니다. 아무리 기다려도 죄의식이 없으니 쫓김을 당할 수밖에 없습니다.

집사님은 그 여자가 결국 하나님 믿게 되었는지 아닌지 궁금해했지만, 사실 그건 확인해 볼 필요가 없습니다. 그런 소식은 반드시 들리게 되어 있습니다. "당신의 가정을 깨서 정말 미안하다. 당신 덕에 예수 믿게 되어 감사하다"라는 신앙고백이 돌아오게 되는 것입니다. 그러면 처지와 형편은 달라도 모두가 구원되는 사건이 될 수 있습니다.

만약 하갈도 회개하고 돌아왔다면 이 방황이 끝났을 것입니다. 그러나 돌아오지 않았습니다. 모세가 돌판을 내던지면서 회개를 촉구했지만 아론도, 방자한 이스라엘 백성도 회개하지 않았습니다. 아브라함도 가장 아끼는 아들 이스마엘을 내쫓으면서까지 그들에게 회개를 촉구했지만 하갈도, 이스마엘도 돌아오지 않았습니다. 우리가 가장 놓기 어려운 명예와 부귀를 던지면서까지 회개를 촉구해도 돌아오지 않는 사람이 있습니다.

이 일로 아브라함은 회개했을 것입니다. 이스마엘은 결국 자기 삶의 결론 아닙니까? 하나님의 약속을 믿지 못한 결론이잖아요. 그런데 회개한다고 내 죄의 결론이 사라집니까? 내가 바람을 피워 혼외자를 낳았는데 회개한다고 그 자식이 없어집니까? 평생 눈물을 흘리면서 그 자식을 위해 기도하는 것이 믿는 자의 태도입니다. 예수 믿는 사람은 내 죄의 씨앗을 위해 끝까지 기도하며 가야 합니다. 기독교인은 책임지며 회개하는 사람입니다. 그러므로 죄의 현장에는 아예 가지 않아야 합니다.

약속의 씨인지 죄의 씨인지 겉으로는 모릅니다. 이스라엘 백성이 여호와의 절일이라고 번제와 화목제를 드리며 열심히 예배했어도 실상 그것은 금송아지를 섬기는 예배였습니다. 내 열심에 내가 속는 것입니다. 그러면서 밤낮 세상을 택합니다.

우리는 날마다 하나님과의 인격적인 만남을 통해 하나님을 선택해야 합니다. 열심히 예배드리며 요란스럽게 기도한다고 하나님을 더 깊이 만납니까? 하나님이 그런 기도도 들어주실 때가 있지만, 원하는 걸 다 들어준다고 축복이 아닙니다. 영적인 기업을 얻어야 합니다. 금송아지를 섬기는 예배는 와르르 무너집니다. 별 인생이 없습니다. 아무도 예외가 없습니다.

모리시타 겐지의 《위대한 남자들도 자식 때문에 울었다》에는 간디와 그의 아들 할리랄의 이야기를 다루며 부모가 되어서 자식을 키우는 것도 어려운 일이지만, 부모의 자식으로 살아간다는 것도 어렵다고 이야기합니다. 간디는 온 세상이 존경하는 위대한 사람입니다. 그는 인간이라면 어떻게 살아야 하는지에 대한 확신을 가지고 있었습니다. 당연히 간디는 아들에게도 그 길을 요구했습니다. 그런데 간디의 아들 할리랄은 그런 아버지의 길을 받아들이지 못했습니다. 할리랄은 평범하게 살고 싶었습니다. 그런데 인생의 중요한 시기마다 아버지 간디가 발목을 잡았습니다. 자신이 빈민 대중을 위한 운동가라는 이유로 아들이 정상적인 교육을 받지 못하게 하고, 영국으로 유학 갈 기회도 꺾어 버렸습니다. 할리랄은 아버지와는 달랐기에 그런 시련을 견디지 못하고 술과 여자에 빠졌습니다.

각종 매스컴은 '위대한 간디의 어처구니없는 아들'이라며 재미 삼아 할리랄을 추적하고 스캔들을 보도했습니다. 1936년, 마침내 할리랄은 이슬람교로 개종했습니다. 그때 간디는 자기 아들과 같은 난봉꾼을 신앙인으로 받아들여서는 안 된다고 호소했습니다. "나의 아들 할리랄을 아는 사람이라면 그가 얼마나 술에 절어 사는지, 얼마나 평판이 나쁜지 잘 알 것이다. 그의 사창가 출입도 잘 알려진 사실이다. 이것은 큰 피해가 아닐 수 없다. 이 아이를 받아들이면 안 된다. 그 아이는 지금까지 살아왔듯이 낙오자로 남을 것이다"라면서 공개적으로 자기 아들을 비난했습니다.

간디의 예언대로 아들 할리랄은 회개하지 않았습니다. 그러다가 1944년 간디가 옥중에서 항의를 표시하는 단식을 할 때 부인도 함께 단식을 하다가 사망했습니다. 그러나 할리랄은 어머니가 죽기 전날 술에 취해 한 번 찾아갔을 뿐이었고, 아버지 간디가 암살당한 후 다비식에도 참석하지 않았습니다. 장례식에 잠깐 내민 그의 얼굴은 너무나 여위어서, 사람들은 그를 알아보지 못했다고 합니다.

모리시타 겐지는 만약 할리랄이 평범한 집에서 태어났다면 그렇게 살지 않았을 것이라고 지적했습니다. 그러면서 사회적 명망이나 경제력도 없고 평범하거나 평범 이하의 가정에서 태어나는 것이 얼마나 복인지 알아야 한다고 덧붙였습니다.

에드워드 케네디의 경우도 있습니다. 욕망의 실현을 위해 수단 방법을 가리지 않는 영리한 아버지 조제프 케네디의 막내아들로 태어난 에드워드 케네디는 자신의 능력보다 많은 걸 누렸습니다. 그러나 형 존 F. 케네디에 비교하면 늘 못난 아들, 못난 동생일 뿐이었습니다. 그는 하버드대학교에 입학했으나 친구에게 대리시험을 부탁했다 적발돼 퇴학당한 뒤 재입학을 했습니다. 졸업 후 변호사 자격증을 취득했지만, 그에겐 실무 경험도 없었습니다. 그러다 습관처럼 만취 운전을 하는 등 많은 문제를 드러냈습니다. 모든 가족의 반대를 무릅쓰고 아버지는 에드워드 케네디를 상원의원으로 만들었습니다. 그러나 그는 의회에서 아무런 영향력도 행사할 수 없었습니다. 아버지의 꿈을 실현하기 위해 억지로 만들어 낸 인격에 불과했습니다.

간디나 조제프 케네디는 세상적으로 최고의 자리에 오른 사람들입니다. 한 사람은 사상적으로 최고고, 또 한 사람은 육적으로 최고입니다. 그런데 다들 자식을 어떻게 키워야 하는지 몰랐습니다. 내가 욕먹지 않기 위해 자식 인생을 짓밟을 수 있습니까? 이런 사람이 세계적인 지도자가 되었다는 것이 기가 막히지 않습니까?

'신(新) 전원일기'라는 제목으로 우리들교회 큐티나눔 게시판에 글을 올리시는 한 집사님이 있습니다. 이분은 사업이 부도난 뒤 가평에서 목이버섯 농사를 지으십니다. 이 목이버섯은 주로 백두산에서 재배되는데, 일교차가 커서 낮에는 덥고 밤에는 추워야 영양분이 다른 곳으로 안 가고 버섯에 그대로 흡수된다고 합니다. 온도가 높기만 해서도 안 되고 더운 낮과 추운 밤이 계속되어야 좋은 목이버섯이 나온다는 겁니다. 그런데 가평은 일교차가 크고 초여름까지도 밤이 굉장히 추워서 이 목이버섯이 아주 맛이 있답니다. 이분이 이런 간증을 올렸습니다.

> "저도 결혼 전까지는 마냥 따뜻한 인생이었는데, 결혼 후에 여러 가지 사건을 통해 추운 밤이 오면서 제 속에 영양분이 비축되기 시작했습니다. 첫아이의 죽음을 통해서 예수님을 만났고, 남편의 외도로 큐티를 시작하게 되었습니다. 딸의 강박증으로 우리들교회로 왔고, 사업의 부도로 목자가 되었습니다. 이런 사건들을 거치면서 제게 들어온 하나님의 말씀이 다른 길로 흘러나가지 않고 제 속에 고스란히 쌓여 인생을 힘있게 살아갈 수 있는 영양분이 되었습니다. 게다가 제가 가진 영양분으로 남들까지 먹이는 인생이 되었으니 추운 밤은 반드시 와야 하는 것 같습니다. 밤이 추울수록 최상품 인생이 되는 것입니다."

성경이 하고 싶어 하는 이야기가 바로 이것입니다. 육적인 응답을 너무 받으면 점점 내 속의 이스마엘이 강해져서 활 쏘는 자가 되고 모든 사람을 치는 싸움만 하게 됩니다. 내가 원하는 대로 기도 응답이 탁탁 되는 것이 중요한 것이 아니라는 말입니다. 오직 약속의 자녀가 되는 것을 최고로 여겨야 합니다. 어렸을 때부터 이 가치관을 심어 주어야 합니다.

그런데 그 인생의 원리를 알 사람이 없습니다. 옳고 그름을 알 수가 없어요. 그걸 모르니까 큐티하는 것 아닙니까? 우리들교회의 유치부 아이들의 큐티 교재인《새싹 큐티인》은 수준이 상당합니다. 이런 내용을 아이들이 이해할까 싶은데 다 알아듣는답니다. 아이들을 데리고 큐티를 해 보시기 바랍니다. 아침마다 말씀을 읽고 나누고 기도하고 축복해 주세요. 우리 마음이 다 순화될 것입니다. 기도할 때마다 '아이들 앞에서 화내지 말아야지, 내 욕심이 아이들한테 흘러가지 않게 해야지' 하는 마음이 저절로 생길 것입니다.

아이들에게 하나님의 말씀대로 사는 방법을 가르쳐 주어야 합니다. "공부 잘하는 게 다가 아니고 다른 사람을 위해 살아야 한다. 네가 하고 싶은 은사를 발견하렴. 하버드대학 가서 변호사가 되는 것도 좋지만, 네가 성막에 있는 여러 기구 중에서 흉패가 될 수 있고 고리도 될 수 있다는 걸 알아 두렴. 하나님의 성막에는 이 역할, 저 역할이 다 있지 않니? 하나님이 주신 은사를 발견하고 겸비하면 하나님이 무조건 너를 예쁘게 쓰실 거야. 성막 안의 역할 중 하나만 할 수 있어도 감사한 거란다." 유치부, 초등부, 중고등부, 청년부, 장년부의 시간을 겪으며 이렇게 말씀과 함께 자란다면 내 자녀가 약속의 자녀가 되지 않겠습니까? 아무리 세상적으로 다 갖춘다 해도 말씀을 모르고, 약속의 자녀가 뭔지도 모르고, 가치관이 정립되지 않으면 방황하는 인생일 수밖에 없습니다.

어느 성도님의 고백을 하나 소개합니다.

"식탁에 남편의 큐티책이 펼쳐져 있고, 남편이 새벽에 나간 흔적이 있었습니다. 급하게 나간 것 같기에 점심 도시락을 싸서 일터로 가겠다고 하니 오라고 합니다. 그래서 준비하고 있는데 다시 바쁜 일이 있다며 오지 말라는 말과 함께 '미안해~' 합니다. 난생처음 듣는 말입니다. 이 말을 듣는데 하나님께 어찌나 감사하고 웃음이 나오던지요.

저는 작년 가을, 아들의 불치병 때문에 힘들게 이어 가던 재혼의 삶을 어찌할 수 없어 우울증 약을 먹으며 힘겨워하던 중 우리들교회로 인도 받았습니다. 그때만 해도 남편은 교회 같은 곳은 10억을 줘도 안 간다며 그렇게 눈치를 줬습니다. 저는 남편의 눈치를 보면서 양육훈련 숙제를 하고, 수요예배 때는 아들이 조금이라도 다칠까 울면서 교회를 오가곤 했습니다.

그런데 그랬던 남편이 어느 날 교회에 나오기 시작했습니다. 전도한 지 몇 달 만에 남편이 교회에 등록하던 그때, 그 기쁨을 어찌 말로 표현할 수 있겠습니까? 많은 사람이 함께 목장에서 울어 주고 기다려 주신 것이 정말 감사했습니다. 담임목사님께서 사부님의 구원만 바라며 그 구원 때문에 자신의 목숨도 아깝지 않게 여기셨다고 했는데, 그 마음이 조금이나마 이해가 되었습니다.

남편은 양육훈련 숙제를 하면서 자신의 죄를 보기 시작하고 십자가의 사랑을 알아 갔습니다. 자신이 롯이라며 울고, 자신의 우상은 재혼하며 두고 온 아들과 골프라는 고백을 했습니다.

하나님은 남편에게 말씀하실 뿐만 아니라 저에게도 회개의 은혜를 허락하셨습니다. 마치 우리 가정의 문제를 다 알고 계시는 것 같은 목사님의 설교 말씀을 통해, 제가 우울증 약까지 먹을 정도로 힘들었던 것은 남편에게 집착하는 저 자신 때문이었음을 깨달았습니다. 비로소 남편을 객관적으로 볼 수 있게 되었습니다. 요즘 날마다 이어지는 출애굽기의 제사장에 관한 큐티 말씀은 남편을 우리 가정의 영적 제사장으로 세우시려는 하나님의 섬세한 작업처럼 느껴집니다.

숨조차 제대로 쉴 수 없는 힘겨운 하루하루를 보내면서도, 내가 말씀 안에 있고 남편이 공동체 안에서 변해 가며, 아이들의 상처도 치유되어 가니 이제는 참 웃음을 웃을 수 있습니다. 아들의 불치병은 차도가 없지만 그날그날 감사의 글을 쓸 수 있다는 것이, 저에게는 무엇보다 놀라운 기적입니다.

제가 말씀으로 살아나고 회복되니, 알코올 중독으로 입원해 계신 아버지에게 성경책을 전해 드릴 수 있었습니다. 제사를 끊지 못하시던 독자 아버지께서 이제 말씀을 듣고 성경을 읽으십니다. 목장의 섬김으로 우리 가정이 영적 상속자가 된 것, 남편이 우리 가정의 영적 제사장이 되어 자녀들을 영적 상속자로 기르게 된 것이 제 인생에서 가장 값진 열매입니다."

약속의 자녀가 되는 것이 방황을 끝내는 비결인 것을 믿으십니까?

육적인 응답만 바라기보다 약속의 자녀가 되기를 기도하시기 바랍니다. 약속의 자녀는 오직 믿음의 자녀입니다.

— 하나님이 복을 주셨을 때, 내 안에서는 영적 가치관이 강해지나요, 세상적 가치관이 강해지나요?

— 하나님이 내 속에 말씀의 양분을 저축해 주시려고 허락하신 추운 밤과 같은 사건은 무엇입니까?

— 나는 내 자녀가 품질이 좋고 세상에서 잘나가는 육의 자녀가 되길 기도합니까, 부족하고 연약하지만 약속의 자녀가 되길 기도합니까?

## 우리들 묵상과 적용

저는 불신 가정의 3남 중 장남으로 태어났습니다. 아버지는 좋은 직장을 다니셨지만 날마다 술을 드시며 폭언을 일삼았고, 어머니는 늘 이혼을 입에 달고 사셨습니다. 저는 늘 불안하고 자존감이 없는 아이가 되어 갔습니다. 특목고를 나와 명문대학에 들어간 동생들과 달리 평범하고 중간만 가는 저를 부모님은 못 미더워 하셨습니다.

열등감 많던 저는 방황하다 영화과에 입학했습니다. 촬영으로 밤샘 작업이 많으니 집에 안 들어갈 구실이 되었고 보름 동안 밤을 새워도 피곤하지 않았습니다. 그렇게 쉬지 않고 만든 단편영화로 작은 상을 받기도 했고, 명문 국립영화학교에도 들어갈 수 있었습니다.

졸업 후 영화사에서 감독이 되어 달라는 제안이 들어왔습니다. 유명 감독이 되어 열등감에서 벗어나 돈을 벌어 집을 나갈 기회라고 생각해 제안을 받아들였습니다. 그러나 흥행할 기획을 빨리 찍어 줄 감독이 필요했던 영화사는 저를 압박했고, 저는 노예처럼 일하면서도 자존심으로 고집부리다가 결국 촬영 도중 감독이 교체되었습니다. 이 일은 충무로에서 감독이 촬영 중에 쫓겨나는 특이한 선례를 남겼습니다.

노예에서 구원해 주셨으면 주님의 초청에 응해 자유자로 안식을 누리며 살아야 했습니다. 하갈이 아이를 잉태했어도 여전한 노예근성으로 여주인 사라를 멸시하며 비교하다 쫓겨났을 때 하나님이 살려 주셨는데, 저는 쫓겨나도 내 의지로 다시 살아 내겠다고 발버둥쳤지만 열등감과 상처만 더 깊어 갔습니다.

제가 영화사에 들어가기 2년 전쯤 아버지는 명예퇴직 하셨습니다. 퇴직 후 하루 종일 집에서 주식에만 매달려 무기력과 자괴감으로 우울해하셨고 알코올 중독 증세마저 보이셨습니다. 대학 때는 어머니를 괴롭히는 아버지에게 제가 이혼하시라고 소리치면 칼을 들기도 하셨기에, 그런 아버지와 한 공간에 있는 것은 괴롭고 두려웠습니다. 결국 아버지와 크게 다툰 비 오는 어느 날 밤, 한 평 감옥에서 자유를 찾아 작은 구멍을 빠져나오듯이 간단한 짐을 챙겨 집을 나왔습니다. 이후 어머니는 간간이 아버지의 술주정이 불안하다며 전화하셨지만 저는 애써 외면했습니다.

그러던 중, 한 영화사에서 다시 감독으로 일할 수 있게 되었습니다. 시나리오를 쓰는 동안 어머니는 술과 폭언으로 괴롭히는 아버지를 피해 제 월세방으로 도망쳐 오셨습니다. 우리 가족 불화의 원인이 아버지라고 생각되니 그 아버지만 고쳐지면 우리 가족이 살아날 것 같아 어머니를 설득해 아버지를 정신병원에 강제입원 시켰습니다. 그러나 얼마 되지 않아 평소엔 잘 오가지도 않던 친척들이 모두 찾아와 항의하며 아버지를 퇴원시켰습니다. 아버지는 형사 고소 등 복수를 시작했고 어머니와 저는 오랜 기간 말할 수 없는 괴로움을 겪었습니다.

하갈과 이스마엘이 브엘세바 광야에서 방황하며 죽게 되어 부르짖자 하나님이 그 소리를 들으시고 두려워 말라 하시며 하갈의 눈을 열어 샘물을 보게 해 주신 것처럼(창 21:14,16,19), 이 일로 어머니와 저는 친척의 인도로 예수님을 영접하고 말씀으로 해석 받으며 아버지를 용서하게 되었습니다.

이 와중에 시나리오가 완성되었지만 경제 사정 악화로 많은 영화사가 갑자기 무너졌고, 업계 최대 규모였던 저희 회사도 구조조정을 단행했습니다. 그와 함께 6년 동안 준비해 온 제 프로젝트는 정리되고 말았습니다. 처음엔 있어야 할 일이라며 큐티와 말씀으로 잘 무장하고 있었다고 자부했습니다. 그러나 하갈이 화살 한 바탕 거리 가서 소리 치며 운 것같이(창 21:16) 단 몇 주 만에 절망과 불평과 원망으로 무기력증까지 오니 두려워 말라는 하나님의 음성이 들리지 않았습니다. 떨어지고 나서야 그것이 세상의 야망인지, 하나님이 주신 소망인지 알게 된다고 하셨는데 상황이 이렇게 되니 하나님께 드리는 영화를 만든다고 하면서 제 명예를 위해 그 긴 시간을 달려왔던 것이 드러났습니다.

이삭은 아무것도 할 수 없어 아브라함이 도와줘야 하지만 약속의 자녀입니다. 저를 이삭이라 불러 주시고 눈만 껌벅거리고 있어도 축복이라는 말씀에 감사합니다. 연약한 이삭은 하나님이 함께 계시기에 믿음으로 강해지지만, 활 잘 쏘고 잘난 이스마엘은 세상으로 점점 강해진다고 하십니다.

정말 아무것도 할 수 없게 된 후에야 온전히 하나님의 말씀을 귀기울여 듣게 되었습니다. 이 사건들로 교회에서 양육에만 온전히 집중할 수 있었습니다. 이 시간들을 통해 연약하고 보잘것없는 저를 인정하는 귀한 시간이 되었습니다.

내가 약속의 자녀가 되고, 내 자녀를 말씀으로 양육해 약속의 자녀로 키우는 것이 모든 방황을 마치고 살아나는 길이라고 하십니다. 육적인 번성 때문에 영원히 하나님의 약속을 떠나서 가라지 역할만 하고 방황을 마치지 못하는 이스마엘이 되지 않게 하신 하나님 감사합니다.

## 말씀으로 기도하기

우리는 끈질긴 노예근성 때문에 세상에서 방황합니다. 진정한 자유를 코앞에 두고도 한 평 감옥에서 산해진미를 먹는 것이 내 자유라고 큰소리칩니다. 그러나 진정한 방황의 끝, 진정한 자유는 산해진미가 아니라 약속의 자녀가 되는 데 있습니다. 죄에서 돌이켜 주님께 돌아오는 길에 진정한 자유가 있습니다.

**우리가 세상에서 방황하는 것은 노예근성 때문입니다**(14절)

늘 남과 내 처지를 비교하며 불평했습니다. 왜 내게만 이런 일이 생기는 거냐고, 이게 다 자식 때문이고 배우자 때문이라고 남 탓을 했습니다. 그것이 끈질긴 노예근성이라는 사실도 모르고 주인의식 없이 남들을 조롱하면서 객식구처럼 떠돌았습니다. 하나님이 때마다 나를 구하시고 먹이시고 입히신 것도 모르고 정신을 못 차렸습니다. 그러나 이제는 이 방황을 끝내고 싶습니다. 다시 아브라함의 집으로, 하나님 품으로 돌아가고 싶습니다. 노예근성에서 벗어나 하나님을 아버지 삼아 진정한 자유를 누리고 싶습니다.

**노예근성 때문에 결국 죽을 수밖에 없습니다**(15-16절)

인생에 부도가 난 것이 남들 때문인 줄 알았는데 주인의식을 갖고 보니 나 때문입니다. 내가 쫓겨나는 인생을 자초했습니다. 죄가 죄인 줄도 모르고 인정하지 않았습니다. 감사가 없고 비교하고 불평하며 비난하는 나를 참다못한 하나님이 내리신 결정이라는 걸 알았습니다. 결국 죽음 앞에 몰려서야 의지할 곳 없어 주님께 손을 들고 나옵니다. 이 손을 잡아 주시니 감사합니다.

### 그럼에도 아브라함 공동체에 붙어 있으면 살려 주십니다(17-19절)

내가 고통 속에서 부르짖으니 하나님이 들으셨습니다. 탐욕과 슬픔, 낙심에 빠졌을 때는 보이지 않던 샘물이 하나님께 부르짖으니 보입니다. "무슨 일이냐, 두려워 말라" 하시는 하나님 음성이 들립니다. 하나님이 죽이신 3천 명만 봤을 때는 절망뿐이었는데 이제는 비로소 죄의 200분의 1만 처리하신 하나님의 은혜가 보입니다. 망해도 아주 망하게 하지 않으시고 살길을 여시는 하나님께 감사합니다.

### 살려 주셔도 약속의 자녀가 되어야 방황을 끝냅니다(20-21절)

세상에서 성공하고 좋은 대학 가고 사업이 번성하는 것이 기도 응답인 줄 알았습니다. 내 자식이 브엘세바 광야에서 방황하고 있는 줄도 모르고, 약속의 자녀에서 제외된 줄도 모르고 세상 방법을 강요했습니다. 그런데 오늘 하나님의 복을 받아 큰 민족을 이루고 번성하여 활 쏘는 자가 된 이스마엘을 또다시 불신결혼 시켜 영영 죽을 길로 이끄는 하갈을 보니 정신이 번쩍 듭니다. 내 자녀에게 말씀대로 사는 방법을 가르치기 원합니다. 내가 먼저 말씀의 가치관으로 살며 방황을 끝내기 원합니다. 불평과 비난이 아니라 감사와 은혜로 살기 원합니다.

## 영혼의 기도

하나님 아버지, 세상에서 방황할 일이 많은 우리의 인생을 오늘 주님 앞에 내어놓습니다. 내가 결혼을 잘못하고, 이혼하고 재혼해서 죽을 일이 쌓인 것이 아니고, 그것이 죄라고 인정하지 못하는 나의 노예근성 때문이라는 것을 알기 원합니다. 브엘세바 광야 같은, 누구도 쳐다볼 것 같지 않은 이 환경에서 우리가 하나님을 부르면 그 소리를 들으신다고 했사오니, "무슨 일이냐, 두려워 말라" 하시는 음성을 듣고 우리의 샘물을 찾기 원합니다.

아브라함이 자기 아들 이스마엘을 쫓아냈습니다. 사랑하는 내 아들이지만 같이 천국에 갈 수 없다는 것을 아브라함이 알았습니다. 그것을 객관적으로 인정했습니다. 영적 자녀를 위해 우리가 오늘 말씀을 듣고 하나님을 찾으며, 약속을 붙들며, 나와 내 가족 모두를 객관적으로 볼 수 있는 주인의식을 갖도록 역사하여 주옵소서.

내가 오늘 아까운 이스마엘을 끊어 내기 원합니다. 우리의 노예근성을 십자가에 못 박기를 원합니다. 약속의 자녀가 될 수 있도록 역사하여 주옵소서. 기복신앙으로 날마다 튕겨져 나가는 하갈과 이스마엘 같이 되지 않기를 원합니다. 하나님의 도움이 필요한 이삭처럼 이 아브라함 가문, 믿음의 공동체를 빠져나가지 않도록 우리의 입술과 발걸음, 신앙을 다 지켜 주옵소서.

예수님 이름으로 기도합니다. 아멘.

아버지 하나님, 우리 각자의 사회생활을 하면서 하나님이 나와 함께하시는 것을 보이는 문제 해결자가 되기를 원합니다. 말씀하여 주옵소서. 듣겠나이다.

06

# 수많은 문제 가운데 함께하십니다

: 창 21:22-34

어느 벤처기업에서 입사 시험에 이런 문제를 냈다고 합니다. "거센 폭풍우가 몰아치는 밤길에 운전을 하고 있다. 버스 정류장을 지나치는데, 그곳에 죽어 가는 할머니, 자기의 목숨을 구해 줬던 의사 선생님, 그리고 꿈에도 기다렸던 이상형 세 사람이 있다. 차는 한 자리만 있다면 누구를 태울 것인가?"

여러분은 이 질문에 어떻게 답하겠습니까? 세상은 계속해서 우리에게 문제 해결 능력을 요구합니다. 그리고 우리는 각자의 사고방식대로 문제를 해결합니다. 논리적 과정을 요구하는 것이 수직적 사고방식이며, 창의적 사고를 요구하는 것이 수평적 사고방식이라면, 위 질문은 유연성 있게 대처하는 수평적 사고방식을 요구하는 문제일 것입니다.

어떤 자극을 통해 동기유발이 되었을 때, 우리가 그것을 수용하면 지식의 변화가 일어나고, 연습을 통해서 숙달되면 기능의 변화가 일어난다고 합니다. 이렇게 변화된 지식과 기능을 적용하면 습관이 형성되고, 습관의 반복이 태도를 형성해서 개인의 가치관으로까지 발전한다는 것입니다.

큐티도 마찬가지입니다. 사건을 통해 동기유발이 되어서 우리가 말씀을 수용하면 내 성경 지식에 변화가 일어나고, 경건의 연습을 통해서 숙달되면 내게 기능적인 변화가 일어나게 됩니다. 그렇게 적용이 되고 습관이 형성되면 인생의 태도가 달라지고, 계속 반복하다 보면 가치관이 달라져서 모든 문제를 더 효율적, 효과적으로 풀어 갈 수 있게 됩니다. 큐티를 통해 문제를 해결할 수 있는 지식과 기능과 태도가 달라지게 되는 것이죠.

그럼 앞의 벤처기업 입사 시험 문제는 어떻게 대답하면 좋을까요? 정답은 없습니다. 다만 그 많은 경쟁률을 뚫고 최종적으로 채용된 사람이 쓴 답은 이렇습니다. “의사 선생님께 차 열쇠를 드린다. 그리고 할머니를 병원으로 모셔다 드리도록 하고, 나는 나의 이상형과 함께 버스를 기다린다.” 어떻습니까?

‘목사님이 물어보시니까 죽어 가는 할머니라고 말해야 하는 걸까?’, ‘그래도 입사 시험인데 좀 더 재치 있게 이상형이라고 말하는 것이 좋을까?’, ‘자고로 생명을 구해 준 의사를 구해야지!’ 하고 수직적 사고방식으로 생각했을지 모릅니다. 논리적으로 생각해서 정답을 찾으려고 합니다. 그러나 이 합격자는 수평적 사고방식으로 그 누구도 생각하지 못한 답을 함으로써 문제를 재치 있게 해결했습니다.

우리 신앙도 그렇습니다. 예수 따로, 삶 따로, 직장 따로, 교회 따로를 외치면 문제가 해결되지 않습니다. 우리 믿는 사람들은 세상에서 문제 해결자가 되어야 하는 과제를 안고 있습니다. 예수 잘 믿으면 직장생활도 잘할 수 있어야 합니다. 그러면 어떻게 해야 사회생활을 잘한다고 할 수 있을까요?

### 하나님이 함께하시는 것을 보이는 사람이어야 합니다

우리는 좀 더 수평적 사고방식을 갖고 살 필요가 있습니다.

그때에 아비멜렉과 그 군대 장관 비골이 아브라함에게 말하여 이르되 네가 무슨 일을 하든지 하나님이 너와 함께 계시도다 _ 창 21:22

아브라함은 16년이나 같이 살아온 아들 이스마엘을 내쫓았습니다. 인간적인 생각으로는 세상 사람들이 다 아브라함을 보고 욕할 것 같습니다. 그런데 아비멜렉이 군대 장관과 함께 화친하자고 아브라함에게 와서는 "하나님이 정말 그대와 함께하시는구나!" 합니다. 사랑하는 아들 이스마엘을 쫓아낸 아브라함을 보고 하나님의 형상을 보았다는 것입니다. 이스마엘을 내려놨더니 하나님이 상을 주십니다. 내가 소중히 여기던 것 하나를 내려놓으면 하나님은 이렇게 위로를 하십니다.

하나님의 일은 내 욕심이 들어간 나의 일과 다릅니다. 지금까지 아브라함의 일생을 생각해 보면, 우리가 보통 생각하는 형통과는 다른 삶을 살아오지 않았습니까? 그런데도 그의 인생은 하나님의 형상을 나타내는 삶이 되었습니다. 이것이야말로 진정한 형통이 아니고 뭐겠습니까? 우리는 형통의 개념이 거듭나지 않아서 아직도 발상의 전환이 안 됩니다. 그러나 아브라함은 하나님이 사건을 통해 반복적으로 훈련을 시키셔서 형통의 가치관이 완전히 달라졌습니다. 우리도 아브라함과 같은 형통을 얻게 해달라고 기도해야 합니다.

모세가 40일 동안 시내산에 올라가서 십계명을 받았는데, 내려와 보니 백성들이 금송아지를 섬기고 있었습니다. 이에 분노한 모세는 자신이 귀하게 여기던 돌판을 깨뜨렸습니다. 그럴 때 백성들이 다 도망갈 줄 알았지만, 생각지도 않았던 살인자 가문의 레위 자손이 헌신을 해서 우상숭배에 가담한 3천 명을 죽임으로 그 난국을 뚫고 문제를 해결했습니다. 이것이 하나님의 형통입니다.

성막을 보아도 그렇습니다. 중간 띠가 있고, 띠가 있고, 놋 제단이 있고, 금 향단이 있습니다. 이처럼 각자 역할은 달라도 기쁨으로 나의 역할에 충실하는 것이 형통입니다. 좋은 역할, 나쁜 역할이 따로 있는 것이 아닙니다. 세상에서 성공을 했건 실패를 했건 하나님만이 나에게 하나님 되시는 것이 가장 큰 위로와 기쁨입니다. 하나님만이 나의 위로가 된다는 것을 보이는 것이 하나님과 함께하는 증표입니다.

우리는 늘 하나님께만 위로를 받아야 합니다. 그런데 그게 말처럼 쉽지 않습니다. 아직도 자식과 배우자가, 외모와 권력과 학벌이 나에게 위로가 되기 때문에, 이 모든 것이 수고하고 있는 것입니다. 그러니 무슨 일을 만나든지, 하나님이 나에게 하나님 되시기 위해서 인생이 걸어가고 걸어온다는 사실을 아셔야 합니다.

우리들교회 큐티 나눔 게시판에 외국에서 사는 한 집사님이 글을 올렸습니다. 이분이 원래는 안 그랬는데 무슨 이유에선지 갑자기 살이 쪘나 봅니다.

> "제가 뚱땡이가 되고 보니 참 괴롭습니다. 이렇게 힘든데 운동도 하지 않고 왜 이리 살을 못 뺄까 하는 생각을 합니다. 그런데 내가 살이 찌고 보니까 뚱땡이들이 이상하게 보이지가 않습니다. 제가 사는 곳은 해외여서 정말 수많은 뚱땡이들이 있습니다. 예전의 저라면 그들을 보면서 '어쩌면 자기관리도 안 하고 몸을 저렇게 망가트릴 수 있지?' 했을 텐데, 이제는 '무슨 사연이 있겠지. 어디 아픈 곳이 있을 수도 있지' 합니다. 제 외모를 보는 눈이 변하도록 제 살들이 수고합니다."

정말 별것이 다 수고를 해서 우리에게 하나님이 하나님 되게 하십니다. 이 집사님은 미모가 우상이었습니다. 그래서 외모가 조금 다른 사람을 보면 판단이 임해서 지적질을 하고는 했는데, 이제는 살이 찌니까 이웃을 이해하게 됐습니다. 살찐 것이 엄청난 전도의 도구가 된 것입니다. 살쪄 보지 않고서 어떻게 뚱뚱한 사람을 이해할 수 있겠습니까?

우리는 다 마른 몸, 몸짱 몸매를 원합니다. 그것이 성공이고 잘된 것인 줄 압니다. 그뿐입니까? 일류 학교, 대기업에 들어가서 승승장구해야 성공했다고 합니다. 그런데 세상 사람들은 그런 걸 보고 "하나님이 너와 함께하시는 것을 보았다"고 하지 않습니다. 그런 것은 이방 신들도 다 합니다. 세상에서도 없는 가운데 창업하여 성공한 사람들이 정말 많습니다. 그런데 그런 사람들더러 다 "하나님이 함께하셨다"고 합니까?

아비멜렉이 아브라함에게 "무슨 일을 하든지 하나님이 너와 함께하신다"고 말했다는 것은, 아브라함이 거짓말을 할 때도 하나님이 함께하셨고, 이삭을 낳을 때도 함께하셨고, 이스마엘을 쫓아낼 때도 함께하셨다는 의미입니다. 수많은 사건을 겪는 가운데 세상과 구별된 가치관을 보인 아브라함이었기에 아비멜렉이 그를 신뢰하게 된 것입니다.

저는 일류 대학교를 졸업하고, 세상으로부터 축복 받는 결혼을 했습니다. 그때에도 물론 하나님이 함께하셨습니다. 그러나 힘든 결혼생활을 하고, 남편이 죽고, 자식 때문에 힘들었던 모든 순간에도 하나님은 함께하셨습니다.

내가 잘난 학교 나온 것 때문에 전도한 것이 아니라, 내 힘들었던 삶을 통해 하나님이 함께 계심을 나타냈을 때 전도의 열매가 훨씬 더 풍성했습니다. 우리의 약함과 치졸함, 백 세가 되어도 아이를 낳지 못했던 일들을 통해서 전도하게 하시는 하나님을 믿습니까?

— 내가 하나를 내려놓음으로 하나님이 위로의 증표를 보여 주신 사건이 있습니까?

— 지금 나를 가장 위로하는 것이 무엇입니까? 남편입니까, 아내입니까? 자녀와 명예, 돈, 학벌은 아닙니까?

— 나의 형통의 개념은 어떻습니까? 잘되고, 성공하고, 건강해야만 형통

이라고 생각합니까? 여러 가지 힘든 일 속에서도 하나님만이 하나님 되시는 참 형통을 누리고 있습니까?

## 사회생활을 잘하려면 내공이 있어야 합니다

그런즉 너는 나와 내 아들과 내 손자에게 거짓되이 행하지 아니하기를 이제 여기서 하나님을 가리켜 내게 맹세하라 내가 네게 후대한 대로 너도 나와 네가 머무는 이 땅에 행할 것이니라 _ 창 21:23

사실 아비멜렉은 아브라함에게 좋은 감정을 가질 수가 없었습니다. 아브라함이 자기 부인을 누이라고 거짓말하는 바람에 큰 죄를 짓고 죽을 뻔했던 아비멜렉 아닙니까? 게다가 그 일로 많은 재물을 아브라함에게 주어야 했습니다. 생각하면 참 어처구니 없는 일이었지만, 그럼에도 아브라함이 기도해서 아비멜렉 집의 태가 열렸으니 한편으로는 고맙기도 하고, 한편으로는 아브라함이 도대체 어떤 사람인가 두렵기도 했을 것입니다. 그러니 아브라함, 그 이름을 어떻게 잊을 수 있겠습니까?

결국 아비멜렉은 아브라함을 쿨하게 인정합니다. 어떤 사람들은 이 인정이 죽기보다 힘들다고 합니다. 우리가 다 그렇습니다. 사과 한번 하는 것이 참 쉽지가 않습니다. 목장에서 어느 남편 집사님에게 부인께 사과 한번 하시라고 했더니 "다음 주에 합시다"고 했답니다. "미안해요" 하고 네 글자면 되는 것을 일곱 글자로 말하려니 얼마나 힘들었겠습니까?

그 자존심이 뭐라고, 뭐 하나 인정하는 것이 그렇게도 안 됩니다.

그런데 아비멜렉이 "하나님이 너와 함께 계시도다" 하면서 아브라함을 칭찬하는 것 같더니, 곧장 "거짓말하지 마라" 합니다. 그것도 내 아들과 손자에게까지 거짓말을 하지 말라고 합니다. 이게 칭찬입니까, 욕입니까? 불신자가 믿는 사람에게 와서 이런 말을 하고 있으니 이상한 형국이 되어 버렸습니다. 믿는 사람으로서 아주 치명적인 일을 당한 것입니다.

아비멜렉은 지금 아브라함과 잘 지내 보자고 협상을 맺기 위해 왔습니다. 그런데 그에게는 아브라함에 대한 두려움이 있습니다. 그래서 아브라함의 치명적인 단점을 공격합니다. 우리도 그렇지 않습니까? 이미 다 지나간 일인데, 다 회개하고 해결되었는데 자꾸 "너 그때 거짓말했잖아", "그때 바람피웠잖아" 하면서 먼 과거 이야기를 들추어내지 않습니까? 사회생활을 하면서도 다 지나간 일인데 때만 되면 상사가 "당신 그때 그랬잖아. 다시는 그러지 말라고!" 하는 경우가 있습니다. 그러면 우리는 어떻게 합니까? "에잇, 다 집어치워! 내가 이놈의 회사 안 다니면 안 다녔지 못 참겠다! 관둬!" 하면서 사표를 집어던지고 직장을 뛰쳐나옵니다. 그러나 믿는 우리는 그러면 안 됩니다. 아브라함은 어떻게 하나요?

아브라함이 이르되 내가 맹세하리라 하고_ **창 21:24**

아브라함은 그저 "네, 제가 그랬지요. 맞아요. 거짓말하지 않겠습니다. 맹세하겠습니다" 합니다. 아브라함의 내공이 느껴집니까?

이럴 때 화를 내는 사람은 아직 그 치졸한 실수와 문제로부터 해결이 안 된 사람입니다. 그렇지만 여기에 "네, 맞습니다. 당신이 그것 때문에 걱정하는 것이 당연해요" 하고 반응하는 사람이 내공 있는 사람입니다. "당신 그때 바람피웠잖아!" 하면서 백번 공격해도 "그래 내가 그랬지. 이제 바람 안 피울게" 하면 되는 것을 "언제까지 우려먹을래? 죽을 때까지 써먹을래?" 하면 해결이 안 되는 것입니다. 가정에서든 사회에서든 다 마찬가지입니다.

상황이 이러니 오히려 아비멜렉과 아브라함의 내공의 차이가 느껴집니다. 지금 아비멜렉은 총칼을 가진 군대 장관까지 데리고 와서는 "거짓말하지 마십시오!" 하고 협박하는 것이나 마찬가지입니다. 실수 없는 사람이 어디 있겠습니까? 믿든 안 믿든 사람은 다 마찬가지입니다. 약속을 해 봐야 얼마나 잘 지키겠습니까? 이렇게 물고 늘어질 필요가 뭐가 있습니까?

그러나 믿는 사람과 안 믿는 사람의 차이가 여기에 있습니다. 그저 내 실수를 인정하고, 내 치졸함을 인정하고 사과할 일이 있으면 진심으로 사과해야 하는 것입니다. 이렇게 내가 100% 해결된 모습을 보여야 사회생활에서도 성공할 수 있습니다.

변호사 로버트 마이어(Robert Mayer)는 《현명한 사람의 논쟁법》에서 논쟁에서 승리하는 비결은 언성을 높이고 생각을 포장하거나 현란한 말재주를 과시하는 게 아니라고 말합니다. 그는 논쟁의 프로와 아마추어를 구분 짓는 기준은 바로 '자제력'이라고 이야기합니다. 즉, 감정을 통제하는 능력이라는 것입니다. 차도에 중앙선이 있듯이 항상 완충지대를 두고 더 이상 넘어가지 않는 절제를 해야 하는 것입니다. 말로는 상대를 이길 수 없는 것입니다.

물론 논쟁에서는 명쾌한 논리가 뒷받침되어야 하지만, 마지막 전투에서 승리하는 사람은 완전무결한 무기를 갖춘 자가 아니라, 인간적인 스타일과 공감으로 적의 마음을 녹이는 사람이라고 합니다. 항상 싸우는 것이 답이 아니라는 것입니다. 진심으로 내 잘못을 인정하고 "네, 맞습니다. 제가 잘못했습니다" 하면 공격하려고 준비했던 말도 갑자기 쑥 들어가는 것입니다.

논쟁은 상대방의 눈높이에 맞추어서 해야 합니다. 그래서 논쟁을 벌일 때는 그에 맞추어 논쟁의 수위를 조절해야 합니다. 아브라함이 아비멜렉이 요구하는 그 눈높이에 따라서, 세상이 요구하는 눈높이에 따라서 해 준 것입니다. 이처럼 성경을 보면, 사회생활과 부부생활의 성공원리가 다 나옵니다.

— 누군가가 나의 실수와 부족함을 지적할 때 화를 내고 부정하나요, 진심으로 내 잘못을 인정하나요?

— 직장에서, 가정에서, 공동체에서, 다른 사람을 설득하기 위해 나는 상대를 이해하고 눈높이를 맞추고 있습니까?

### 사회생활을 잘하려면 담대함이 필요합니다

그렇다고 내가 만날 잘못했다고 하기만 하면 과연 사회생활에 성공하겠습니까? 우리는 '결정적 이야기'를 하기 위해 내공을 쌓아야 합니다.

25 아비멜렉의 종들이 아브라함의 우물을 빼앗은 일에 관하여 아브라
함이 아비멜렉을 책망하매 26 아비멜렉이 이르되 누가 그리하였는지
내가 알지 못하노라 너도 내게 알리지 아니하였고 나도 듣지 못하였더
니 오늘에야 들었노라 _ 창 21:25-26

산전수전 공중전까지 다 거친 아브라함에게 겸손한 담대함이 생겼습니다. 담대함은 예수 믿기 전과 후가 다른데, 믿기 전에는 죄성을 가진 담대함이고, 믿고 나서는 죄성이 희석된 담대함입니다. 믿고 나서도 내 죄를 보는 담대함과 내 죄를 못 보는 담대함은 다릅니다. 담대함의 종류가 자꾸 달라집니다.

모세가 시내산에서 내려와 죄에 빠진 백성을 향해 돌판을 던지고 아론을 책망한 것은 사랑에서 비롯된 담대함이었습니다. 사랑하는 백성의 죄의 문제를 해결하기 위해 담대함으로 나간 것입니다. 그러나 사장의 쓴소리 한마디에 "사장이면 다냐? 한 번만 더 그래 봐! 사표 내고 나가 버린다!" 하는 것은 죄성이 있는 담대함입니다. 죄가 안에서 뭉클뭉클 솟아 나오는 겁니다. 진정한 담대함은 자기 죄를 보는 담대함입니다. 죄성의 담대함은 혼자 배짱 좋고 교만해서 사회생활을 그르치지만, 자

기 죄를 보는 담대함은 문제를 해결합니다.

아브라함도 잘못을 인정할 때는 온유하게 했지만 그 후부터는 준열하게 아비멜렉을 책망합니다. 자신이 판 우물을 아비멜렉의 종들이 빼앗았다고 담대히 말합니다. 과거에는 아비멜렉 앞에서 치졸하고 주눅 든 모습을 보였지만, 지금은 군대 장관까지 동행한 아비멜렉에게 당당히 이야기하고 있습니다. 화친하여 믿음의 관계를 맺고자 왔으면 서로 밝히 드러낼 것을 드러내야 하지 않겠습니까?

이렇게 믿음의 관계에서는 아무리 세상 왕 앞이라고 해도 비굴하면 안 되는 것입니다. 과거에 무슨 일이 있었든지 잘못이 있으면 책망할 수 있어야 합니다. 당시 우물은 생명과 직결되었기 때문에 땅이 아무리 많아도 우물이 없으면 그 땅은 무용지물이었습니다. 사막에서 백만, 천만 에이커의 땅을 가지면 뭐합니까? 우물이 없으면 소용이 없는 것입니다. 우물은 재산이고 구원, 생명과 직결됩니다. 그래서 아브라함이 포기하지 않고 담대히, 한 치의 양보 없이 이야기합니다.

이것이 협상의 기술입니다. 사회생활을 하려면 협상을 잘해야 합니다. 협상을 잘하려면 내 죄를 인정하는 내공도 필요하지만, 결정적일 때는 카리스마 있게 나가야 합니다. "왜 내 우물을 빼앗았는가? 말이 안 되는 일이다"라고 말할 수 있어야 합니다.

그렇다고 아브라함이 다짜고짜 옳고 그름을 따지면서 아비멜렉에게 도전한 것은 아닙니다. 모든 일에는 때가 있는 법입니다. 《협상의 카리스마》에서 저자 전성철은 "협상은 여러 가지 기술로만 되는 것이 아니다"라고 합니다. 협상을 잘하는 사람의 특징이 무엇일까 연구해 보았더니, '인간의 심리가 어떻게 작동하는가를 근본적으로 이해하고 있는 사람'이 협상을 그렇게 잘하더랍니다. 협상은 인간관계를 맺는 과정이기에 좋은 협상은 곧 좋은 인간관계에서 나옵니다. 그런데 온갖 인간 군상들이 성경에 망라돼 있으니 인간을 이해하는 지름길은 말씀 보는 것 아니겠습니까?

아브라함은 아비멜렉과 좋은 인간관계를 구축했습니다. 서로 신뢰가 형성되었을 때쯤 우물 이야기를 한 것입니다. 만약 이 과정을 다 배제하고 갑자기 "내 우물 왜 빼앗았냐?" 했다면 이 협상이 성사됐겠습니까? 바로 망하는 협상이 되었을 것입니다.

협상은 싸움이 아닙니다. 먼저 사람의 마음을 얻어야 협상을 할 수 있습니다. 그래서 오랜 시간이 걸립니다. 그런데 우리는 사람의 마음을 얻기는커녕 자꾸 옳고 그름으로 비판하니 만날 여기저기서 싸우는 것입니다. 이래서는 사회생활에서 성공할 수 없습니다. 담대하게 나간답시고 아무 때나 시비를 걸고 다니다가는 모든 관계가 파괴되고 깨어집니다.

우리들교회 성도들은 날마다 자기 수치를 오픈하며 죄와 약점을 드러냅니다. 수많은 사람 앞에서 "부모님이 이혼하셨다", "내가 바람을 피웠다", "배우자를 때렸다" 하는 고백을 하려면 보통 내공이 아니고서는 못 합니다. 그런데 이걸 가지고 판단하고 정죄하고, 약점을 잡아 공격하면 어떻게 되겠습니까? 세월이 지나서 오픈한 사람은 그 죄와 상처의 문제가 다 해결되어서 자유로워졌는데, 전혀 상관없는 사람이 "재네 아버지가 바람을 피웠대", "저 집사님이 남편한테 그렇게 맞았대" 하면서 약점을 공격해 봐야 오히려 "그들이 하나님 앞에서 판 우물인데 네가 그걸 왜 빼앗는가?" 하고 하나님으로부터 야단을 맞게 된다는 것입니다. 하나님 앞에서 판 우물인데 그걸 인간적으로만 해석해서 빼앗으면 안 됩니다. 그래서 저는 우리들교회에서 오픈한 성도들을 하나님이 지켜 주시길 얼마나 기도하는지 모릅니다. 하나님이 오픈한 분들과 그 가족들을 향해 천 배 만 배 축복을 주시길 기도합니다.

우리는 내가 잘나서 구원받는 것이 아닙니다. 우리가 모두 별 볼 일 없는 이삭 같아서 구원해 주셨는데, 상대의 행위를 가지고 이러고저러고 숙덕거리며 뒤에서 험담을 한다면 모두가 달려들어서 야단을 쳐야 합니다. 아브라함이 하나님 앞에서 판 우물을 세상적인 방법으로 빼앗지 마십시오. 옳고 그름으로 공격해서는 안 됩니다.

물론 그렇다고 오픈했으니 하나님이 무조건 복 주실 것이라는 말은 아닙니다. 아비멜렉이 와서 "거짓말하지 마라" 하면서 약점을 다시 들추어도 겸손하게 "맞다" 하셔야 합니다. 그저 누가 백번 들추어내도 "옳다, 옳다. 내가 그런 것이 맞다" 하는 내공이 생기기를 바랍니다.

— 내 담대함은 죄성의 담대함입니까, 내 죄를 보는 담대함입니까? 관계를 허물고 무너뜨리는 담대함입니까, 문제를 해결하는 담대함입니까?

— 가족, 동료, 지체들과의 관계에서 먼저 신뢰를 잘 구축한 후 권면과 처방을 하고 있습니까?

— 다른 지체들이 하나님 앞에서 판 우물(죄와 수치의 오픈)을 약점 잡아 판단하고 정죄하지는 않습니까?

## 구원을 위해 값을 치르십시오

아브라함이 양과 소를 가져다가 아비멜렉에게 주고 두 사람이 서로 언약을 세우니라 _ 창 21:27

구원의 문제는 값이 치러져야 합니다. 아브라함이 우물을 빼앗겼지만 아비멜렉에게 양과 소를 가져다줍니다. 상대방이 잘못했는데 내가 물질을 주고 있습니다. 예수 믿는 사람은 이렇게 이상한 데 돈을 써야 할 때도 있습니다. 누구나 물질을 손해 보려고 하지 않지만, 물질이라는 것이 오히려 주고 나면 문제가 해결되기도 합니다. 오직 구원을 위해서, 아브라함도 빼앗겼지만 도리어 주는 것입니다.

28 아브라함이 일곱 암양 새끼를 따로 놓으니 29 아비멜렉이 아브라함에
게 이르되 이 일곱 암양 새끼를 따로 놓음은 어찜이냐 30 아브라함이 이
르되 너는 내 손에서 이 암양 새끼 일곱을 받아 내가 이 우물 판 증거를
삼으라 하고 31 두 사람이 거기서 서로 맹세하였으므로 그곳을 브엘세바
라 이름하였더라 32 그들이 브엘세바에서 언약을 세우매 아비멜렉과 그
군대 장관 비골은 떠나 블레셋 사람의 땅으로 돌아갔고 33 아브라함은
브엘세바에 에셀 나무를 심고 거기서 영원하신 여호와의 이름을 불렀으
며 34 그가 블레셋 사람의 땅에서 여러 날을 지냈더라 _ 창 21:28-34

아브라함은 한 걸음 더 나아갑니다. 일곱 암양 새끼를 주고는 그것

으로 우물 판 증거를 삼으라고 합니다. 가나안 땅 브엘세바의 우물을 영원토록 소유권 등기를 해 놓겠다는 것입니다. 값을 치르겠다는 것입니다. '그까짓 우물' 할지도 모르지만, 그곳에 에셀 나무를 심었다는 것은 오늘날 기념식수를 한 것과 같은 의미입니다.

이 에셀 나무는 모래에서도 잘 자라는 수명이 긴 나무입니다. 훗날 이스라엘 백성이 400년 애굽 노예 생활 후 다시 돌아왔을 때도 이 에셀 나무는 여전히 그 자리에서 자라고 있습니다. 이 땅은 영원한 아브라함의 우물이 된 것입니다. 기념의 우물, 기념의 에셀 나무인 것입니다.

비록 지금은 아무것도 보이지 않아도, 오늘 안 믿는 부모의 구원을 위해서 돈을 드릴 수 있습니다. 때로는 예수님 때문에 손해를 볼 수도 있습니다. 그렇다고 매사에 손해를 보라는 말이 아닙니다. 도리어 믿는 사람들 간에는 절대 돈을 주면 안 되는 경우도 있습니다. 그때마다 적용을 다르게 해야 합니다.

우리도 구원의 에셀 나무를 심어야 합니다. 제 둘째 할아버지는 교회를 세우셨다고 합니다. 그분이 뭐 하시던 분인지, 어떤 성품을 가진 분인지도 모르지만, 자식들이 '둘째 할아버지는 교회를 세우신 분'이라는 것만은 기억하고 있습니다. 어머니는 단 한 번도 우리 자매들에게 "공부 잘해서 시집 잘 가라"고 하신 적이 없습니다. 그저 교회 화장실을 청소하고 성도들을 심방하고 빨래해 주시던 어머니 모습만 기억납니다. 이것이 바로 구원의 에셀 나무를 심는 것입니다. 에셀 나무는 영원하신 하나님을 상징합니다. 내가 구원을 위해 쓴 재물, 시간, 애정만이 영원토록 기억될 것입니다.

아브라함도 에셀 나무를 심고 처음으로 '영원하신 하나님'을 불렀습니다. 인생의 고난을 통하지 않고는 영원하신 하나님을 배울 수가 없습니다. 내가 자녀들에게 영원하신 하나님을 가르치려면 물질을 잘 사용해야 하고, 구원에 필요한 값을 치러야 합니다. 나를 위해서 살지 않고 구원을 위해서 살고 구원을 위해 나눌 때 내 자녀들이 나를 기억할 것입니다. 구원의 열매가 맺히는 에셀 나무가 될 것입니다.

우리는 이 땅에서 믿음 없는 이방인들과 공존하면서 살 수밖에 없습니다. 이 안 믿는 사람들에게 내가 복 받은 자, 하나님을 나타내는 자임을 보여 주려면 아브라함이 그랬던 것처럼 내 죄를 솔직히 인정하고 때로는 담대함으로 나아가야 합니다. 물질을 써야 할 때와 안 써야 할 때를 분별해야 합니다. 이렇게 나의 브엘세바에서 구원의 에셀 나무를 심고 갈 때 사회생활에서도 성공할 것을 믿습니다.

교구 수련회에서 한 강사님이 감정 코칭에 대한 강의를 했는데, 이런 내용이 있었습니다. 우리의 모든 사회생활은 대인관계라 해도 과언이 아닌데, 이 대인관계는 결국 언어에 달려 있다고 합니다. 그런데 우리의 대화 중에 상대방에게 실제 전달되는 언어는 7%밖에 안 된답니다. 반면에 말하는 사람의 표정, 태도, 눈빛, 말의 느낌 등은 48%를 차지한다고 합니다.

아무리 설교 말씀을 잘 듣고 그 내용을 목장에 가서 나눠도 결국 전달되는 것은 7%밖에 안 된다고 할 수 있습니다. 노트 필기를 잘 해서 설교 내용을 그대로 전해 줘도 어떤 목장에서는 열매가 많고 어떤 목장은 열매가 없는 이유가 바로 여기에 있습니다. 결국 우리가 영적 상속자를 낳고 열매를 맺는 것은 얼마나 상대방을 사랑하고 애정을 쏟느냐에 있습니다. 말솜씨가 없어도 나의 표정과 눈빛, 감정과 태도로 상대방을 변화시킬 수 있다는 것입니다.

그래서 아이를 키울 때도 5분 이상 태도와 마음을 집중해서 아이의 말을 들어 주는 것, 진심이 담긴 행동을 보여 주는 것이 문제 해결의 반 이상을 차지한다고 합니다. 우리는 자녀를 일류로 만들겠다며 뭐든 최고로 해 주고, 부족한 것 없이 키우지만 문제 해결의 핵심은 거기에 있는 것이 아닙니다. 오히려 과잉보호 아래 뭔가를 쉽게 갖는 것이 습관이 될수록 아이는 게임 몰두 성향이 커지고 성장해서도 도박에 빠질 가능성이 크다고 합니다.

혹시나 아이가 학교에서 왕따를 당하고 어려워하면 "그동안 얼마나 두렵고 불안했니? 지금 얼마나 힘드니?" 해야지, "어쩌자고 우리 집에 이렇게 왕따나 당하는 아이가 나올 수 있니?" 하면 안 됩니다. 설령 아이가 "엄마, 아빠 다 죽일 거야!" 하더라도 "이게 미쳤나?" 하지 말고 "지금 너의 감정이 그렇구나" 해야 한다는 것입니다. 아이가 일시적으로 느끼는 감정일 뿐이지 영원한 것이 아니기 때문입니다.

그런데 우리는 "내 아이가 나를 죽이겠다고 하다니" 하면서 평생 그 말을 외우고 다닙니다. 아픈 말 한마디 하면 평생 그 말을 곱씹으면서 삽니다. 그러니 사회생활이 힘든 것입니다. 대인관계에 문제가 생기는 것입니다. 내 아이가 완전하길 바라는 것은 지극히 비합리적인 사고로, 그런 절망적인 목표를 이루려다가는 결국 우울증에 도달하고 말 것입니다.

대인관계를 하다 보면 싸울 수밖에 없는 사람들이 너무 많습니다.

만날 남의 단점만 봅니다. 상대의 눈높이에 따라 인정할 것은 인정하고 "옳다. 내가 거짓말을 했다. 이제 안 하기로 맹세한다" 해야 결정적인 이야기를 할 때 신뢰를 받을 수 있는데, "내가 말하면 아무도 안 들어. 교회 사람들도 안 듣고, 배우자도 안 듣고, 자녀들도 안 들어. 다들 틀려먹었어!" 하고 있으면 도저히 성공적인 사회생활을 할 수가 없는 것입니다.

목장 보고서에 이런 이야기가 올라왔습니다.

> "얼마 전 회의 자료를 준비하며 상사와 싸웠습니다. 그날로 사내에 소문이 쫙 났습니다. 순종해야 하는 입장에서 질서에 순종하지 못해 마음이 불편했습니다. 목사님이 직장생활 하며 잘 참아야 한다고 하셨는데, 여태 잘 참고 지내다가 결국 사건이 오고야 말았습니다. 이 와중에 '그 상사 평소에 평판이 안 좋더니 당해도 싸다'고 해 주는 주변 직원들이 왠지 제 편을 들어 주는 것 같아 좋기도 했습니다.
>
> 그런데 참 기가 막힌 것은 사내에 교인임을 선포하고 다니는 사람이 딱 둘인데, 그게 바로 그 상사와 저라는 것입니다. 목장에서 이 나눔을 하자 목자님과 목원들이 득달같이 일어나서 처방해 주었습니다. 제가 아직 사과를 못 했다고 하자 '직접 가서 얼굴 보며 정식으로 사과해야 한다', '상사가 준비됐든 안 됐든 집사님이 준비되었을 때 가서 사과해라', '이것은 하나님과 집사님과의 문제이지 그 상사와는 상관없다. 이 사건을 통해 집사님의 믿음이 한 단계 더 올라가길 바란다'고 하셨습니다."

이 집사님이 소속된 목장의 목자님이 이렇게 말했답니다. “하나님께 순종하는 의미에서 꼭 정식으로 가서 사과하셔야 합니다. 그 사람을 격동시킨 배후 세력이 있어요. 싸울 때 사탄은 항상 대리자를 놓고 싸운다고 했으니, 사람을 미워하지 말고 그 배후 세력인 사탄을 보셔야 합니다. ‘아, 그 사람이 사탄에게 격동되었구나’ 하고 이해하고 사과하세요. 믿는 사람들이 이렇게 다른 직원들에게 수치와 조롱을 당하는 일이 일어나면 되겠습니까? 행함이 따르지 못하는 것입니다. 상사가 사과를 받아 주지 않더라도 집사님이 영적으로 순종하는 마음으로 사과하면 하나님께서 그 사과를 보실 것입니다.”

우리를 위한 하나님의 해결책을 이야기해 줄 사람은 이렇게 함께 말씀을 보는 공동체에 있습니다. 회사에서 누가 내 편을 들어 준다고 거기에 속으면 안 됩니다.

그런데도 우리는 누가 말씀대로 처방해 주면 “그걸 처방이라고 합니까? 누가 몰라서 안 합니까?” 합니다. 옳은 처방을 해 줄 때는 “맞습니다” 하면 될 일인데, 우리는 사탄이 대리자로 세운 사람이 달콤하게 유혹하는 말을 들으면서 ‘이 사람이 내 편이구나’ 합니다. 그래서는 실패밖에 돌아올 것이 없습니다. 우리는 아브라함을 본받아서 사과할 때는 하고, 인정할 때는 해야 합니다. 그것이 사회생활을 선하게 하는 비결입니다.

— 구원을 위해 나의 재물과 시간, 애정을 사용하고 있습니까?
— 자녀, 배우자, 동료, 지체들과의 관계에서 나의 마음과 태도를 집중해 그들의 이야기를 들어주고 있습니까? 진심이 담긴 태도로 사람의 마

음을 감동시키고 있나요?

— 오늘 내가 하나님께 순종하는 마음으로 관계를 회복해야 할 사람은 누구일까요?

## 우리들 묵상과 적용

불신가정에서 4남매의 장남으로 태어나 아버지의 외도와 폭력으로 우울한 성장기를 보냈습니다. 겉으로는 무서운 아버지께 순종했지만, 속으로는 빨리 돌아가시면 좋겠다는 악한 마음을 품었습니다. 내 열심과 성품으로 초등학교 교사가 되었고, 어렵지 않게 사회생활을 잘해 나가며 상처가 아물었다고 생각했지만, 우울한 성장 과정과 이중적인 마음은 결혼생활에서 그대로 나타나기 시작했습니다. 좋은 남편, 좋은 아빠인 척 각종 집안일을 했으나 가족에게 따뜻한 마음은 주지 않고 생색내기 위한 마음뿐이었습니다.

그저 내 일과 승진하는 데만 매달려 살다가 공모 교장에 지원하게 되었습니다. 그런데 첫 번 공모에서 다른 사람보다 엄청나게 많은 서류를 제출하니 이에 질린 교장 선생님이 제 서류를 다른 심사위원들에게 보여 주지 않는 사건이 벌어졌습니다. 저는 부당한 공모를 고발하겠다며 거칠게 항의하여 사과를 받아 냈습니다. 그 후 두 번의 공모에서도 퇴직한 교장 선생님이 심사위원이라 젊은 저를 의도적으로 떨어뜨렸다며 심사위원을 정죄했습니다. 그렇게 네 번의 응모 끝에 높은 점수로 교장이 되었습니다. 젊은 나이에 공모 교장이 되면서 저의 자랑과 교만이 시작되었습니다.

그러나 겉보기에 성공한 것 같았던 제 인생의 속사정은 그렇지 않았습니다. 의롭고 착한 성품으로 위장하며 저지른 외도 사건으로 아내와 아들에게 폭행을 당했고, 아들은 저를 부도덕한 아버지라며 제가 다니던 학교 교문 앞에서 피켓 시위를 하기에 이르렀습니다. 수치와 수모를 당하며 이혼과 퇴직을 겪었고, 무기력과 우울감에 홀로 지내던 시간은 마치 상 위에 누운 중풍병자처럼 철저히 무력할 따름이었습니다. 아내와 아들에 대한 분노와 원망으로 모두 죽이고 싶었습니다. 자존감은 바닥까지 내려갔고, 자살이라는 극단적 생각에 사로잡혔을 때 친구의 전도로 교회에 다니게 되었습니다.

이혼과 퇴직 후 두 아들과는 연락조차 할 수 없는 상황이 되자 어떻게 살아가야 할지 막막했지만 아브라함이 거짓말을 하고, 100세에 이삭을 낳고, 이스마엘을 내쫓아도 하나님은 아비멜렉을 통해 아브라함이 '무슨 일을 하든지' 함께하신다는 것(창 21:22)을 알게 하셨습니다. 아브라함처럼 저에게도 공동체를 통해 하나님이 언제나 함께하심을 깨닫게 하셨습니다.

교만해서 몸으로 하는 일은 절대 할 수 없다던 저에게 목자님은 적용으로 무슨 일이든 하라고 권면하셨습니다. 그동안 젊은 나이에 교장이 되었다고 자랑하며 살았는데, 아브라함이 하나님 때문에 우물을 판 것처럼, 저 역시 하나님 때문에 마을버스 기사로 취직했습니다. 비록 육체는 힘들었지만 예배와 말씀 속에서 하루하루를 보내니 구원의 값을 치르기 위한 십일조를 할 수 있었고, 온전히 예배를 드릴 시간도 허락해 주셨습니다. 아브라함이 브엘세바에 에셀 나무를 심고 거기서 영원하신 여호와의 이름을 불렀듯(창 21:33) 선물로 주신 아내와 날마다 여호와의 이름을 부르며 믿음의 동역자로 지낼 수 있게 인도하신 하나님 감사합니다.

아브라함은 치졸한 실수를 하고 이스마엘을 내쫓으면서도 하나님이 함께하시는 모습을 보여 주었습니다. 자신의 치졸했던 과거를 꺼내어 공격해도 "맞습니다" 하는 내공을 갖게 되었습니다. 그럼에도 잘못된 것은 잘못됐다 말하는 담대함도 있었습니다. 우리 모두가 아브라함을 본받아 하나님의 지혜로 문제를 해결하고 성공적인 사회생활을 할 수 있습니다.

**하나님이 함께하시는 것을 보이는 사람이어야 합니다**(22절)

언제나 나를 위로하는 것은 하나님이 아닌 배우자와 자식이었습니다. 자식이 100점 맞으면 하늘을 날 것처럼 기쁘다가도 성적이 좋지 않으면 땅을 파고 들어가곤 했습니다. 그러나 이제는 그 이스마엘을 내쫓겠습니다. 아비멜렉이 아브라함에게 "하나님이 너와 함께 계시는구나" 하는 것을 보며 나도 그런 말을 들을 수 있는 신앙생활을 하기 원합니다.

**사회생활을 잘하려면 내공이 있어야 합니다**(23-24절)

실수 없는 인생이 어디 있나 하면서도, 막상 누가 내 과거의 치부를 드러내면 뭐가 그렇게도 기분이 나쁜지요. 그런데 아브라함은 아비멜렉으로부터 치졸했던 과거 이야기를 들으면서 "맞습니다. 이제는 안 그러겠습니다" 하고 맹세합니다. 그 모습을 보니, 걸핏하면 자존심만 내세우는 내가 왜 이리 못나 보입니까? 내 부족함을 인정하는 것이 진정한 고수의 내공이라는 사실을 다시 한 번 깨닫습니다. 그 내공을 키우기 원합니다.

### 사회생활을 잘하려면 담대함이 필요합니다(25-26절)

무서운 것 없이 큰소리 뻥뻥 치는 것이 담대함인 줄 알고 살았습니다. 무슨 일만 있으면 "나 건드리지 마라" 하고 큰소리쳤습니다. 정작 내가 목소리를 내야 할 때는 이 눈치 저 눈치 보면서 숨어 버렸습니다. 교회에서 오픈하라고 해도 '다음 주에' 하면서 도망갔습니다. 내가 담대함이라고 생각했던 것은 죄성을 가진 담대함이었습니다. 그러니 사회생활도 원활하지 못했습니다. 아브라함이 아비멜렉에게 했던 것처럼 결정적일 때 카리스마 있을 수 있는, 죄성 없는 담대함으로 살기 원합니다.

### 구원을 위해 값을 치르십시오(27-34절)

지금껏 자녀를 일류로 만들겠다는 일념으로 살아왔습니다. 그걸 위해 돈과 열정, 시간을 쏟아부었는데, 돌아오는 것은 자녀 고난뿐입니다. 내가 뭘 잘못했는지도 모르고 자녀 탓만 하면서 살았는데, 오늘 말씀을 보니 내가 자녀 고난으로 고생한 것이 아니라 내 자녀가 부모 고난으로 한평생을 살아온 것이었습니다. 지금이라도 구원의 에셀 나무를 심겠습니다. 그러다 보면 자녀도 나를 용서하고 하나님 앞에 돌아올 줄을 믿습니다.

하나님 아버지, 세상은 저를 끊임없이 공격하고, 그때마다 저의 약점을 인정하는 것이 쉬운 일은 아닙니다. 너무나 부끄럽고 자존심이 상합니다. 그러나 죄 없으신 주님은 저를 위해 그 험한 골고다 언덕을 오르시고, 모든 조롱과 수치를 당하셨는데 그보다 더 부끄러울 일이 어디 있겠습니까? "맞다. 내가 실수했다. 다시는 그러지 않겠다"고 맹세할 수 있는 내공이 제 안에 쌓임으로 실수와 약점을 해결하기 원합니다.

구원에는 값이 치러져야 함을 보았습니다. 시간과 애정과 재물을 통해 구원의 에셀 나무를 심고 영생하시는 하나님을 심기 원합니다. 지금 분쟁 중인 브엘세바의 사건이 있습니까? 부부간에, 공동체에서, 가정과 회사에서 다투고 있습니까? 그곳에 영생하시는 하나님의 에셀 나무를 심으며 제가 손해 보기로 작정할 때에 우리 자손 대대로 영적 상속자가 되고 영생하시는 하나님을 보게 될 줄을 믿습니다.

이런 마음으로 사회생활에서, 가정생활에서 승리하게 도와주옵소서. 모두에게 구원의 하나님, 영생하시는 하나님을 전하는 가정과 교회, 사회가 되도록 은혜 내려 주옵소서. 오늘 힘들어하는 모든 직장인을 주님이 위로하여 주시고, 영적 전쟁의 실체를 꿰뚫어 보며 승리하도록 힘을 주옵소서. 용기와 지혜를 주옵소서.

예수님 이름으로 기도합니다. 아멘.

# *Part 3.*
# 자녀 양육도 예배입니다

아버지 하나님, 산전수전 다 겪은 아브라함을 하나님이 가장 큰 시험으로 시험하시는데, 우리도 이 시험을 잘 받고 하나님께 준비된 응답을 할 수 있도록 가르쳐 주옵소서.

07

## 자식 시험이 최고의 시험입니다

: 창 22:1-3

우리들교회의 한 목자님이 대학에 다닐 때 장학금을 받지 않으면 안 되는 병(?)에 걸려서, 시험만 봤다 하면 책을 달달 외워서 답안지를 빼곡히 채워 쓰곤 했다고 합니다. 한번은 조교가 "그렇게까지 안 해도 A 줄 테니 제발 답안 좀 적당히 쓰세요" 하더랍니다. 그런데 도무지 안 그러려고 해도 되지가 않고, 누군가 나보다 더 잘할 것 같으면 불안해서 한 글자라도 더 쓰려고 했답니다. 결혼하고 나서 부인이 "당신 참 불쌍한 인생을 살았다. 어떻게 대학 때 미팅 한 번 못 했냐?" 했답니다.

그런데 이 시험의 달인인 목자님이 좋은 회사에 잘도 들어가서 세상에서 남부러울 것 없이 살았는데, 살다 보니 교과서를 통째로 다 외워도 안 되는 시험이 있더랍니다. 바로 자식 시험입니다. 이 시험을 당해 본 부모들은 잘 압니다. 내 힘으로는 통과할 수가 없습니다. 결국 이분은 내 뜻대로 안 되는 자녀 덕분에 두 손 두 발 다 들고 우리들교회에 와서 목자가 되셨습니다.

우리도 살면서 도저히 넘어갈 수 없을 것 같은 시험을 만납니다. 어쩌면 자녀 고난일 수도 있고, 그보다 더 심각한 것일 수도 있습니다. 아브라함도 수많은 시험을 지나고 왔더니 하나님이 어마어마한 시험을 주십니다.

### 수많은 시험 후에 '그 시험'이 왔습니다

1 그 일 후에 하나님이 아브라함을 시험하시려고 그를 부르시되 아브라
함아 하시니 그가 이르되 내가 여기 있나이다 2 여호와께서 이르시되
네 아들 네 사랑하는 독자 이삭을 데리고 모리아 땅으로 가서 내가 네게
일러 준 한 산 거기서 그를 번제로 드리라 _ 창 22:1-2

'그 일 후에' 하나님이 아브라함을 시험하시려고 그를 부르셨다고 합니다. 원어로 보면 '그 일'이 '그 일들', 복수로 되어 있습니다. 그 일들은 어떤 일입니까? 앞선 21장만 의미하는 것이 아닙니다. 창세기 12장부터 아브라함이 겪은 일들, 기근 때는 남방으로 피하며 세상으로 갔고, 바로가 무서워서 자기 부인을 누이라고 거짓말했고, 또 하갈을 들여서 아들을 낳고, 아비멜렉 앞에서 실수를 반복했던, 그야말로 수치와 실패,

치졸함의 일들을 모조리 겪은 후입니다.

그런데 아브라함을 시험하시려고 부르신 '하나님'을 원어에서 보면 정관사가 붙어서 '그 하나님'이라고 기록하고 있습니다. 갈대아 우르에서 불러내셔서 인도하시고 수많은 사건 가운데서 나를 보호하신 '그 하나님'이 나를 시험하려고 부르셨다는 것입니다.

아브라함은 언제나 성공만 하지 않았습니다. 합격도 하고 불합격도 했습니다. 중요한 것은 아브라함이 실패 가운데서도 하나님을 떠나지 않았다는 것입니다. 굳세게 붙어 있었습니다. 실수할 때마다 하나님을 의지해서 또 일어났습니다. 일어날 때마다 나는 점점 작아지고 하나님은 점점 더 커지는 것을 경험했습니다. 우리는 실수할 때 하나님 앞에만 서면 왜 그렇게 작아지는지 모릅니다. 그러면서 하나님을 알아 갑니다.

이처럼 아브라함이 모든 인생을 통해서, 거짓말하는 치졸한 인생을 통해서 하나님의 선한 형상을 보였더니 이제야 하나님이 그에게 진짜 시험을 주십니다. 지금까지 평생 쳐 온 시험을 다 합쳐도 비교가 안 되는 청천벽력 같은 시험입니다. 사람이 감당할 만한 시험밖에는 주시지 않고, 시험당할 즈음에 또한 피할 길을 주시는 하나님을 증거하라고 그에게 큰 시험을 주셨습니다.

그런데 아브라함이 처음부터 대단했던 것은 아닙니다. 막상 시험을 쳐 보니까 하나님이 함께하셔서 통과할 수 있었던 것이지, 본인도 자기에게 이런 큰 능력이 있는지 몰랐을 것입니다.

이쯤에서 성경에서 말하는 '시험'에 대해 정리해 볼 필요가 있습니다. 야고보서 1장 13~14절에 "사람이 시험을 받을 때에 내가 하나님께 시험을 받는다 하지 말지니 하나님은 악에게 시험을 받지도 아니하시고 친히 아무도 시험하지 아니하시느니라 오직 각 사람이 시험을 받는 것은 자기 욕심에 끌려 미혹됨이니"라고 합니다. 이성적인 분들은 이 구절을 읽으면서 "하나님은 시험하지 않는다고 하시면서 시험을 참는 자에게 생명의 면류관을 준다고 하시니 도대체 앞뒤가 안 맞지 않습니까?" 할지도 모르겠습니다. 문자대로만 읽으면 말씀이 이해가 안 됩니다. 성경은 우리에게 참아야 할 시험이 있고, 받지 않아야 할 시험이 있다고 말합니다. 견뎌서 면류관을 얻을 시험이 있고, 유혹에 넘어가지 않아야 하는 시험이 있는 것입니다.

시험에는 유혹(temptation)이 있고, 시련(trial)이 있습니다. 만약 가족이 나를 힘들게 한다면 그것은 유혹이 될 수 없겠죠. 가족은 피할 수도 없고 함께 가야 하는 존재이기에 힘든 가족은 우리가 견뎌야 할 시련입니다. 반면에 우리를 유혹하기에 단호히 끊어 내야 할, 결코 만나서는 안 되는 사람도 있습니다. 시련은 견뎌야 하는 것이고 유혹은 딱 끊어야 하는 것입니다.

또한 지금 하나님이 아브라함에게 하시려는 것과 같은 시험(test)도 있습니다. 아브라함이 지금까지 너무 잘해 왔기에 전 세계에 자랑하고 싶으신 겁니다. '내가 인정한, 믿을 수 있는 내 아들' 하고 품질 보증을 하시겠다는 것입니다. 내가 대통령이 된다고 해서 하나님이 기쁘신 것이 아닙니다. 내가 고난 가운데서 말씀을 의지해 이겼을 때 기쁨을 이기지 못하십니다.

저 역시도 누가 대통령이 됐다는 소식보다 우리들교회 와서 인생이 달라졌다는 이야기를 들으면 가슴에서부터 눈물로 감사가 차오릅니다. 이혼을 두 번씩이나 하고 재혼을 하면서 주변 사람을 힘들게 하던 집사님이 이제는 달라져서 조강지처한테 돌아왔다는 소식을 들으면 '이 가정이 새롭게 중수됐구나' 하는 마음에 감동이 되고, '이 때문에 하나님이 우리들교회를 세우셨구나' 하는 확신으로 가득 차는 것입니다.

그래서 우리는 사탄의 시험과 하나님의 시험을 잘 분별해야 합니다. 하나님은 우리를 업그레이드시키기 위해서 어쩔 수 없이 고통을 주실 수밖에 없습니다. C. S. 루이스(Lewis)는 《고통의 문제》에서 "고통은 하나님의 나팔소리"라고 했습니다. 이전에는 하나님의 음성이 들리지 않다가 내 고통이 생기자 드디어 들리는 것입니다.

우리가 낙원에 있을 때는 내가 하는 일이 하나님을 위한 일인지 물어볼 필요가 없습니다. 내가 하는 일이 하나님을 위하는 일이고, 내가 기뻐하는 일이 하나님이 기뻐하는 일이기 때문입니다. 그런데 죄가 들어온 다음부터는 내가 하는 일이 하나님이 기뻐하는 일인지 전혀 알 길이 없습니다. 어쩌다 우연의 일치로 내 뜻과 하나님의 뜻이 합치되기도 하지만, 그건 성품으로 한 것이지 결코 믿음으로 한 것이 아닙니다. 그렇기에 하나님은 항거할 수 없는 고통을 우리에게 주심으로, "네가 정말 하나님을 사랑하느냐?" 하고 시험하십니다. 내 본성을 거스르는 일을 통해 "너 이래도 예수 믿을래? 너 하기 싫은 일 좀 해 봐!" 하시면서 내가 하나님께 돌아가는지를 시험하십니다.

사람들은 "아브라함이 하나님을 사랑하는 것을 모르시는 것도 아니고, 구태여 이런 시험을 줘서 왜 아브라함에게 괴로움을 주시는가?"라고 말합니다. 그러나 아브라함도 당하기 전에는 자기가 이 시험에서 승리할 줄 몰랐습니다. 겪어 보지 않고 내가 어떻게 알겠습니까? 어차피 하나님은 다 알고 계시니까, 내일 일어날 가지각색의 일들은 일어날 필요가 없는 것입니까? 그렇지 않다는 말입니다. 하나님이 다 알고 계셔도 구원 때문에 각자 처한 자리에서 이런 일 저런 일들이 일어날 수밖에 없습니다. 그 사건들을 통해서 우리를 구원해 가시는 것입니다.

그래서 고통은 반드시 올 수밖에 없습니다. 하나님은 고통을 통해서, 오직 하나님의 힘만을 흘려보내기를 원하십니다. 내 의지로, 나를 통해 하나님의 힘만이 흘러나갈 때 나는 창조주의 협력자가 되고 살아 있는 도구가 되는 것입니다.

— 지금 내가 겪고 있는 어려움은 피해야 할 유혹(temptation)인가요, 견뎌야 할 시련(trial)인가요, 하나님의 품질 보증을 받기 위한 시험(test)인가요?

— 나의 고통의 문제 속에서 이를 악물며 내 힘과 열심을 다하고 있습니까? 이것이 하나님의 주권 아래 있음을 알고 겸손하게 받아들이고 있습니까?

## 우리에게는 준비된 대답이 있어야 합니다

아브라함아 하시니 그가 이르되 내가 여기 있나이다 _ 창 22:1

하나님이 "아브라함아" 하고 친근하게 부르십니다. 마치 친구를 부르시는 것 같습니다. 그럼에도 아브라함은 그 하나님의 음성을 듣고 속에서 '아, 하나님이 뭔가 내게 어려운 일을 주시려나 보다' 하는 것을 직감했습니다. 그래서 "내가 여기 있나이다" 하고 즉시 대답합니다.

아브라함이 하나님의 말씀을 어기고 멋대로 이스마엘을 낳았을 때, 하나님은 아브라함에게 13년간이나 침묵하셨습니다. 그 침묵은 그야말로 벌이었습니다. 그러다가 13년 만에 나타나셔서 "그래도 내가 너를 인도해 가겠다. 이스마엘에게 할례를 베풀고 포피를 베라" 하시면서 깨어 있도록 양육을 하셨습니다.

지금도 그렇습니다. 이삭이 태어나고 10년이 넘게 지났습니다. 이때 이삭의 나이가 16~17세로 추정됩니다. 그동안 침묵하셨다가 지금 이렇게 다정하게 부르신 것입니다. 이 침묵의 기간이 과거의 13년과 다른 것은, 이때는 아브라함이 영적으로 깨어 있었다는 것입니다. 때에 따라서 하나님의 침묵은 벌일 수도 있고 상일 수도 있습니다. 때에 따라서 시험 과목이 달라지는 것이죠.

아브라함의 "내가 여기 있나이다"라는 대답은 "나를 보소서"라는 의미입니다. 하나님이 죄를 지은 사람을 부르시면 어떤 일이 벌어집니까? 에덴동산에서 죄를 지은 아담은 하나님의 낯을 피해서 동산 나무 사이에 숨었다고 하지 않았습니까? 죄지은 사람은 누가 부르면 "왜 불러?" 하면서 눈도 잘 마주치지 못합니다. 자식들도 '얘가 뭔가 수상한데' 싶을 때 보면 부모 얼굴을 제대로 안 쳐다보고 말도 잘 안 하려고 합니다. 그런데 아브라함은 하나님이 오랜만에 다정하게 부르시니 즉시 대답하면서 "나를 보소서" 합니다. 여기에는 "하나님, 제게 무슨 부탁을 하시려고 합니까? 걱정 마세요" 하는 아브라함의 마음이 담겨 있습니다.

믿음 없는 사람은 '하나님이 나를 좀 안 부르셨으면……' 합니다. 그러면서 "와, 아브라함은 너무 괴롭겠다. 지금까지 산전수전 겪고 이제 좀 편해지나 싶었더니 하나님이 또 부르시네. 이젠 부르시기만 해도 살이 떨린다"고 합니다. 그러나 그것은 죄인의 태도입니다. 우리는 하나님이 부르시면 "내가 여기 있나이다. 나를 써 주소서" 해야 합니다.

— 하나님이 내 이름을 부르신다면 나는 두렵습니까, 기쁩니까?
— 하나님이 사람과 사건으로, 말씀을 통해 나를 찾아오실 때, 나는 그 하나님께 즉각적으로 응답합니까, 내 생각과 방법 속으로 피합니까?

## 하나님은 독자를 내려놓으라고 하십니다

여호와께서 이르시되 네 아들 네 사랑하는 독자 이삭을 데리고 모리아 땅으로 가서 내가 네게 일러 준 한 산 거기서 그를 번제로 드리라_ 창 22:2

사실 아브라함은 하나님이 왜 부르셨는지, 어떤 시험을 주실지 모르고 있었습니다. 그래서 "내가 여기 있나이다" 했는데, 독자 이삭을 번제로 드리라는 시험을 주십니다. 정말 너무 큰 시험이 왔습니다. 아무리 큰 시험이라 해도 이 정도일 줄은 몰랐습니다. 즉시 대답한 것을 1초 만에 후회했을지도 모릅니다. 그의 전 생애를 통틀어서 가장 어렵고 끔찍한 시험 과목이었습니다.

그러나 하나님은 자신이 있으셨습니다. 하나님은 아브라함의 믿음을 시험하는 것이 아니라 자랑하고 싶으셨습니다. 그러시면서 아브라함이 자식을 얼마나 사랑하는지를 강조하십니다. '네 아들, 네 사랑하는 독자 이삭'이라고 하십니다. 네가 얼마나 이삭을 사랑하는지 내가 안다고, 목숨보다도 사랑하는 것을 내가 안다고 하시는 것입니다.

그런데 이 말에는 '나도 너를 목숨보다 더 사랑한다'는 하나님의 마음이 담겨 있습니다. 이것을 강조하시는 것입니다. 나도 내 아들, 바로 너를 그만큼 사랑하고 있다고, 그러니 그 아들을 내놓으라고 하십니다.

그런데 사실 이삭은 아브라함의 독자가 아닙니다. 이스마엘이 있지 않습니까? 아브라함은 그 후로도 여섯 아들을 낳습니다. 그런데 하나님은 왜 독자라고 강조하시는 걸까요? 이 시험은 예수님이 갈보리 언덕에서 십자가에 달리시는 사건을 예표하는 것이기도 합니다. 마태복음 3장 17절에는 예수님을 "이는 내 사랑하는 아들이요 내 기뻐하는 자라"고 하셨고 요한복음 3장 16절에서는 예수님을 일컬어 "독생자"라고 하셨습니다.

또한 아브라함에게 아들이 많았지만 유일한 후손, 영적 상속자로서 예수 믿는 아들은 이삭 하나밖에 없다는 뜻이기도 합니다. 이제 저 아들 하나 예수 믿어서 같이 천국 가려고 했는데 선교사로 내놓으라는 것입니다. 하나 남은 아들을 오늘 교통사고로 데려가시겠다고 하면 여러분은 어쩌시겠습니까? 상상이 됩니까? 각본에도 없던, 말도 안 되는 일이 일어나게 생긴 것입니다.

하나님은 아브라함에게 모리아 땅으로 가라고 하시는데, 여기서 '가라'는 말은 명령이라기보다는 권고에 가깝습니다. 스스로 선택하고 결정하라는 것입니다. '반드시 그리하라'가 아니라 '원하건대 그리하면 좋겠다'는 의미입니다. 결국 모든 것을 스스로, 홀로 결정하라는 말씀입니다. 너무 힘든 영적 싸움 한복판에 하나님이 아브라함을 던져 놓으셨습니다. 아브라함은 사라에게 묻지도 않았습니다. 아무리 좋은 사람이라도 함께 십자가에 달릴 수 있겠습니까? 주님도 십자가 지고 갈보리 길을 오르실 때는 철저히 혼자셨습니다.

아브라함에게 이삭이 어떤 존재입니까? 하나님이 25년 전부터 계시하셨고, 오랜 시간을 기다려 얻은 아들입니다. 그렇게 얻은 아들이 상급 같지 않았겠습니까? 그런데 하나님은 '너에게 상급은 이삭이 아니라 나다' 하는 것을 알려 주시려고 아들을 내놓으라고 하십니다.

우리 인생의 목적은 하나님을 하나님 되시도록 하는 것입니다. 하나님만이 나의 위로가 되어야지, 자식이 나의 위로가 아니라는 말입니다. 그걸 전 세계에 알려 줄 사람이 지금 아브라함밖에 없는 것입니다. "너로 마음을 다하며 뜻을 다하여 네 하나님 여호와를 사랑하게 하사 너로 생명을 얻게 하실 것"이라고 신명기 30장 6절에서 말씀하고 있습니다.

모리아산은 여호와께서 친히 선별해 주신 산입니다. 장차 예루살렘 성전이 들어설, 골고다 언덕이 있는 곳이 모리아산입니다. 내가 오늘 예수님 때문에 자식을 번제로 드리면 그곳이 성전이 됩니다. 내가 성전이 되는 것입니다. 자식을 객관적으로 내려놓으면 우리 집안이 다 성전이 됩니다. '내가 네게 일러 준 한 산'이 됩니다. 그것은 아브라함이 원하는 산이 아니고, 하나님이 손수 정하실 곳입니다.

— 나에게 온 가장 어렵고 끔찍한 시험 과목은 무엇입니까?

— 그간 나의 상급인 줄 알았는데, 하나님이 상급인 줄 알게 하시려고 내놓으라 하시는 것이 있습니까? 그것은 무엇입니까?

### 온몸을 각 떠서 불에 태우라고 하십니다

하나님이 이삭을 드리는 방법도 알려 주십니다. 번제로 드리라는 것입니다. 번제가 무엇입니까? 제물의 사지를 자르고 온몸을 각 떠서 번제단 위에 놓고 불을 붙여 태워서 드리는 것이 번제입니다. 이 과정을 다 거치라고 하십니다. 배를 가르고 피를 흘려 태우라는 것입니다. 인간의 이해와 상식을 뛰어넘는 명령을 하십니다.

사실 우리는 날마다 자녀의 손에 각이 떠집니다. 자녀가 내 손과 발을 자르고 배를 가릅니다. 그게 참 고통입니다. 차라리 죽는 게 낫다고 생각합니다. 차라리 공부해서 시험 치르고 말지 자녀 고난은 못할 짓입니다. 안 그렇습니까?

아브라함이 아침에 일찍이 일어나 나귀에 안장을 지우고 두 종과 그의 아들 이삭을 데리고 번제에 쓸 나무를 쪼개어 가지고 떠나 하나님이 자

기에게 일러 주신 곳으로 가더니 _ 창 22:3

아브라함이 하나님이 일러 주시는 곳으로 갔습니다. 정말 이삭을 태워 드리겠다는 의지가 있었기에 번제에 쓸 나무를 쪼개서 가져갔습니다. '어차피 안 죽이실 거니까 그냥 가야지'가 아니었습니다. 게다가 아침에 일찍 일어나서 갔다고 합니다. 일찍 일어났다는 것은 '열심히, 정직히' 그 명령을 수행했다는 말입니다.

아브라함은 이때까지 그 누구와도 의논하지 않았습니다. 의논할 수가 없는 것입니다. 만약 누군가에게 "하나님이 이렇게 명령하시는데, 아들을 태워 죽일까요?" 하면 뭐라고 하겠습니까? "이 남자가 미쳤네. 그런 명령을 뭐 하러 들어요? 사탄아 물러가라!" 하지 않겠습니까? 그래서 내가 점점 믿음이 올라갈수록 의논할 사람이 없습니다. 하나님이 내 수준에서, 나에게 요구하시는 시험이 있는데, 어느 누구도 그것을 이해하지 못합니다. 그러나 아브라함은 '하나님이 이렇게까지 권고하시는 것은 정말 이 일을 하라는 뜻이다. 정말 이것은 해야 할 일이다' 하면서 열심히, 정직하게 자신을 격려했을 것입니다.

하나님이 나보고 죽으라고 하시면 차라리 편하게 죽을 것입니다. 그런데 자녀를 하나님께 드리라고 하시니까 너무 힘듭니다. 그러나 아무리 힘들더라도 하나님의 것을 하나님께 드리는 것은 당연합니다. 죽은 것과 같았던 아브라함에게 자식을 주신 분은 하나님이시니, 하나님의 것을 하나님이 도로 가져가신다고 하면 "네" 해야 하는 것입니다. 날마다 큐티를 하는 사람들은 이렇게 명령이 떨어지자마자 자기 자신을 격려해야 합니다. 정직하게, 하나님 앞에서 속임 없이 말입니다. 하나님이 완전하신 분이라는 것을 알아야 합니다.

혹시 '내가 목사니까, 장로니까 적어도 말씀을 이렇게 적용해야 하지 않을까?' 하는 분이 있습니까? 아브라함은 어땠을까요? 사람에게 보이기 위해 하나님의 말씀을 적용했겠습니까? 그런 아버지가 세상에 어디 있습니까? 하나님의 말씀을 적용하는 것은 직분 때문에 하는 것이 아닙니다. 그저 하나님이 책임지실 것을 믿고 가는 것입니다.

사실 아브라함은 아들을 끊어 낸 경험이 있잖아요? 말씀에 순종하여 16년간이나 기다려도 기업을 얻지 못한 이스마엘을 내쫓은 아브라함입니다. 그런데 이번엔 내쫓으라는 정도가 아니고 죽이라는 것 아닙니까? 잡아 죽이라고, 불태워 죽이라고 하시잖아요? 그런데 아브라함이 그때는 고민하더니 이번에는 아침 일찍 죽이러 갑니다. "이삭에게서 나는 자라야 네 씨라 부를 것임이니라"(창 21:12) 하는 약속의 말씀을 믿고 가는 것입니다.

교회 공동체에서도 이스마엘 같은 사람은 말 한마디만 거슬려도 떠나 버립니다. 그러면 목자는 '떠나면 안 될 텐데' 하면서 근심합니다. 이스마엘 목원은 만날 "목자가 나를 내쫓았다"고 합니다. 본인이 떠날 수밖에 없는 짓을 한 줄은 꿈에도 모릅니다.

그런데 이삭은 눈만 껌벅껌벅하고 있어도 절대로 아브라함을 안 떠납니다. 각을 떠서 죽이겠다고 하는데도 하나님 곁에, 아브라함의 집에, 믿음의 공동체에 붙어 있습니다. 하나님 앞에 작아지는 사람일수록 이렇게 붙어 있는 것입니다. 날이 갈수록 내가 죄인임을 아는 사람은 그저 눈만 껌벅껌벅하며 말씀을 잘 듣습니다. 결국 이런 사람을 영적 상속자 삼으시는 것입니다.

그러니 목자가 조금 바른말 했다고 해서 다른 공동체에 기웃거릴 것 하나 없습니다. 그 말을 잘 받아들여야 합니다. 만날 '이삭, 이스마엘, 아브라함 시대에 일어난 일이 나하고 무슨 상관이냐' 하고 있으면 아무리 큐티를 열심히 해도 말씀이 제대로 안 들리는 것입니다.

우리가 살아가는 데 자식 문제가 이렇게나 심각합니다. 인생에서 자식 문제가 가장 큰 시험입니다. 모세를 보세요. 저는 모세만 생각하면 눈물이 앞을 가립니다. 애굽의 일류 교육을 받은 그가 40년 동안 양치기를 하고, 백성에게 율법을 주고, 얼마나 수고하며 이스라엘을 이끌었습니까? 그런데 출애굽기 전체에 모세 아들의 이름이 초반에만 잠깐 등장하고 출애굽 이후로는 언급조차 없습니다. 모세 자신도 혈육의 아들을 후계자로 생각하지 않은 것입니다.

그렇다고 아론과 그의 아들들이 잘나서 대제사장으로 임명 받은 것도 아닙니다. 하나님이 그들에게 기름을 부으라고 명하셨기에 세워졌지만 아론에게 믿음이 없습니다. 모세가 십계명을 받으러 간 사이에 아론이 금송아지를 만들어 백성들을 잘못 인도하지 않았습니까? "왜 백성들을 큰 죄에 빠지게 했느냐?"고 모세가 질책하니까 "백성들이 내게 금을 가지고 와서 그것을 불에 던졌더니 송아지가 나왔다"고 변명하며 책임은 지지 않습니다. 그 일로 3천 명이 죽었는데도 아론은 나 몰라라 합니다. 그런데도 하나님은 아론과 그 아들들에게 제사장의 옷을 입혀 주라고 하십니다. 모세가 속이 썩지 않겠습니까?

이런 모세의 믿음이 이삭을 번제로 드리러 가는 아브라함의 믿음과 겹쳐 보입니다. 별 인생 없습니다. 나에게 하나님이 하나님 되시는 인생이 최고입니다.

그런데 레위기 10장을 보면 아론의 아들 나답과 아비후가 하나님이 명령하시지 않은 다른 불로 제사를 드려 죽임당하는 장면이 나옵니다. 이때 모세가 "이는 여호와의 거룩하심을 나타낸 일"이라는 하나님의 말씀을 전하자, 아론이 잠잠했다고 기록되어 있습니다(레 10:3). 그제야 아론이 회개했습니다.

이후 8절부터 하나님이 아론에게 직접 말씀하신 유일한 장면이 나옵니다. "그래도 너는 여전히 대제사장이다" 하며 사명을 허락해 주십니다. 아론이 하나님의 사명을 감당하기 위해서는 아들이 죽어야만 했습니다. 백성 3천 명이 죽어도 회개하지 않던 아론이 아들이 죽으니까 입 다물고 사명을 감당합니다.

오늘 나는 누가 죽고 넘어져야 사명을 찾겠습니까? 대제사장도, 아무리 위대한 목회자도 자기 자식만 보석 같습니다. 그래서 내 사명을 깨닫게 해 주려고 이 보석 같은 자녀들이 수고하게 하십니다. 내 자녀가 잘되는 것만이 인생의 소망입니까? 내 자식만 바라보지 말고 이제는 남의 자식의 구원을 위해 살아 보십시오. 하나님은 남의 자녀를 위해 안타까워 눈물 흘리는 인생을 후대하십니다. 그래서 인생의 목적은 행복이 아니라 거룩입니다.

사도 바울은 자식이 아예 없었습니다. 자식이 있어야만 복 받은 삶은 아니라는 말입니다. 이 땅에서 내 분신과도 같은 자식이라고 할지라도 천국에서도 내 자식으로 만나는 것은 아닙니다. 오직 구원받은 사람들끼리 만나는 곳이 천국입니다.

구약 시대의 아하스 왕도 자녀를 몰렉 우상에게 제물로 태워서 바쳤습니다. 그러나 자녀를 우상의 제물로 드리는 것과 하나님의 제물로 드리는 것은 하늘과 땅 차이입니다. 세상에서 성공시켜 보겠다고 자녀를 달달 볶는 것은 자녀를 우상의 제물로 바치는 것이나 다름없습니다. 그렇게 달달 볶아 대면 부모나 자녀나 지옥을 살지 않겠습니까? 반면에 하나님의 뜻대로 자녀를 번제로 올려드리면 내 마음속에 평강이 생깁니다. 내 자녀를 객관적으로 보게 됩니다. 모세처럼 내 자식이 후계자가 아니라는 것을 인정하게 되는 것입니다. 이것이 얼마나 평강인지 모릅니다. 자식이 잘 안되면 살 수가 없습니까? 자식을 내 자랑거리로 만드는 데 모든 인생을 바치고 있지는 않습니까?

언젠가 신문에서 읽은 기사 내용입니다. 택시기사 정태성 씨의 아버지는 장군이고, 형은 벨 연구소 출신의 미국 공학박사이자 교수입니다. 그런데 정태성 씨가 택시기사를 하겠다고 했더니 장군 아버지가 "이왕 할 것 세계 최고의 택시기사가 돼라"고 격려를 해 주었답니다.

물론 처음부터 그런 건 아니었습니다. 공부가 너무 싫었던 정태성 씨는 고등학교를 중퇴하고 이삿짐센터와 각종 공사판을 전전했습니다. 돈을 모아서 사업을 시작했지만 이마저도 실패하고 말았습니다. 그렇게 무엇을 해야 할지 모르던 중에 법인 택시 운전을 하게 됐는데, 택시기사가 자기 적성에 딱 맞더랍니다. 여기저기 다닐 수 있고 쉴 수도 있어서요. 그때부터 열심히 일했더니 아버지도 열렬히 격려해 주었답니다.

정태성 씨는 아버지와 가족의 격려에 힘입어 더 열심히 일했습니다. 그러던 중 일본의 MK택시에 서비스 연수 신청을 냈습니다. MK택시는 재일동포 류봉식 회장이 1960년에 창업한 택시 회사로, 시사주간지 《타임》에서 세계 제일의 서비스 기업으로 선정하기도 했습니다. MK택시 측이 몇 번이나 거절했지만, 정태성 씨는 청와대와 서울시청에서 추천서를 받는 등 온갖 노력을 기울인 끝에 드디어 연수를 받게 됐습니다. 3주간의 연수를 받으려고 2년이나 일본어 공부를 하며 준비했습니다. 그 결과 함께 연수한 일본인 기사의 최고점이 2.0점인데, 정태성 씨는 3.0 만점으로 연수를 마쳤답니다.

MK택시의 부회장이 "자네는 연수를 받으며 뭘 배웠나?"라고 묻자 정태성 씨는 이렇게 답했습니다. "여기에 오기 전에는 MK택시의 친절이 그저 수익창출의 도구라고 생각했는데, 와 보니 친절은 MK택시의 존재 이유라는 것을 알게 되었습니다. 구르는 재주밖에 없는 굼벵이는 구르는 것이 존재의 이유이듯이, 택시기사는 친절한 서비스 말고는 세상에 줄 수 있는 게 없습니다." 그랬더니 부회장이 "됐네, 합격!" 하더랍니다. 세계 최고의 택시기사가 되라고 격려해 주시던 아버지의 말처럼, 정말 세계 최고가 될 날이 가까웠습니다. 우리나라 택시기사 중에 외국 택시 회사에서 연수를 받은 사람은 정태성 씨가 최초랍니다.

정태성 씨는 비록 택시기사의 일이 업무 시간에 비해 수입도 적고 힘들기는 하지만, 그보다 자긍심을 갖고 일하지 않는 택시 업계의 열악한 구조가 더 문제라고 지적합니다. 그래서 동료들에게 "우리가 먼저 변하자"고 독려하기도 하고, 환경 개선을 위한 창조적인 아이디어도 늘 구상한다고 합니다. 시간을 아껴서 검정고시를 치르고, 사이버대학을 다니고, 대학원에서 서비스와 관련한 공부도 했습니다. 그리고 2013년부터는 '비전택시대학'을 운영하면서 전문화된 택시기사를 양성하기 위한 노력을 하고 있습니다.

이렇게 내가 좋아하는 일로 다른 사람을 섬기면 기쁨을 줄 수 있습니다. 자기 일을 열심히 하는 사람이 매력도 있습니다. 정태성 씨의 어머니는 가족들이 모일 때마다 "우리 집에 장군, 박사, 기사님이 다 있네?" 하면서 늘 격려해 준다고 합니다. 저는 이것이 아브라함이 이삭을 번제로 드린 것과 같은 적용이라고 생각합니다. 장군 아버지가, 유명한 엘리트 형이 택시기사 동생을 자랑할 수 있다는 것이 얼마나 놀랍습니까?

정태성 씨에게는 '미소, 공손, 감동'이라는 자신만의 승객 맞이 서비스 매뉴얼이 있습니다. 손님이 오면 45도 각도로 인사하고 문 열어 주기, 왼손으로 문을 열고 오른손으로 문 위쪽을 받쳐서 손님이 안 다치게 하기, 자신의 이름을 밝히고 목적지는 정확하게 복창하기, 코스를 확인한 뒤 차 온도와 주행속도가 괜찮은지 문의하기, 돈은 두 손으로 받고, 원하는 손님은 내릴 때도 문을 열어 주기, 매일 한 차례 택시 안팎을 청소하고 실내 바닥과 차 손잡이는 수시로 소독하기, 때가 잘 타는 부분은 흰 수건을 받쳐 놓고 매일 교체하기, 매년 한 차례 전문 업체에 실내 클리닝 의뢰하기, 매일 새 셔츠와 넥타이를 입어 깔끔한 인상 유지하기 등입니다.

또 안전운행을 위해서 낮에도 전조등을 켜고, 뒷좌석 손님에게도 안전벨트 착용을 부탁하고, 진통제, 소화제 등의 상비약을 차 안에 구비하고, 밤늦게 내리는 여자 손님은 현관에 들어가는 것까지 확인을 한답니다. 이런 항목을 30여 개 써 붙여 놓고 매일 실행한답니다. 완전히 큐티 적용이지 뭡니까? 이게 바로 성전 지어 가는 것 아니겠습니까?

이렇게 사업해 보십시오. 부부관계에서도, 직장에서도 이렇게 섬겨 보십시오. 최고가 되나 안 되나 내기해 봅시다. 자식도 이렇게 섬기는 아이가 되도록 키워야 합니다. 내 아이가 교회를 다녔는데도 일류가 못 됐다고 속상해할 필요가 없다는 말입니다.

우리들교회 큐티 나눔 게시판에 자식에 대한 글이 올라왔습니다.

> "아이가 등교하려고 버스를 기다리는데 승객이 많아 번번이 버스를 보내야 하자 급기야 '학교에 안 가겠다!'고 떼를 썼습니다. 결국 어르고 달래서 제가 차를 운전해 학교까지 바래다 주었습니다.
> 예전에는 이런 일이 생기면 가슴이 무너져 내려 정말 살고 싶지 않았는데, 말씀으로 저를 직면하니 '내가 얼마나 정력이 넘치면 하나님이 이렇게까지 하시나' 깨달아집니다. 아이 때문에 힘 빼지 않으면 기운이 남아돌아서 세상에 나가 헛짓이나 할 테니, 아이라도 붙들고 씨름하라고 말이죠. 주님은 저를 참 잘 아시는 분입니다."

이렇게라도 하지 않으면 우리한테 딴짓할 기운이 남아돌기에 하나님이 내게 힘든 남편, 힘든 시어머니, 힘든 자녀를 붙여 주셨다는 것이 인정되십니까? 힘든 배우자와 시댁, 자녀와 씨름하는 것이 결국 성막을 짓는 일입니다.

또 한 목자님은 남편이 의사고 본인은 학교 선생님인데, 큰아들이 학교에 안 가겠다고 하더랍니다. 이런 자녀가 인정이 안 되었지만, '목자로서 수고하고 인내했더니 아들이 검정고시에 붙고 대학도 붙어서 잘 되었더라' 하는 간증을 할 날이 오기를 바라면서 버텼습니다. 그러나 아들이 검정고시마저 거부하며 마지막 기대가 무너지자 집사님은 그제야 '네 독자를 번제로 드리라'는 말씀에 아멘이 되었습니다.

이후 기도의 내용이 바뀌며 이제는 평안하다고 합니다. 그동안 큐티를 하면서도 늘 아들 타령만 했는데, 이제는 목장 식구들을 위해 기도하게 되었답니다. 이렇게 삶의 목표를 나를 위한 삶에서 남을 위한 삶으로 바뀌게 하시려고 어쩔 수 없이 주님이 고난을 허락하십니다.

집사님은 마지막으로 이렇게 나누어 주셨습니다. "주님께서는 절대로 속지 않으십니다. 저를 위해 수고하시며 저를 주님의 양식대로 지어 가십니다. 그래서 감사하고 눈물이 납니다. 욕심 많고 교만한 저의 믿음으로는 도저히 자녀를 번제로 드릴 수 없었을 것입니다. 그동안 쳐져 있어서 죄송합니다. 목자로서 본을 못 보여서 죄송합니다."

집사님이 얼마나 속상하겠습니까? 부모는 잘난 학벌을 가졌는데 아들은 고등학교도 졸업하지 못하게 생겼습니다. 그러나 이렇게 아들이 수고해서 아빠, 엄마가 다 목자가 된 것이 하나님의 방법임을 믿으십니까? 더 많은 영혼을 살리려고 아들이 많이 수고한 것이죠.

내가 이삭을 번제로 드리지 않으면 하나님이 오셔서 직접 불태우십니다. 그전에 내가 드려야 합니다. 이삭은 내 것이 아닙니다. 하나님 것입니다. 내 자녀를 우상의 제물로 드리면 하나님이 불태우러 오십니다.

하나님이 정말로 오래 참고 계신 줄을 우리가 다 알아야 합니다.

어떤 집은 부모가 다 떨어진 팬티를 입고 옷도 못 사 입으면서 애들은 일류로 키우느라고 애를 썼는데, 그 자녀들이 다 이혼을 했답니다. 그런데 그 자녀들이 또 똑같이 떨어진 팬티 입어 가면서 자기 자녀들을 과외 공부 시킨답니다. 이혼해서도 자녀 교육밖에 모르는 겁니다. 가정은 다 무너져도 상관이 없는 것입니다.

자녀를 우상의 제물로 키우면 평생 지옥을 살다가 울 일밖에 없습니다. 반대로 내가 예수를 의지해 자식을 딱 내려놓으면 영적 상속자가 주렁주렁 열립니다. 속지 않으시며 모든 것을 보고 계신 하나님이 만 배로 축복해 주실 것을 믿습니다. 자녀를 객관적으로 보는 것이 큰 평강의 비결입니다.

— 아브라함이 일찍 일어나 이삭을 드리러 올라가듯이, 하나님의 명령 앞에서 열심히, 정직히 적용합니까? 아니면 하기 싫어서 차일피일 미루며 마지못해 행합니까?

— 내 사명을 깨닫게 해 주려고 수고하고 있는 내 식구는 누구입니까?

— 성막의 금 갈고리, 번제단, 놋 문고리, 못 등 어떠한 역할이라도 내 자녀가 잘 행하고 있는 것을 감사로 격려하나요? 일등에 좋은 품질을 갖춘 세상 성공의 제물이 되어야한다고 달달 볶고 있지는 않은가요?

— 자녀에 있어서 성적, 외모, 재능, 돈 등 아직까지 내가 내려놓지 못하고 있는 부분은 무엇입니까? 내가 내려놓지 않으면 하나님이 불태우실 것을 알고 하나님께 올려드리기로 결단하고 있습니까?

저는 천주교 가정에서 태어나 집에서는 부모님의 사랑을 받고 밖에서는 모범생으로 인정받으며 자랐습니다. 그러나 불신결혼 후 출산 과정에서 첫아기가 죽자 그때까지 해결하지 못하고 있었던 삶과 죽음의 문제에 정면으로 부딪쳤고, 고통 중에 예수님을 영접하고 신앙생활을 시작했습니다. 열심히 새벽기도, 철야기도를 드리고 교회 봉사를 하면 당연히 하나님이 복을 주셔서 남편의 사업이 잘되고 자녀들이 성공할 것이라 믿었습니다.

그러나 부족함 없는 환경에서 잘 클 것이라 기대했던 큰딸이 사춘기에 우울증 증상이 나타나기 시작했습니다. 당연히 학교생활도 힘들어지고 집에서도 편할 날이 없었습니다. 날마다 고통스러운 비명을 지르며 분노를 토해 내는 아이와 육탄전을 벌이느라 팔뚝에 멍이 시퍼렇게 들어 '팔뚝집사'라는 별명을 얻었고, 남편은 프라이팬에 맞아 머리에 혹이 나기도 했습니다. 금식기도, 안수기도 등 안 해본 것이 없었지만 딸은 낫지 않았습니다. 세상 성공의 제물로 자녀를 바쳤기에 지옥을 살 수밖에 없다는 것을 깨닫지 못하니, 이런 자녀를 주신 하나님을 원망했습니다.

이렇게 지옥 같은 날을 보내다 우리들교회로 인도되었고, 첫 예배에서 아픈 딸이 저의 구원과 거룩을 위해 수고하고 있음을, 그리고 제가 얼마나 교만하고 이기적이며 무심한 엄마였음을 눈물로 깨닫게 되었습니다. 어릴 때 아빠에게 맞아 아파하는 딸에게 위로는 해 주지 않고 '빨리 아빠에게 빌어서 평화롭게 끝내자'고 외치며 남편의 비위를 맞추기에 급급했던 제 모습이 떠올랐습니다. 아브라함은 하나님께 준비된 대답을 했는데(창 22:1) 저는 욕심에 이끌려 살았기에 그 순간만 모면하려고 딸에게 두려움과 불안을 심어 주었습니다.

어느 날, 제가 외출하고 돌아오니 딸이 볶음밥을 만들어 먹고 식탁에 조금 남겨 놓았습니다. 저는 아무 생각 없이 그 남은 밥을 쓰레기통에 버렸습니다. 나중에 밥을 찾는 딸에게 쓰레기통에 버렸다고 하자 딸은 자기가 만든 밥을 버렸다고 분노를 터뜨리며 저에게 그 밥을 주워 먹으라고 했습니다. 하나님은 아브라함에게 인생 최대의 시험을 주시려고 친근하게 부르셨고 아브라함은 '제가 여기 있나이다'라고 대답했는데, 저 역시 이 최대의 시험 앞에서 내 생각이 앞서 실수했음을 깨닫고 딸의 마음을 헤아리지 못한 것을 회개하며 그 밥을 주워 먹었습니다(창 22:1). 딸아이의 마음이 풀려서 건강해진다면, 엄마가 얼마나 사랑하는지 믿어만 준다면 하는 마음으로 성실하고 정직하게 스스로 저를 격려하면서 두려워하지 않을 수 있었습니다.

잘된 것으로는 예수님을 전하기 어렵다고 하셨는데, 저 역시 이렇게 아픈 딸을 날마다 끌어안고 가슴이 아파 죽을 것 같았기에 말씀에 순종하고자 더 깨어 있어야 했습니다. 자식을 객관적으로 내려놓으면 우리 집이 성전이 된다고 하시는데, 제가 이렇게 저를 부르시는 하나님의 심판 앞에서 내 자존심을 내려놓으니 아브라함의 믿음을 자랑하고 싶으셨던 하나님처럼 내가 딸을 얼마나 사랑하는지를 아는 목사님께서도 설교 속에서 저를 자랑해 주셨습니다.

그런데 아브라함에게 계속되는 훈련이 오는 것처럼, 딸의 사건이 조금 해석되는가 싶더니 이번에는 사업의 실패라는 또 다른 훈련의 사건이 찾아왔습니다. 3천 명이 죽어도 회개하지 않았던 아론이 자식이 둘 죽고 나니 변명이 없어지고 회개를 했다고 했는데, 사업 실패 사건 앞에 남편의 변명이 없어졌습니다. 이스마엘같이 책망의 말 한마디에도 공동체를 떠날 수 있는 남편이, 이제는 망하는 게 축복이라는 센 소리를 듣는데도 떠날 생각을 안 합니다.

낮에 뜨거운 햇볕을 받아 생성된 영양분이 추운 밤 기온으로 인해 고스란히 저장되어 최상품 농작물이 되어 가는 걸 보면서 우리가 겪었던 추운 밤들은 우리를 최상품 인생으로 만들기 위한 하나님의 작업이었다는 것을 깨닫습니다.

어떤 사건에서도 하나님만이 상급이고 위로인 것을 보여 주는 것이 하나님 나라와 영적 상속자를 얻을 수 있는 길이라고 하신 말씀을 마음에 새기며 나아갑니다. 죽은 자 같았던 아브라함에게 이삭을 주신 분도 하나님이시고 데려가시는 분도 하나님이니까요.

수많은 시험 후에 가장 큰 시험이 옵니다. 이 시험은 내 힘으로 어찌할 수 없고, 벗어나고 싶어도 벗어날 수 없는 자녀 시험입니다. 하나님은 내가 붙잡고 내려놓지 못하는 자녀를 제단에 올려 각을 뜨고 배를 가르라고 하십니다. 이 말씀을 먼 과거의 역사로 이해하지 않고 오늘 내게 주시는 하나님의 말씀으로 받아들여야 합니다.

### 수많은 시험 후에 '그 시험'이 왔습니다(1-2절)

아브라함에게 이제 좋은 날만 있을 줄 알았더니, 진짜 시험이 지금 오게 될 줄 누가 알았겠습니까? 제 인생에도 자식 때문에 고통당할 날이 올 줄 상상이나 했겠습니까? 그러나 속지 않으시는 하나님은 내가 내려놓지 못하는 것, 내 우상으로 우뚝 선 자녀를 제단에 올리라고 하십니다. 고통은 하나님의 나팔 소리라고 했으니, 자녀로 고통당하는 지금이 하나님께로 돌아갈 최선의 때임을 다시 한 번 기억하며 하나님께 돌아가게 하옵소서.

### 우리에게는 준비된 대답이 있어야 합니다(1절)

아직도 하나님이 부르시면 숨어 버리는 죄인의 모습이 내게 있습니다. 목사님과 목자가 말씀을 적용해 주시면 "내가 그걸 모릅니까? 그게 어디 쉽습니까?" 하며 순종하지 못했습니다. 하나님이 나를 부르셔도 "주님, 제가 여기 있습니다" 하는 대답을 준비하지 못한 채 지금까지 살았습니다. 그러나 이런 나의 태도가 죄인의 태도임을 알았습니다. 하나님이 부르시면 언제든 "내가 여기 있나이다. 나를 쓰소서"라고 답할 수 있도록 겸비하여 준비하기를 원합니다.

### 하나님은 독자를 내려놓으라고 하십니다(2절)

지금까지 자녀가 내 상급이라고 착각하며 살았습니다. 그러나 그 아들을 내놓으라고 하시는 하나님 앞에 제가 무너지고 말았습니다. 하나님도 독자 예수님을 제단에 올리신 적이 있음을 깨닫습니다. 내가 내 아들을 내어놓을 수 없다고, 당신이라면 그리하실 수 있느냐고 핑계 댈 수 없음을 알았습니다. 우리 인생의 목적은 하나님을 하나님 되시도록 하는 것임을 이제야 알았습니다. 자식을 번제로 드리는 그곳에 성전을 세워 주옵소서.

### 온몸을 각 떠서 불에 태우라고 하십니다(3절)

복음은커녕 일류 대학 보내겠다고, 자녀 덕 좀 보며 살아 보겠다고 자식을 달달 볶으면서 지옥을 살아왔습니다. 3천 명을 죽이고도 정신 못 차리고 결국 자식이 죽고 나서야 정신 차리는 아론이 제 모습이 되지 않기 원합니다. 내 자식이 어떠해서 기쁜 것이 아니라 그저 하나님께 내어 맡김으로 참 평안을 얻기 원합니다. 이렇게 자녀가 수고했으니 내가 그 수고를 헛되이 하지 않고 사명자로서 또 다른 자녀를 위해 기도하게 하옵소서.

## 영혼의 기도

하나님 아버지, 수많은 사건이 지나가고 수많은 시험을 통과해서 이제는 어떤 큰 시험에도 준비된 대답이 있을 줄 알았습니다. 그런데 아니었습니다. 아직도 세상에 '짠!' 하고 보여 줄 자식을 원하기에 연민으로 눈물이 앞을 가리고 우리에게 주어진 고난의 역할이 인정이 안 됩니다.

그러나 3천 명이 죽어도 정신을 못 차리던 아론이 자기 아들 둘이 죽으니 회개를 한 것처럼, 내 사명을 깨닫게 해 주려고 자식이 수고함을 알게 해 주옵소서. 내 자식 때문에 남의 자식 돌보는 사명을 찾기 원합니다. 자식이 수고하는 것을 헛되게 낭비하지 않도록, 말씀으로 해석할 수 있도록 역사하여 주옵소서.

이 땅의 수많은 수고하는 자식들 때문에 수고하는 부모들을 위해 기도하오니 해석이 잘되게 도와주시고, 위로하여 주시고, 주님이 만나 주셔서 자식이 문제가 아니고 내가 문제라는 것을 깨닫게 도와주옵소서. 자식을 우상의 제물이 아닌 하나님의 번제로 올려 드리게 하여 주옵소서. 자식을 객관적으로 보기 원합니다. 그것이 평강의 비결임을 믿사오니 우리가 모두 평강으로 임하는 사명을 찾게 도와주옵소서.

예수님 이름으로 기도합니다. 아멘.

아버지 하나님, 아브라함의 모습을 통해서

간절한 예배가 무엇인지 배우기 원합니다.

가르쳐 주옵소서. 듣겠나이다.

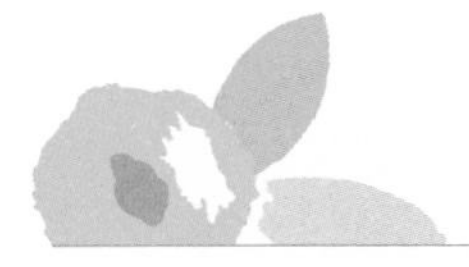

08

# 자식 번제가 가장 간절한 예배입니다

: 창 22:2-12

미신을 믿는 사람들은 신의 마음을 돌리기 위해 애를 씁니다. 그들이 드리는 제사는 그 신의 비위를 맞추고 어떻게든 내 뜻대로 무언가를 구하려는 데 목적이 있습니다. 그런데 믿는 우리도 마치 미신처럼 하나님을 믿습니다. 그렇게 하나님을 변화시키려고 열심을 냅니다. 하나님은 간절함의 예배를 원하시는데 우리는 하나님을 하나님 되시게 못 하고 있으니, 얼마나 마음이 아프시겠습니까?

한국교회가 이렇게 비판을 받는 것은 간절함의 예배가 실종되었기 때문이 아닌가 생각합니다. 우리가 어떻게 하면 영향력을 끼칠 수 있을까요? 어떻게 하면 하나님이 원하시는 간절한 예배를 드릴 수 있을까요?

## 자식을 번제로 드릴 때 간절함의 예배가 됩니다

이에 아브라함이 종들에게 이르되 너희는 나귀와 함께 여기서 기다리라 내가 아이와 함께 저기 가서 예배하고 우리가 너희에게로 돌아오리라 하고 _ 창 22:5

아브라함은 이삭을 번제로 드리러 가면서 종들에게 '예배하러 간다'고 합니다. 이삭을 하나님께 드리러 가는 것이 바로 예배라는 말입니다. 그런데 아브라함은 아들 이삭을 번제로 드리러 가면서 '내가' 돌아올 것이라고 하지 않고 '우리가' 돌아올 것이라고 말합니다. 하나님이 예배 때 정말로 이삭의 각을 떠서 죽여 불에 태우게 하실지 어쩌실지는 알 수 없지만, 예배를 잘 드리고 어떤 식으로든 이삭과 같이 돌아오겠다는 기대감이 담겨져 있습니다. 아브라함이 이런 간절한 믿음을 가지고 있었습니다.

생각해 보세요. 지금 아들을 번제로 드리러 가는 아브라함의 마음에 어찌 간절함이 없겠습니까? 우리 예배도 그렇습니다. 각자 처한 상황이 다르겠지만, 자식에게 대해서만큼은 모두가 한마음 아니겠습니까? 그렇게 항상 안타깝습니다. 잘되게 해 달라고 하면서 안타깝고, 안 되어서 안타깝고, 내려놔야 하는데 그게 또 안 되니까 안타깝고, 각자의 수준에서 각각의 안타까움이 따릅니다.

우리는 자식더러 웬수라고 합니다. 그러나 자식은 웬수가 아닙니다. 자식이 인생의 목적은 더더욱 아닙니다. 그럼 자식은 무엇입니까? 내 예배를 위해서 수고하는 영혼일 뿐입니다. 내 예배가 인생의 목적이 되기 위해서는, 내가 인생의 목적같이 여기던 자식을 내려놓아야 합니다. 그래야 예배가 회복되는 것입니다. 자식의 각을 떠서 태워 번제로 드려야 하는데 어찌 간절하지 않을 수 있습니까? 이런 아이러니가 어디 있겠습니까? 자식은 영원히 우리에게 안타까움의 대상입니다. 그러나 그 자식을 번제로 드릴 때 가장 간절한 예배가 드려집니다. 이것이 감사한 일임을 알아야 합니다. 내가 드리는 예배가 얼마나 데면데면하면 자식이 이렇게까지 수고를 합니까? 내 예배가 얼마나 무미건조했으면 자식에게 이렇게 수고를 하게 하십니까? 이것을 객관적으로 깨달아야 합니다.

어떤 교수 집사님의 아들이 방과 후 수업을 신청했는데, 영어나 수학 반을 들었으면 좋겠는데 드럼 반을 신청했답니다. 이 집사님은 그게 싫었습니다. 자기는 교육에 대한 나름의 기준이 있고 식양이 있는데, 아들이 그 기준에 못 미치는 것 같으니 속에서 불이 난다는 것입니다. 그래서 아들을 잡고 공부를 시키다가 30분만 지나면 화가 난답니다. 또 아이가 큐티해 놓은 것을 보면서도, 내용보다 문장 구조와 단어 사용을 보면서 왜 이런 단어를 썼는지, 맞춤법은 왜 틀렸는지, 자꾸 묻고 가르치려 하니까 애도 엄마도 시험에 든다고 합니다.

오늘도 자식 때문에 애간장이 타고, 그 아픔 때문에 예배의 자리로 나가는 분들, 그것이 얼마나 집안의 간절한 예배를 위해 하나님이 수고하신 일인지를 깨닫기 바랍니다.

— 내 자녀의 어떤 모습 때문에 속이 탑니까?

## 간절한 예배는 준비에서부터 정성이 다릅니다

3 아브라함이 아침에 일찍이 일어나 나귀에 안장을 지우고 두 종과 그
의 아들 이삭을 데리고 번제에 쓸 나무를 쪼개어 가지고 떠나 하나님이
자기에게 일러 주신 곳으로 가더니 4 제삼일에 아브라함이 눈을 들어
그 곳을 멀리 바라본지라 _ 창 22:3-4

아브라함은 예배를 위해서 3일 길을 갔습니다. 이것은 사모함이 없으면 안 되는 일입니다. 우리들교회는 자녀 고난도 많고 사는 것이 힘들어서 멀리서 오시는 분들도 계십니다. 그 먼 길을 와야 하니 아침부터 얼마나 긴장을 하고, 차 시간 맞추느라 신경을 쓰겠습니까? 그런데 교회에서 가까운 데 사시는 분들은 꼭 지각을 합니다.

저는 그 먼 길을 헤치고 예배의 자리를 사모해서 오는 분들의 노력을 하나님이 갚아 주실 것이라고 믿습니다. 집 근처에도 마음껏 예배드릴 수 있는 마음의 교회가 곳곳에 세워지기를 기도합니다.

또 한편으로는 집집마다 예배 한 번 드리기 위해서 얼마나 수고를 하고 열불이 나게 하는 식구들이 있는지 모릅니다. 집집마다 꼭 한두 명씩 있습니다. 그런 식구가 아침부터 예배를 위해서 준비하는 태도를 보면, 우리가 정말 열불이 나다 못해 인생이 슬퍼지는 것입니다. 그분들이

간절한 예배를 드릴 수밖에 없는 것을 축복합니다.

그렇다면 아브라함은 어떻게 예배의 자리에 나갔을까요? 그는 번제에 쓸 나무를 쪼개어서 가지고 갔다고 합니다. 하나님께 태워 드릴 나무이기 때문에 고령의 아브라함이 직접 준비를 했습니다. 준비할 때부터 정성이 들어간 것입니다. 이것은 나의 시간과 재물과 애정을 쪼개어서 드리려는 마음입니다.

우리는 하나님 앞에 나올 때 하나님 앞에 바칠 것, 예배에 필요한 것들을 미리미리 정성껏 준비해야 합니다. 헌금 하겠다고 하면서 미리 준비하지도 않고 꼬깃꼬깃 내밀지 말라는 것입니다. 그러는 것이 무슨 은혜가 되겠습니까? 그런데 "하나님 앞에 헌금하지 않으면 축복 못 받습니다", "십일조 안 하면 축복 못 받습니다" 한다고 해서 억지로 내는 것도 아닙니다. 기복 신앙에 물든 사람들은 "우리집 축복받는다"고 하니까 십일조를 낼지도 모르겠습니다. 그러나 그렇게 열심히, 성품으로 가다 보면 언젠가 다 들통나게 되어 있습니다.

자식 때문에 늘 각을 뜨고, 자식을 번제로 드린 사람들은 이런 준비가 하나도 힘이 들지 않고 저절로 정성스럽게 됩니다. 그러니까 참 하나님의 방법은 기기묘묘합니다. 자식 때문에 힘든 사람의 자발적이고 간절한 예배를 통해서 2천 년, 4천 년 예배의 역사가 이어져 내려온 줄을 믿습니다.

구약에서 예배를 통해 복을 받은 사람의 대표가 아브라함과 다윗인데, 이 모리아산이 예루살렘 성전 터가 되었습니다. 다윗도 이 성전에서 예배를 드렸고 여기에 예수님이 오셨습니다. 다윗이 "시온의 대로가 있는 자는 복이 있나이다"(시 84:5)라고 했는데, 시온의 대로란 예배드리러 가는 길이지 않습니까? 예배드리러 가는 길이 있는 자는 복이 있는 자라는 것입니다.

내가 사모하는 교회가 있으면, 나는 복이 있는 자입니다. 예배의 기쁨이 없는 것처럼 슬픈 일은 없습니다. 제가 살면서 간절한 일도 많이 있었지만, 이렇게 간절히 사모하는 교회가 있고, 간절함으로 예배드릴 수 있는 교회가 있는 것처럼 더 기쁜 일은 없다고 생각됩니다.

설교하는 자나 듣는 자나 마찬가지입니다. 아마도 제 설교에 가장 은혜를 많이 받는 사람은 저일 것입니다. 남들은 '자기가 설교하고 왜 자기가 은혜 받아?' 하시겠지만, 성령 하나님께서 제 입에 말씀을 주셔서 하는 것이기에 제가 감동이 되지 않으면 도저히 설교를 할 수가 없는 것입니다. 그리고 예배 때마다 제가 은혜를 받으니까, 그것이 전달되기를 간절히 바랍니다.

아브라함이 나무를 쪼갠 것은 장차 예수님이 자기를 십자가에 쪼개서 스스로 제물이 되어 하나님께 드려질 텐데, 그 귀한 몸을 십자가에 매다실 것을 의미합니다. 그렇듯 우리도 아무 뜻 없이, 그저 시간 남아서 교회를 와서는 안 됩니다. 내 아까운 시간을 쪼개고 재물을 쪼개고 사랑을 쪼개고 애정을 쪼개고 마음과 몸, 뜻을 쪼개어서 하나님께 정성스럽게 예배를 준비해야 할 줄을 믿습니다. 이것이 하나님께 드릴 간절한 예배입니다.

— 나는 예배를 위해 간절함으로 구체적인 준비들을 하고 있나요?

— 간절한 예배를 위해 내가 쪼개어 드려야 할 마음과 시간과 물질은 무엇입니까?
— 나에게는 간절히 사모하는 교회, 간절히 기다리는 예배와 설교가 있습니까?

## 간절한 예배에는 신중함이 있어야 합니다

제삼일에 아브라함이 눈을 들어 그 곳을 멀리 바라본지라 _ 창 22:4

20시간이면 갈 곳을 3일 길을 가면서, 정말 이삭을 번제물로 바쳐야 하나 말아야 하나 아브라함이 얼마나 생각이 많았겠습니까? 우리도 자식 하나 키우면서 얼마나 고민을 많이 합니까? 지금 아들이 집을 나갔다고 생각해 보세요. 그때 우리가 할 수 있는 것이 무엇입니까?

우리는 자녀가 학교를 안 나간다고 하면 계속 내버려 두어야 하는지, 잡아다 억지로라도 보내야 하는지, 유학을 보내야 하는지, 대안학교라도 보내야 하는지 수많은 선택과 갈등에 휩싸입니다. 그런 답이 척척 나오면 얼마나 좋겠습니까? 예수 믿는다고 매번 '짠!' 하고 전부 깨달아지는 게 아닌 것입니다. 이런 끊임없는 갈등 속에서 나도 잘 모르겠는 것이 너무 많습니다.

우리는 이럴 때일수록 가장 먼저 예배부터 드려야 합니다. 아침 일찍 즉시 순종함으로 나가야 합니다. 무조건 말씀을 듣고 기도와 묵상을 해야 합니다. 자식을 번제로 드리는 것이 무엇인지를 생각해야 합니다.

예배를 안 드리면 내 멋대로 내 길을 갈 수가 있습니다. 예배를 안 드리면 오늘은 유학 보내야겠다 하다가, 내일은 대안학교 보냈다가, 모레는 그냥 놔뒀가다, 내 맘대로 드라마를 씁니다. 돈이 있어도 내가 내 맘대로 하면서 합리화를 시킵니다. 그러므로 자식이 집을 나가고 속을 썩일수록 가정예배, 공예배, 공동체 예배를 빠지지 말고 간절히 드려야 하는 것입니다. 그러다가 내가 예수를 만나면 그것만으로도 감사할 수 있습니다.

나에게 간절한 예배가 생활화되면 자식이 무엇이 되었든 크게 옳고 그른 건 없어집니다. 하나님이 다 책임지실 것이기 때문입니다. 내가 날마다 '묻자와 가로되' 하면서 갔기에, 하나님이 책임지시는 것이 있습니다. 주일예배와 큐티를 빼먹지 않고, 예배가 즐겁고 기쁘고 은혜를 받으면 자식이 어디를 가도 괜찮습니다. 날마다 큐티하며 말씀에게 묻고, 말씀을 적용하면 혹시 조금 잘못했더라도 하나님이 나중에라도 가르쳐 주시니까 당최 염려할 것이 없습니다.

그러나 내가 예배를 드려도 미신처럼 드렸다면, 내 자식이 이 땅에서 잘되는 것만이 목표기 때문에 이 땅의 성공과 실패에 따라서 '하나님이 옳다 그르다' 원망하고 불평할 것입니다.

아브라함이 3일 길을 와서 멀리 모리아산을 바라보았습니다. 내가 하나님 뜻대로 아이를 키우겠다고 아침 일찍 떠났어도 '죽여야 되나 살려야 되나' 날마다 갈등을 하고 가는 것이 당연합니다. 예수 믿는다고 '믿는 자에게 능치 못한 일이 없다' 이러면서 가는 게 아닙니다. 내가 자녀를 번제로 드리기로 결정을 했으면 "하나님만이 나의 소원이다, 주님만이 나의 위로다" 하면서 걸어가야 합니다. 아무리 먼 곳이라도 목적지를 바라보면서 계속 자식을 끌고 가야 합니다. 그게 큐티 적용입니다.

팔복의 가치관으로 끝없이 생각하고 그곳을 바라봐야 합니다. '과연 내 아들이 공부를 안 하는데 이 공부 못하는 것을 끝까지 견딜 수가 있을까?', '애통하고 핍박받을 수 있을까?', '공부를 못해도 아이를 인정할 수 있을까?', '평생 아픈 내 아이를 인정하고 갈 수 있을까?', '평생 내 아들이 돈을 안 벌어도 인정하고 갈 수 있을까?', '그 아픈 아이가 절대로 낫지 않더라도 아이를 집에 두고 날마다 교회에 올 수 있을까?', '철없는 아이가 임신을 해서 내가 키우겠다고 했는데 끝까지 키울 수 있을까?'

불신 남자친구와 혼전 임신을 한 딸의 부모님이 회개하고, 아이를 낳아 키우기로 결단한 후 남자친구까지 전도를 했다는 간증을 소개한 적이 있습니다. 그런데 얼마 안 지나서 이 딸이 청년부 목장에서 너무 낙태를 하고 싶다고 이야기했답니다. 어머니가 이 얘기를 들었습니다. 그러면 서둘러 같이 기도하고 설득하고 같이 모리아산으로 가야 하는데, 이 어머니가 이걸 하지 못했습니다. 청년부 목장에서 아이가 나눈 이야기를 엄마가 들었지만 혹시나 "너 왜 그런 이야기를 하느냐" 하고 물으면 나눌 것도 안 나눌 것 같아서 가만히 있었답니다. 그랬더니 그만 딸아이가 혼자 병원에 가서 낙태를 하고 말았다는 것입니다.

이것은 신중한 것이 아닙니다. 상황에 따라 적용을 해야 하는데 지금 급한 일과 중요한 일을 바꿔서 한 것입니다. 이 땅에 생명보다 더 중요한 것이 어디 있습니까? 무엇보다도 생명을 먼저 지켰어야지요. 경건

따지고 율법 따지다 보면 이런 일이 생기는 것입니다.

대학교 1학년생이 아기를 낳아야 하니 당연히 싫었겠죠. 지금 임신을 했는데 남자친구는 군대 다녀와야지, 친구랑 여행도 가고 싶고 하고 싶은 일이 얼마나 많았겠습니까? 그런데 콕 처박혀 아기를 낳으라니 까마득하지 않았겠습니까? 부모로서도 그냥 자식의 선부른 대처에 묻어가고 싶었을 수도 있습니다. 이해할 수 있습니다. 그러나 하나님 때문에 적용한 최초의 십자가는 하나님이 축복해 주신다는 것을 믿어야 합니다. 이 아이가 그 아기를 낳았다면, 그 일 때문에 인생이 하나님 앞에 꿰여서 가게 될 수 있었습니다. 그 아기를 보면서 죄를 지을 수가 있었겠습니까? 그러니 온 집안 식구가 이것 때문에 기도하게 되고 거룩의 길을 갈 수 있었다는 말입니다. 그런데 이것을 놓쳤습니다. 이런 선택은 신중하다고 할 수가 없습니다.

그러나 우리는 이 실수한 이야기를 또 목장에서 나누었습니다. 적용하기로 한 것을 다 지켰으면 좋겠지만 그러지 못할 수도 있다는 것을 알아야 합니다. 그렇다고 해서 "적용하겠다고 말해 봤자 나중에 실패하니까, 아예 적용도 안하겠다" 하면 그건 신앙인도 뭐도 아닌 것입니다. 우리가 잘나고 완벽해서 하나님이 우리를 데리고 가시는 것이 아니기 때문입니다. 하나님 앞에서 여전히 실수하고 실패해도 "하나님, 저 실패했습니다" 하면서 목 놓아서 회개하고, 또 하나님의 사하심으로 가는 것입니다. 이 가족이 하나님 앞에서 목 놓아서 회개함으로 회복되는 가정이 되기를 축원합니다.

— 자녀와의 갈등이 있을 때, 나는 가장 먼저 무엇이 생각납니까? 돈으로, 인맥으로 할 수 있는 해결책을 먼저 생각합니까, 말씀 묵상과 예배 중수를 먼저 생각합니까?

— 내가 지금 구원이라는 목적지를 바라보며 신중하게 고민하고 나 자신을 돌아봐야 할 것은 무엇일까요?

— 자녀의 문제 속에서 이 자녀를 하나님께 드리기로 결정했다면, 지금 급한 일은 무엇이고 중요한 일은 무엇인가요? 생명과 구원을 최고의 우선순위로 놓고 결정하고 있습니까?

### 간절한 예배를 위해 방해세력을 분별할 수 있어야 합니다

이에 아브라함이 종들에게 이르되 너희는 나귀와 함께 여기서 기다리라 내가 아이와 함께 저기 가서 예배하고 우리가 너희에게로 돌아오리라 하고 _ **창 22:5**

아브라함이 종들에게 기다리라고 했습니다. 왜 그랬을까요? 만약 함께 갔다가 아브라함이 이삭을 죽이려고 하면 건장한 종이 "주인님, 왜 이러십니까" 하면서 달려들지 않겠습니까? 그러면 노령의 아브라함이 그 종을 막을 수 있겠습니까? 절대로 못 막습니다.

이처럼 간절한 예배를 드리러 가는 길에 방해세력은 끊어 내야 합니다. 믿는 사람에게는 결정적인 순간에 반드시 방해세력이 있게 마련입니다. 종들 역시 평소에는 아브라함을 너무 잘 도와주는 것 같아도 결정적인 순간 방해세력이 될 수 있습니다.

복음을 전할 때 내 아버지와 어머니를 모시고 갔는데, 결정적인 순간에 부모님이 "야, 그만둬라" 하면 부모님 말 듣느라고 복음을 전하지 못할 수도 있습니다. 옆에서 추임새를 잘 넣어 줄 사람과 함께 복음을 전해야 합니다. 방해세력은 내 아버지 어머니라도 분별해야 합니다. 그래서 아브라함은 믿음이 있는 사라에게도 안 물어봤습니다. 대단한 엄마의 정이 방해가 될 수 있었기에 사라에게도 묻지 않았으며, 나귀도 안 데려갔습니다.

> 아브라함이 이에 번제 나무를 가져다가 그의 아들 이삭에게 지우고 자기는 불과 칼을 손에 들고 두 사람이 동행하더니 _ 창 22:6

믿음 없이 이 장면을 보면 얼마나 잔인해 보이는지 모릅니다. 아브라함같이 잔인한 아버지가 없습니다. 지금 이삭은 골고다산을 올라가는 예수님과 똑같습니다. 자기를 태울 나무를 지고 산을 오릅니다. 죄도 없이 십자가를 지고 가는 예표로 쓰임을 받은 것입니다.

> 이삭이 그 아버지 아브라함에게 말하여 이르되 내 아버지여 하니 그가 이르되 내 아들아 내가 여기 있노라 이삭이 이르되 불과 나무는 있거니와 번제할 어린 양은 어디 있나이까 _ 창 22:7

그런데 아들 이삭이 아브라함을 따라가다가 보니까 뭔가 이상했던 모양입니다. "번제할 어린 양은 어디 있어요?"라고 묻습니다. 아들은 자기가 그 번제할 어린 양임을 모릅니다. 아브라함처럼 험난한 인생을 살아온 것도 아닌데 어떻게 이 사실을 알겠습니까? 자기가 죽어야 할 인생임을 모른단 말입니다. 아들의 이 물음에 아브라함의 심정이 어땠겠습니까? 창자가 끊어질 만큼 괴롭지 않았겠습니까?

그러나 예배는 동정심도 아니고 정도 아닙니다. 오직 구원으로 가야 하는 길입니다. 그래서 분별의 흉패를 붙이고 매사에 분별해야 하는 것입니다. 아브라함처럼 내 죄를 보게 되면 이것이 가능합니다. 아마 아브라함이 이 경지까지 왔기 때문에 종도 끊어 내고 이삭의 말도 담대하게 끊어 낼 수 있었다고 봅니다.

그런데 이삭도 도망가지 않습니다. 자기를 죽이러 가는데도 지금 가만히 있습니다. 아직 그 단계까지는 몰라도 아버지를 신뢰하니까 가는 것입니다. 이렇게 죽이려는 아버지 아브라함과 죽임당할 아들 이삭이 하나가 되어서 한 목표를 향해 경배를 하러 나아갑니다. 아버지에게서 신앙교육을 받았으니까 '번제할 어린 양'이라는 단어도 썼겠지요. 신앙교육을 받았기에 각을 뜨고 드려져야 할 어린 양이 곧 자신임을 인정했다고 볼 수도 있습니다.

순종으로 나갈 수 있는 자녀는 무슨 일이 와도 밖으로 튕겨져 나가지 않습니다. 그래서 우리는 자식이 하나님께 드려지는 번제만 된다면, 자식이 예수 믿는 길이라면, 아파도 무서워도 힘들어도 떨어져도 순종해야 합니다.

아브라함이 이르되 내 아들아 번제할 어린 양은 하나님이 자기를 위하여 친히 준비하시리라 하고 두 사람이 함께 나아가서 _ 창 22:8

자식이 고난당하는 것이 축복인 것을 알지만, 실제로 망하고 병들고 고난당하는 것은 생각도 하기 싫은 것이 당연합니다. 딱 싫습니다. 그러나 이삭이 잘나서 영적 상속자가 아닌 것입니다. 이 길을 거쳤기 때문에 상속자가 된 것입니다. 자식이 잘되면 좋아하지 않을 부모가 어디 있겠습니까? 자식이 돈이라도 잘 벌어다 주면 입이 귀에 걸리지 않겠습니까? 그러나 자식이 나를 위해서 가장 기쁘게 해 줄 일은 오직 예수 잘 믿는 것입니다.

아무리 잘났어도 이스마엘은 결국 내 곁을 떠나게 되어 있습니다. 가장 기쁜 효자는 그저 예수 잘 믿는 것입니다. 이것이 간절한 예배의 결론입니다.

보십시오. 아브라함은 "어린 양은 하나님이 자기를 위하여 친히 준비하시리라" 합니다. 우리가 자식을 하나님 앞에 번제로 드리기로 작정만 하면 하나님이 번제물은 친히 준비하신다는 것입니다. 하나님이 친히 제물이 되셔서 번제를 준비해 주신다는 뜻입니다. 주님은 십자가에서 죽기까지 우리를 사랑하셨기 때문에, 절대로 우리를 방치하지 않으십니다. 우리를 모태로부터 아시고 택하셨기에, 우리를 절대로 그냥 죽게 내버려 두지 않으십니다.

그러나 바울에게도 가시를 주셨듯이, 우리의 겸손을 위해서 자식이라는 가시와 여러 힘든 가시를 허락하십니다. 이것을 감사로 받아들이는 것이 간절한 예배의 결론입니다. 그러니까 어떤 경우에도 낙심하지 말고, 거꾸러뜨림을 당하여도 망하지 않아야 합니다(고후 4:9). 낙심하고 죽고 싶은 이 마음들은 방해세력입니다. 간절한 예배로 이 방해세력을 다 물리쳐야 영적 대물림을 잘할 수 있습니다.

종이 외부의 방해세력이라고 할 것 같으면, 내부의 방해세력은 무엇일까요? "아빠, 나 좀 어디 보내 줘", "엄마, 나 뭐 좀 해줘" 하는 말에 흔들리는 마음입니다. 아이가 말해도, 그것이 아이에게 유익하지 않으면 끊어 내야 합니다. 항상 구원에 초점을 두고 나가야 하는 것입니다. 인본주의, 착한 성품, 이런 것들이 정말 일등 방해세력입니다. 간절한 예배에 방해가 됩니다.

폴 콜린(Paul Coughlin)의《착하게 살라고 성경은 말하지 않았다》에는 교회에서, 특별히 남자들이 창피를 당할까봐 질서를 잘 지킨다고 합니다. 그러나 겸손이라는 허울을 뒤집어쓰고 자신을 낮추지만, 하나도 진정성이 없다고 합니다. 두려움을 근간으로 하는 신앙생활은 긴장을 유발하고, 결혼과 직장생활과 자녀양육, 영혼까지 다 망쳐 버립니다. 착하기만 한 남자들에게 갈등은 치명적입니다. 결국 두려움이 가득한 수동적인 태도는 악과 관련되어 있다는 것입니다. 착하기만 한 사람들은 담대하지 않습니다. 상냥하기만 한 태도를 취하면서 절대로 자기의 치부를 드러내는 법이 없습니다. 오픈하는 법도 없습니다. 해결할 힘은 없으면서 착함을 내세워서 늘 무능함을 숨긴다는 것입니다. 그래서 결국 착하게 신앙생활 하는 것 같아도 이런 사람에게 간절함이 없는 것입니다. 애통함이 없는 것입니다.

이들은 착해 보이지만 잘못된 이상을 따라가고 있습니다. 결국 모든 사람들에게 피해를 주는 인생을 살 수밖에 없습니다. 간절한 예배를 드리지 않고, 믿음으로 신앙생활하지 않고, 뭐든지 착한 성품으로 "네" 하고 갔기 때문에 세월이 지나서 보면 자녀를 통해 수많은 문제가 야기됩니다.

나의 착함이 방해세력인 것이 깨달아집니까? 예수 믿는 데는 도리어 착한 게 나쁠 때가 있습니다. 자기도 속고 남도 속는 것입니다. 자녀라는 문제를 놓고 시험 쳐 보지 않으면 자기도 모릅니다.

앞 장에서 시험만 봤다 하면 책을 달달 외워 한 글자라도 더 쓰려고 혈안이었다는 집사님 이야기를 했습니다. 이 분이 자녀 시험에서는 두 손 두 발 다 들고 교회에 나왔다고 했습니다. 그 사연을 소개합니다.

서울 강남에서 부족할 것 없이 자란 아들이 갑자기 학교를 안 가겠다고 하더랍니다. 그 아이가 공부를 못 하는가 하면, 그렇지 않았어요. 공부를 잘하고 머리가 좋은 아이였습니다. 그러니 아이의 그런 모습을 보면서 각이 저절로 떠지고 창자가 갈라지더랍니다.

그러다가 온갖 공을 다 들여서 결국 세례를 받기로 했습니다. 그런데 전날 새벽 3시가 넘도록 잠을 안 자더니 결국 주일에 늦잠을 잤습니다. 그렇다고 볶아대면 안 되지 않습니까? 이 집사님이 겨우 아이를 데리고 가서 중고등부 예배실에 넣었습니다. 혹시라도 도망갈까 봐 문간에 서서 지켰습니다. 그런데 그렇게 불꽃같은 눈으로 예배 내내 지켰는데도 아이가 없어졌습니다.

아내는 "누가 데려다만 놓으랬냐, 아이 옆에 함께 앉아서 예배드리랬지!" 했지만 이미 때는 늦었습니다. 핸드폰도 안 받고 도무지 연락이 안 되어서 "큰일났다, 큰일났다" 하면서 교회 곳곳을 샅샅이 뒤지며 찾았습니다. 다행히 아들로부터 교회 앞 벤치에 앉아 있다는 문자가 왔습니다. 가 보니까 아이가 너무 덥다고 헉헉거리면서 앉아 있는 것입니다. 아이에게 무슨 참을성이 그리 있겠습니까?

그래도 세례식이 2시니, 그때까지 아이 비위를 맞춰야 하지 않겠습니까? 아이 기분을 봐 가면서 이런저런 이야기를 나누다가 아침도 안 먹고 온 애를 구슬려 짜장면을 먹으러 갔습니다. 세례 받을 사람은 11시 반까지 오라고 해서 데리고 갔더니만 아무도 안 와 있더랍니다. 그랬더니 아이가 또 "교회 다니는 인간들이 시간도 안 지키고 이래도 되는 거냐?" 하면서 악을 썼답니다. 천하에 상전이 따로 없습니다. 세례 한번 받게 하는데 오장육부를 다 내려놓습니다.

그렇게 투덜대는 아이를 달래 가면서 또 기다렸더니 전도사님이 "부모님은 나가셔도 됩니다, 안심하세요" 하기에 안심하고 2부 예배에 들어왔는데, 2부 예배 끝나고 나니까 또 없어졌습니다. 전도사님 말만 믿고 맡겼는데, 세상에 믿을 사람이 아무도 없더랍니다.

그래서 부인에게 온갖 바가지를 다 긁히고 '오늘 세례는 끝났구나' 하면서 무거운 마음으로 집으로 갔는데, 없어졌던 아들이 교회라면서 전화가 왔습니다. 아들 왈 "교회가 더워서 샤워하고 다시 교회로 왔다" 고 하더랍니다. 그래도 이날만큼은 절대로 화를 내면 안 되는 상황이기에 "알았다" 하고 다시 교회로 왔습니다. 그리고 마침내 2시! 이 아이가 세례를 받았습니다. 할렐루야!

이제까지 아이가 학교도 안 가고, 교회에 가려면 모셔 가고 모셔 오는 상황을 부끄러움 없이 오픈했기에, 그간 함께 중보해 주셨던 분들이 모두 다 축하해 주러 오셨답니다. 덕분에 꽃다발을 한아름 받았습니다. 그랬더니 아이가 기분이 좋아서 집에 가지도 않고 교회에 하루 종일 있더랍니다. 세례 받았으니 부모가 지킬 일도 없어져서 안 지켰는데도, 저녁 먹는 자리까지 함께 가더랍니다.

이 아버지가 회사에서 누구 때문에 각을 뜨겠습니까? 사원이 잘못하면 이렇게 비위를 맞추겠습니까? 형제, 자매가 이러면 비위를 맞추겠어요? 처갓집 식구가 그러면 비위를 맞추겠습니까? 내 아들이기 때문에, 할 수 있는 것입니다. 내 자식 문제 앞에서는 체면이 없습니다. 이 부부에게 하나님보다 앞서는 열심이 있으니까 하나님은 거기에 안 속으시고 이런 아들을 주셨습니다. 이분들의 열심이 하늘의 해도 달도 따 올 지경이기에 자식의 시험을 겪게 하셨습니다.

어쩌다가 내 자식으로 태어나서 우리 집의 예배를 위해 이렇게 수고하고 있으니, 그 자식에게 얼마나 고마워해야 하는지 아시겠습니까? 그렇게 아침저녁으로 내가 예배드리도록 수고를 하니 눈물나게 감사한 일 아닙니까? 이것이 자식을 객관적으로 보는 가장 좋은 시각입니다. 우리에게는 자식 번제가 가장 간절한 예배임이 틀림없습니다.

누구나 자식 문제 앞에서는 각을 뜨고, 손발이 잘리는 아픔을 가지고 교회에 오겠지만, 어떤 분들은 그 앞에서 내가 자식 고난을 받고 있다고 입도 뻥긋 못할 더 힘겨운 고난을 가진 사람도 있습니다.

우리들교회 중등부 학생 집에 목사님이 심방을 갔는데, 집에 들어서니 평생을 전신마비에 지능장애로 20년을 누워서 사는 오빠가 있고, 그 아들 보느라 아무 데도 못 나가고 우울증 걸린 엄마가 있고, 너무 낙심해서 술만 먹고 만날 아이를 때리는 아빠가 있더랍니다. 사지가 바짝 마른 스무 살 오빠는 누워서 한 발자국도 못 움직이고 좁디좁은 임대아파트에서 사는데, 놀라운 것은 심방의 대상인 중학생 그 아이가 숨도 안 쉬어질 그런 환경 가운데서도 너무나 천사 같은 얼굴로 "저는 우리들교회에서 숨쉬며 산다"고 했다는 것입니다.

이 아이에게 하나님 외에 다른 위로가 있겠습니까? 그러니 나눔도 잘하고, 믿음도 너무 좋고, 말하는 것이 진짜 천사 같다고 합니다. 예배를 드릴 때도 목사님이 다 자기에게 주시는 말씀 같다며 늘 눈물을 흘리면서 예배에 은혜를 받는답니다. 이 아이에게 유일한 안식처가 교회인 것입니다. 학교에서도 이야기하지 못하고, 친구들에게도 말할 수 없는 고난을 목장에서 나누고 말씀으로 해석을 받는다는 것입니다. 이런 고난이 있는 아이들에게는 어떤 성경 구절도 하나 안 어렵고 다 그저 내 이야기로 들리는 것입니다.

하나님은 이러한 간절함을 원하십니다. 이 땅에서 위로가 될 자가 하나님밖에 없으면 그제야 말씀이 들어오고 교회가 기쁘고 즐겁고 가슴이 설렙니다. 엄마도 아빠도 안 되면 아이라도 이렇게 그 마음을 가지게 되지 않습니까? 진리가 다른 데 있는 것이 아닙니다.

— 자녀가 나를 위해서 해 줄 가장 기쁜 일은 오직 예수 잘 믿는 것임을 인정합니까?

— 나를 하나님의 영적 상속자가 되게 하기 위해서 오는 자녀의 사건이 있습니다. 그 속에서 나를 낙심하고 죽고 싶게 만드는 방해세력들은 무엇입니까? 내가 끊어 내야 할 외적인 도움, 주변의 의견, 인본주의, 동정심과 인간적인 연민은 무엇이 있을까요?

## 우리들 묵상과 적용

저는 불신가정에서 태어났습니다. 학벌의 열등감이 있었던 저는 똑똑한 남편이 나의 미래를 보장해 줄 것 같아 결혼을 했습니다. 또 남편이 권유하는 대로 성당에서 영세를 받고 신앙생활을 했습니다.

남편은 회사생활을 하다가 먼저 미국으로 유학을 가게 되었는데, 저와 아이들이 뒤따라 미국에 간 지 얼마 되지 않아 어느 날 갑자기 사라졌습니다. 남미 여자와 바람이 나서 남미로 가 버린 것입니다. 미국에 간 지 두 달밖에 되지 않아 영어도 안 되고, 그렇다고 한국에 계신 부모님께 연락도 할 수 없어 진퇴양난이었습니다.

다행히 몇 주 안 되어 남편이 돌아와 잘못했다고, 용서해 달라고 해서 받아 주었습니다. 그런데 시댁에서 보내 주던 돈이 끊기고 학업을 중단하게 되자 남편이 술을 먹는 횟수는 점점 늘어났고, 술주정하는 남편을 입원시키기 위해 경찰을 불러야 하는 상황에 이르렀습니다. 법원에서 정신과 진료를 받으라는 명령을 들은 남편은 서울로 가 버렸습니다.

그 후 남편에게선 아무 소식도 오지 않았고 여자가 있다, 이혼한다는 소문만 들렸습니다. 그러다 서울로 간 지 1년 만에 시댁 아파트 옥상에서 투신자살을 했다는 청천벽력 같은 소식을 듣게 되었습니다. 힘들게 할 때는 정말 죽었으면 좋겠다는 마음을 품기도 했지만 막상 그런 소식을 들으니 기가 막혔습니다. 저와 아이들을 힘들게 했지만 그 인생이 너무나 불쌍했습니다. 더군다나 신앙을 가졌는데 그런 선택을 했다는 게 가슴이 아팠습니다.

남편이 죽은 지 1년이 좀 지나서 우리도 한국으로 돌아왔습니다. 고등학교 3학년, 2학년 아이들은 한국에 돌아가고 싶어하지 않았지만 제가 더 이상 미국에서 버틸 수가 없었습니다. 5살, 6살 때 미국에 간 아이들은 한국말을 잘 못했고 한국 문화에 적응하기도 참 힘들어했습니다. 학교에서도 잘 받아 주지 않아 학교를 정하기 힘들었고, 그 속에서 아이들은 서로 싸우며 혼란스러워했습니다.

남편만 없으면 고난이 끝나는 줄 알았습니다. 그러나 상황은 점점 더 힘들어졌습니다. 내 열심의 예배로는 자식 문제를 해결할 수 없는 한계 상황에 부딪치면서 목사님의 말씀을 듣게 되었습니다. '내가 변화되는 대신에 신을 변화시켜서 내가 원하는 것을 얻겠다는 것이 미신'이라고 하셨는데, 간절하고 정성을 다했던 내 기도가 결국은 미신적이고 기복적인 기도였음을, 나도 남도 속고 있었음을 깨닫게 되었습니다.

큰아이가 친구의 권유로 몰몬교 대학교를 가겠다고 했을 때 저는 죽기를 각오하고 간절하게 설득했지만 막무가내인 자식을 이길 힘이 없었습니다. 아들은 안 보내주면 죽기라도 할 것처럼 무서우리만큼 냉정했고 내 아들이 맞나 할 정도로 대항했습니다.

저는 아들이 몰몬교에 빠지면 어떻게 하나 하는 걱정에 잠을 이룰 수가 없었습니다. 내 삶의 결론임을 인정하며 아브라함이 말씀에 순종해서 사랑하는 독자 이삭을 번제로 드리러 간 것처럼 저도 자식의 각을 뜨는, 살을 에는 아픔 가운데 간절한 예배를 드렸습니다(창 22:5). 예배를 잘 드리면 어떤 식으로든 자녀가 돌아오게 하신다는 하나님께서 저의 기도를 들으셨는지 아들은 몰몬교가 너무 이상하다며, 그 학교가 너무 싫다고 대학원은 다른 곳으로 가게 되었습니다.

그런데 이번에는 아빠를 닮아 심약한 작은아이가 알코올 중독에 우울증까지 걸렸습니다. 작은아이가 아파하는 것을 보면서 아브라함이 20시간이면 갈 길을 3일 길을 가면서 이삭을 죽여야 하나 말아야 하나 생각했던 것같이 신중하게 생각하게 되었습니다. 예수 믿어도 '짠!' 하고 달라지는 게 아니라는 것을 알게 되었습니다. 미신처럼 예배를 드리면서 이 땅에서 잘되는 것이 목표였는데 팔복의 기준으로 끝없이 생각하고 내가 가야 할 구원의 목적지 모리아산을 멀리 바라보게 되었습니다.

이삭이 번제할 어린 양이 어디 있느냐고 물었을 때, 아브라함은 "내 아들아" 대답하면서 창자가 끊어지는 아픔을 느꼈을 것이라고 하셨는데, 저 역시 아픈 자녀를 바라보며 마음이 너무나 아픕니다(창 22:7). 그러나 구원이 목적이기에 나의 인간적인 동정심, 종의 도움을 구하고 싶은 마음 등의 방해세력을 분별하며 조금씩 변해 가고 있습니다.

자식의 문제와 남편의 고난을 통해 주님을 인격적으로 만났고 예배를 통해 자식을 객관적으로 보기 시작했습니다. 이제는 자식이 인생의 목적이 아니고 예배가 인생의 목적이 되었습니다. 하나님은 저와 자녀들을 모태로부터 택하셨고 아시기에 절대로 그냥 죽게 내버려 두지 않으시고 책임져 주실 것을 믿습니다. 예배드리는 것이 나의 위로이고 기쁨이며, 간절함으로 예배드릴 수 있는 사모하는 교회가 있으니 저는 복 있는 자입니다.

손과 발이 잘리는 듯한 고통 속에서 자식을 번제로 드리는 예배가 어찌 간절하지 않을 수 있겠습니까? 그러나 이 간절함으로 드려지는 예배야말로 자식도 살고 나도 사는 가장 큰 축복임을 고백합니다. 내가 가장 소중히 여기는 것과 즐거움을 다 내려놓고, 구원의 목적지인 모리아산을 바라보며 늘 간절한 예배를 드리기 원합니다.

### 자식을 번제로 드릴 때 간절함의 예배가 됩니다(5절)

내게 얼마나 예배에 대한 간절함이 없었으면 하나님이 내 자녀를 수고하게 하셔서 간절한 예배를 드리게 하시는지요. 여지껏 내 자식이 '웬수 같은 놈'이었지만 이제는 '내 예배를 위해 수고하는 영혼'이 되었습니다. 이삭 같은 자식이 없었다면 어찌 이렇게 하나님께 간절히 기도할 수 있었을까요? 각을 뜨고 손발이 잘리는 고통을 온몸으로 느끼며 하나님 앞에 나올 수 있었을까요? 내 아들이 이스마엘이 아닌 이삭이어서, 세상적으로 뛰어난 것 하나 없어도 그저 하나님께 붙어 있는 아들이어서 감사할 뿐입니다.

### 간절한 예배는 준비에서부터 정성이 다릅니다(3-4절)

아브라함은 아침 일찍 일어나 나무를 쪼개 준비하고, 몇 시간이면 될 거리를 3일 길을 갔다고 합니다. 그런 아브라함의 정성에 비하면 내 예배의 준비는 보잘것없습니다. 수시로 지각을 하고, 헌금도 미리 준비하지 않는 게 습관이 되었습니다. 이제라도 간절한 예배를 드리기 원합니다. 내 시간과 재물과 사랑과 애정을 쪼개어 예배를 준비하겠습니다.

### 간절한 예배에는 신중함이 있어야 합니다(4절)

믿는 자에게는 능치 못한 일이 없다 여기며 오늘을 담대히 살면서도, 자식 문제 앞에서는 어찌나 마음이 복잡해지는지요. 하나님만이 나의 소원이고 위로지만, 과연 내 자녀의 허물을 끝까지 품고 갈 수 있을지 의문입니다. 그러나 이제라도 하나님 때문에 십자가만 바라보겠습니다. 비록 공부도 못하고 심신이 허약하여도 분명 말씀대로 적용하며 자라왔기에 하나님이 보호하시고 믿음의 길로 이끄실 것을 신뢰합니다.

### 간절한 예배를 위해 방해세력을 분별할 수 있어야 합니다(5-8절)

때로는 환경과 사람이, 내 내면의 갈등이 간절한 예배를 방해합니다. 때로는 믿지 않는 부모가 방해하고, 자녀가 방해합니다. 오늘 내 예배를 방해하는 세력이 무엇인지를 분별하기 원합니다. 그 방해세력들을, 내 자녀에게 유익하지 않은 것이 있다면 과감하게 끊어 내고 간절한 예배를 드리기 원합니다. 그럴 때 우리 가정에 교회가 세워지고, 온 가족이 기쁨의 예배, 간절한 예배를 드리게 될 줄 믿습니다.

하나님 아버지, 제 힘으로 어찌할 수 없는 자녀들의 문제를 가지고 이 자리에 왔습니다. 아브라함이 3일 길을 걸어가고 멀리 모리아 산을 바라본 것처럼, 내 자녀를 계속 데리고 있어야 할지 버려야 할지 우리는 잘 모르겠습니다. 평생 돈도 건강도 내려놓지 못하는 저희입니다.

여전히 예배를 간절히 드리지도 못하고, 헌금에도 인색하며, 시간과 재물과 사랑을 쪼개어서 하나님께 드리지 못하는 우리의 악을 불쌍히 여겨 주옵소서. 번제할 어린 양은 어디 있느냐는 애끓는 자식의 말에 흔들리는 부모의 정, 내 속의 착함이 다 방해세력이 됨을 알았습니다.

그러나 제 힘으로 어떻게 할 수 없는 자녀 때문에 이제라도 각을 뜨고 번제로 드리는 그 자체가 가장 간절한 예배이고 상급인 것을 알기 원합니다. 언젠가 이 땅을 떠나서 천국에 갈 터인데, 수고하는 우리 식구들이 같이 못 가는 것 때문에 애통해하기를 원합니다. 우리의 믿음을 위해 수고하는 저들도 함께 천국에 갈 수 있도록 붙들어 주옵소서.

자녀들 때문에 각을 뜨고 있는 이 땅의 부모들을 위해서 기도하오니, 그들이 간절히 예배함으로 그 자녀들이 상급이 되게 도와주옵소서.

예수님 이름으로 기도합니다. 아멘.

간절한 예배를 드린 후에 큰 복을 주리라고 약속하십니다. 그 복을 받기 위해 우리가 어떻게 해야 할지를 가르쳐 주옵소서, 듣겠나이다.

09

## 완전히 단념해야 돌아옵니다

: 창 22:9-24

전 세계 신제품의 80%가 실패작이거나 예상에 한참 못 미치는 결과물이라는 사실을 아십니까? 기업은 자신들이 개발한 제품의 성공 여부를 알고자 수십억 원을 들이지만, 그 결과는 항상 오리무중이라고 합니다. 모든 사물이 반드시 논리적으로 귀결되지는 않는다는 것이지요.

예를 들어서 영상 전화기의 경우 모두가 필요를 느끼고 크게 성공할 줄 알았습니다. 사랑하는 사람과 떨어져 있으면 항상 얼굴을 보며 대화하고 싶지 않겠습니까? 그런데 그것은 논리적인 예상입니다. 감정적으로 생각해 보면, 사랑하는 사람과 아침 일찍 일어나서 세수도 안 하고 화장도 안 한 부스스한 얼굴로 전화하는 건 너무 싫은 것입니다. 어떻게 전화 통화를 할 때마다 목욕재계하고 예쁘게 하고 있을 수 있겠습니까? 전화 올 때마다 화상이 자동적으로 뜬다면 너무 긴장이 되어서 영상 전화기를 집어던져 깨고 싶어질 수도 있습니다.

그러니 논리적인 것과 감정적인 것은 굉장히 다릅니다. 사람은 논리보다는 감정에 지배를 받기 때문에 감정으로 대화하고 표현할 수 있는 사람이 세상을 움직일 수가 있습니다. 세상에서 위대한 업적을 이룬 사람들을 보면 논리적이기보다는 감정적인 사람이 많습니다. 그들은 무조건 앞만 보며 열심히 일만 하는 사람들이 아니라 준비를 하는 사람들입니다. 도끼로 나무를 패는 데 세 시간 동안 한 번도 안 쉰 사람과 10분에 한 번씩 쉰 사람을 비교해 보았더니, 중간중간에 쉰 사람이 나무를 두 배나 더 쪼갰답니다. 그들은 "나는 쉬지 않았다. 그 시간에 도끼날을 갈았다"고 말합니다.

그래서 위대한 사람들은 자기계발하는 시간을 중요하게 생각합니다. 그들은 이것을 '교육'이라고 하지 않고 '경험'이라고 말합니다. 물론 지식을 배우기도 하겠지만, 그보다도 타인의 값비싼 경험을 배우는 것입니다. 한 사람의 경험과 지혜로는 성공을 이룰 수 없다는 단순한 진실을 그들은 알고 있는 것입니다. 성공하는 사람은 모든 사람이 자신을 위해서 수고하는 것을 알고 배운다고 합니다. 어디서 많이 듣던 이야기 같지 않습니까? 우리도 아브라함의 값비싼 경험을 배우고 이것을 귀하게 여겨야 합니다.

우리가 목장에서 사람들을 만나고 경험하는 것은 어디서도 맛볼 수 없는 훌륭한 자기계발 프로그램입니다. 6개월마다 새로운 사람들을 만나면서 그들의 삶을 간접적으로 체험할 수 있으니, 이것이야말로 인생에 너무나 큰 재산이고 경험이요 큰 복입니다. 아이들이 어렸을 때부터 주일학교에서 목장을 경험하고, 청소년부, 청년부를 경험하면서 수많은 사람들을 만나다 보면 성공할 수밖에 없는 것입니다. 우리는 만날 세상 교육 방법으로 논리적인 것만을 가르치지만, 그것만으로는 성공할 수 없습니다.

아브라함도 이런저런 사건을 경험하면서 점점 더 큰 시험을 이겨낼 수 있는 힘이 생기고 있습니다. 이 아브라함의 복을 우리도 간접적으로 경험해 봅시다.

### 큰 복을 받으려면 완전 단념의 길로 가야 합니다

믿음의 사람은 그때마다 주시는 말씀을 칼같이 삶에 적용해야 합니다. 오늘 본문에서 아브라함과 이삭이 각각 어떻게 적용했는지를 보며 우리도 각자의 삶에서 말씀 적용을 어떻게 해야 할지를 배울 수 있습니다. 먼저 아브라함의 적용입니다.

> 9 하나님이 그에게 일러 주신 곳에 이른지라 이에 아브라함이 그 곳에
> 제단을 쌓고 나무를 벌여 놓고 그의 아들 이삭을 결박하여 제단 나무 위
> 에 놓고 10 손을 내밀어 칼을 잡고 그 아들을 잡으려 하니 _ 창 22:9-10

드디어 아브라함이 아들을 제단에 올립니다. 이 장면이 얼마나 중요한지 슬로비디오처럼 한 구절 한 구절 상세히 표현하고 있습니다. 아

브라함은 먼저 단을 쌓았습니다. 그 위에 쪼갠 나무를 벌여 놓았습니다. 그리고 아들 이삭의 사지를 결박했습니다. 이후 그 위에 눕혔습니다. 그리고 아브라함은 손을 내밀었습니다. 칼을 잡았습니다. 이제 각을 뜨기 위해 이삭을 찌르고 베는 일만 남았습니다. 아브라함의 고뇌가 얼마나 심한지 느껴지는 대목입니다.

여기서 '잡으려 하니' 하는 부분을 어떤 신학자는 '완전 단념'이라고 해석합니다. 완전한 내려놓음입니다. 부모가 자식을 단념한다는 것이 말이 됩니까?

그럼에도 하나님은 우리에게 이런 완전한 단념을 요구하십니다. 우리는 하나님이 지시하시는 곳으로 가기만 하면 됩니다. 그곳은 오늘날도 가기 쉽지 않은 고대 모리아산입니다. 그러나 그곳이 부활의 장소라는 것을 우리는 많은 훈련 끝에 알게 되었습니다. 그렇기 때문에 눈에 넣어도 아프지 않은 이삭을 결박하여 잡기까지 순종을 하는 것입니다.

물론 우리는 순종하기까지 수도 없이 갈등합니다. 너무나 잡기가 어렵습니다. 참 신앙이라는 것은 날마다 무섭게 불태우고 잘라야 하는데, 내 자식 하나를 못 내려놓습니다. 자식을 어떻게 내려놓습니까? 배우자는 버려도 자식은 못 버리지 않습니까? 죽을 때까지 못 버리는 것입니다.

이 부모의 사랑을 누가 알겠습니까? 부모가 되어 보지 않으면 모릅니다. 그것이 하나님 아버지의 사랑입니다. 남편과 아내의 사랑과는 비교도 안 되는 것이 자식을 향한 사랑입니다. 그런데 그렇게 부들거리면서 자식을 내려놓지 못하는 우리에게 하나님은 "너는 자식을 내려놓아라. 너는 믿음의 상속자다. 믿음의 조상이다" 하시는 것입니다. 간절한 예배, 성령의 불과 말씀의 칼로 간절한 예배를 드릴 때마다 나의 욕심이 불태워지고 잘라져야 합니다.

그래서 우리는 예배를 드려야 합니다. 세상 어디에서 자식을 내려놓으라고 가르쳐 주겠습니까? 하나님만이 성령의 불로 임하셔서 가르쳐 주시는 것입니다.

이삭 입장에서는 아버지가 자기를 결박하고 단에 올려서 칼을 들어 치려고 하는데 이 충격의 순간, 세상적으로 말하면 이 상처의 순간을 어떻게 잊을 수가 있겠습니까? 아버지가 사지 멀쩡한 자기를 묶어 놓고 불태우려고 하지 않습니까?

그런데 우리는 이것을 알아야 합니다. 아브라함은 바보가 아니라는 것입니다. 아브라함이 미쳤습니까? 아들을 왜 잡아 죽이겠습니까? 아브라함이 자기 아들이 받을 충격을 예상하지 못했겠습니까? 이걸 인간적으로 논리적으로 생각하니까 성경이 이해가 안 되는 것입니다.

아브라함은 이삭이 받을 충격도 하나님이 처리해 주신다는 부활 신앙을 가지고 있었습니다. 100살에 아이를 낳는 도저히 불가능할 것처럼 보였던 일을 체험했기에 무엇이든 믿어지는 것입니다. 설령 내가 죽여도 하나님이 살리실 것이라는 믿음이 있는 것입니다. 죽었다가 살아난 사람은 이 사실이 믿어집니다.

그래서 히브리서에서는 이렇게 이야기합니다.

17 아브라함은 시험을 받을 때에 믿음으로 이삭을 드렸으니 그는 약속
들을 받은 자로되 그 외아들을 드렸느니라 18 그에게 이미 말씀하시기

를 네 자손이라 칭할 자는 이삭으로 말미암으리라 하셨으니 19 그가 하
나님이 능히 이삭을 죽은 자 가운데서 다시 살리실 줄로 생각한지라 비
유컨대 그를 죽은 자 가운데서 도로 받은 것이니라 _ 히 11:17-19

아브라함은 살아도 살고 죽어도 사는 부활 신앙이 있었습니다. 어떤 사건을 만나더라도 '하나님이 자기를 위하여 친히 준비하시리라'하는 믿음으로 칼을 잡았습니다. 그리고 '아무리 힘들고 지쳐도 너는 내 아들이라. 오늘날 내가 너를 낳았도다. 너는 내가 사랑하는 아들이라. 내가 너를 미워서 십자가에 못 박는 것이 아니다. 죽여도 반드시 살릴 것이다. 힘들고 지쳐서 연약할 때도 너는 내 아들이라' 하시는 하나님을 믿었습니다.

우리도 주의 일을 하며 받는 충격과 고생은 하나님이 다 처리해 주십니다. 제 친정어머니가 자식은 안 돌보면서 남을 돌보고, 교회 가서 사는 것에 대해서 저는 충격을 받았습니다. 그러나 지나고 보니 하나님이 저희를 돌보셨습니다.

그러니 우리는 십자가에 사람의 정과 욕심을 못 박아야 합니다. 우리는 늘상 자식이 문제라고 말하지만 결국 '자식은 나'입니다. 십자가에 못 박을 사람은 바로 나입니다. 자식 문제는 내 문제인 것이죠. 자식을 위한 일이라고 하지만, 사실은 자식 문제 앞에서도 내 자존심과 명예를 더 소중히 여깁니다.

다음은 아들 이삭의 적용입니다. 묶이는 아들과 묶는 아버지를 생각해 봅시다. 이사야 53장 7절에 "그가 곤욕을 당하여 괴로울 때에도 그

의 입을 열지 아니하였음이여 마치 도수장으로 끌려 가는 어린양과 털 깎는 자 앞에서 잠잠한 양같이 그의 입을 열지 아니하였도다" 하는데, 이것은 곧 성자 예수 그리스도의 생을 예표한 말씀입니다.

예수님의 십자가 사역은 성령 하나님이 같이하셨습니다. 하나님이 그 예표를 아브라함에게 보이셨고, 그 역할을 이삭이 감당한 것입니다. 혈기왕성한 열여섯 살의 남자가 어떻게 늙은 아버지에게 묶이겠어요? 이삭이 묶이고자 하는 의지가 있었던 것이지요. 참으로 이삭은 별 볼 일 없는데, 결정적으로 구속 사역의 주인공이 됐습니다.

사실 아브라함이나 야곱 같은 인물들에 비하면 이삭은 한 일이 없는 것 같습니다. 성경도 이삭이 한 일은 하나 없고, 맨 마지막에 별미 좋아하다가 자식 차별했다는 기록밖에 없습니다.

우리 자녀도 그렇습니다. 별 볼 일 없어도 예수님을 믿는 것이 최고입니다. 천국에서 찬란한 금 면류관을 쓰게 될 것입니다. 그러니까 그렇게 탁월한 아들 좋아하지 마시기 바랍니다. 자신이 부족한 걸 깨닫고, "아버지가 믿음이 있구나" 이것 하나 인정하는 아들이 최고인 것입니다. 여기에 이스마엘과 이삭의 차이가 있습니다. 오직 믿음이고 오직 예수임을 깨달아야 최고입니다.

그러면 이삭은 처음부터 믿음이 좋았을까요? 이삭의 믿음이 왜 좋았겠습니까? 그는 태어나면서부터 이스마엘에게 희롱을 당했습니다. 희롱한 사람은 하나님 곁을 떠났어도 희롱당한 사람은 이렇게 하나님 품에 남아 있습니다. 아브라함도 이스마엘을 낳았을 때와는 비교도 안 되게 믿음이 좋아졌습니다. 이스마엘을 내려놨기 때문에 믿음이 이제 하늘나라를 왔다 갔다 할 정도로 좋아졌습니다. 그래서 이삭에게 믿음의 교육을 잘 시켰을 것입니다.

"나는 갈대아 우르에서 믿음으로 떠났는데, 바로에게 거짓말을 하고 너희 엄마를 누이라고 속여서 죽을 뻔도 했다. 또 롯을 안 데려와야 했는데 데리고 와서 곤욕을 치르고, 목숨을 내놓고 그의 구원을 위해 애를 썼다. 그런데도 네 사촌이 사는 소돔과 고모라는 구원받지 못하고 유황불에 심판을 받았단다. 그런 일을 겪고도 내가 정신을 못 차리고 첩을 얻어서 이스마엘 형을 낳았다. 그 아이는 믿음이 없다. 이건 내 삶의 결론이다. 그런데도 내가 또 아비멜렉에게 거짓말했고, 네 형을 믿음으로 키우려고 했어도 그 아이는 세상으로만 점점 나가면서 하나님과 상관없이 되었구나."

이삭에게 이런 말을 늘 하지 않았겠습니까? 치졸하지만 솔직한 믿음의 이야기를 듣고 자란 이삭은 적어도 믿음이 무엇인지는 알았을 것입니다. 세상 모든 것이 다 없어도 오직 믿음, 이 믿음이 얼마나 중요한 것인지를 배웠을 것입니다. 아브라함이 뒤늦게나마 두 마음을 품지 않았잖아요. 이삭이 그런 아버지의 실제적인 삶을 통해 믿음이 무엇인지 보았습니다.

날마다 아브라함의 양육을 받으면서 이삭은 적어도 자기는 믿음이 있다고 생각했을 것입니다. 그래서 자기가 죽어야 할 죄인이라는 것을 머리로는 알았을 것입니다. 그러나 가슴으로는 와 닿지 않았는데 이 사건으로 이것이 가슴으로 와닿게 생겼습니다. 그 훌륭한 아버지가 자기를 갑자기 죽이려고 하잖아요.

자기가 죽어야 할 인생이라는 것을 아는 사람은 사건이 딱 오면 자아가 무너집니다. 아무리 간접 체험을 해도 직접 체험을 하는 것과는 하늘과 땅 차이인 것입니다. "믿음은 바라는 것들의 실상이요 보이지 않는 것들의 증거"(히 11:1)라 했으니, 내가 바라는 믿음을 자녀들에게 보이고 가면 언젠가 우리의 자녀가 그리 될 줄을 믿습니다.

인생의 절체절명의 위기에서 상처를 입었습니까? 그런 상처가 어떻게 치유되겠습니까? 주님밖에 치유해 주실 분이 없습니다. 이 땅에서의 어떠한 불행도 그렇습니다. 예수를 믿으면 놀라운 치유력이 생깁니다. '우리 집이 망해서 애가 잘못되겠구나' 이런 생각은 할 필요가 없습니다. 망했을수록 하나님께 예배드리러 나오면, 아이들은 그런 부모의 믿음을 보면서 바르게 세워질 것입니다. 저도 그랬습니다. 어머니가 저보다는 다른 사람들 위해 사시는 분이었지만, 하나님이 저를 친히 키워 주시지 않았습니까?

보리스 쉬릴니크(Boris Cyrulnik)라는 프랑스의 유명한 신경정신의학자가《불행의 놀라운 치유력》이라는 책을 썼습니다. 이 책을 쓸 당시 이스라엘에 살고 있는 65세 이상의 국민 중에 나치 유대인 학살에서 살아남은 사람이 약 20만 명이었는데, 그 가운데 28%는 강제수용소에 갔다가 살아남았고, 58%는 은신해 있었으며, 10% 가량은 아주 어린 나이에 무장 레지스탕스 대원으로 활동했다고 합니다. 그런데 전쟁이 끝난 후 무장 레지스탕스 대원을 제외한 나머지는 모두 몇 년간 우울증 증세를 앓았습니다. 우울증은 다섯 살 무렵 수용소에 끌려갔던 아동집단에서 가장 심하게 나타났습니다. 하지만 너무나 놀라운 것은 사회적으로 가정적으로 가장 대단한 성공을 거둔 집단도 바로 이 강제수용소에 끌려갔던 집단이라는 것입니다.

또 어린 나이에 레지스탕스로 활동한 집단을 살펴보았습니다. 이들은 어렸을 때 자기 마음대로 살았기에 마음속의 앙금은 다 해소됐을지 모르지만, 어렸을 때 불행이라는 감정을 잘 경험하지 못하고 행복하게 살아가는 것이 인생의 목적이라서 다 중간 정도 위치에서 만족했다고 합니다. 그래서 이 그룹에서는 대단한 성공을 거둔 사람이 나오지 않았다는 것입니다.

여러분의 자녀는 어떻습니까? 우울증이 있다면 사회에서나 집에서나 산전수전을 겪으면서 반드시 성공해야 한다는 목표를 가지게 될 것입니다. 우울증이 결국 그들을 행복 찾기의 투쟁으로 내몰 것이고, 성공으로 이끌 것입니다. 사회에서 성공하는 사람들은 평범한 사람들이 아니잖아요? 대부분 극악한 고통을 겪은 사람들이 성공하게 되는데, 믿는 우리는 그보다 더 큰 복을 얻어야 하지 않겠습니까? 그러니 내가 돈이 없다고, 내 자녀가 아프다고 절망하지 말라는 것입니다. 내가 하나님께 기도하면 "너는 내 아들이라, 내가 너를 낳았도다, 내가 너를 사랑한다" 말씀하시며 반드시 한 사람 한 사람 찾아가 주실 것입니다.

— 나는 품질이 좋고 탁월한 자녀를 바랍니까, 별 볼 일 없어 보여도 믿음만 있으면 최고의 자녀라고 인정하나요?

— 아무리 힘든 일을 겪어도 내가 하나님을 신뢰하고 결단하면 하나님이 모든 과정과 결과를 책임져 주실 것을 믿습니까? 내 자녀가 우울

증이어도, 집안 환경이 불우해도, 하나님을 붙들면 하나님이 반드시 우리 자녀를 방문하시고 만져 주실 것을 믿나요?

— 내 자녀에게 아름답고 교훈적인 이야기만 하고 있지는 않습니까? 치졸하지만 내 자녀에게 들려줄 믿음의 고백과 간증이 있습니까?

### 여호와 이레의 하나님은 방치하지 않으십니다

여호와의 사자가 하늘에서부터 그를 불러 이르시되 아브라함아 아브라함아 하시는지라 아브라함이 이르되 내가 여기 있나이다 하매 _ 창 22:11

아브라함이 완전 단념을 하고 완전히 내려놓았습니다. 자식으로부터 기대할 건 아무것도 없다고 생각했습니다. 그러나 하나님은 일순간도 당신의 자녀를 실패하도록 방치하지 않으십니다.

내가 너를 모태에 짓기 전에 너를 알았고 네가 배에서 나오기 전에 너를 성별하였고 너를 여러 나라의 선지자로 세웠노라 _ 렘 1:5

35 누가 우리를 그리스도의 사랑에서 끊으리요 환난이나 곤고나 박해
나 기근이나 적신이나 위험이나 칼이랴 36 기록된 바 우리가 종일 주를
위하여 죽임을 당하게 되며 도살 당할 양 같이 여김을 받았나이다 함과
같으니라 37 그러나 이 모든 일에 우리를 사랑하시는 이로 말미암아 우

리가 넉넉히 이기느니라 _ 롬 8:35-37

이 말씀들이 믿어집니까? 우리는 세상에서 날마다 죽임을 당하고, 도살당할 양처럼 무시를 받고 짓이김을 당해도 예수님 때문에 넉넉히 이긴다는 것입니다. 그러니 어떤 이유로든 자살해서는 안 됩니다.

자살하는 것은 그리스도의 실패를 의미합니다. 하지만 주님은 실패하지 않으십니다. 내가 어떤 일을 당해도 나를 사랑하시는 그리스도 안에서 넉넉히 이길 것이고, 어떤 일을 당해도 그 고난이 다른 사람을 살리는 약재료가 될 것이기에, 죽을 이유는 단 한 가지도 없습니다. 만약 이런 사람이 있다면 그 사연과 내력에 완전히 종지부를 찍어야 합니다. 주께서 다시 살아나게 해 주실 것을 믿어야 합니다.

아브라함이 이삭에게 칼을 대려 하자 여호와의 사자가 "아브라함아, 아브라함아" 하고 부릅니다. 아브라함이 "내가 여기 있나이다" 하고 대답합니다.

사자가 이르시되 그 아이에게 네 손을 대지 말라 그에게 아무 일도 하지 말라 네가 네 아들 네 독자까지도 내게 아끼지 아니하였으니 내가 이제야 네가 하나님을 경외하는 줄을 아노라 _ 창 22:12

하나님이 아브라함의 믿음을 완전히 아셨다고 합니다. 믿음 때문에 네 가족, 네 아들까지 아끼지 않은 걸 아셨답니다. 하나님을 존경하며 그 분 앞에서 자신의 부족을 철저히 통감하는 경건한 두려움을 가지게 된 것을 아셨답니다. 아브라함을 완전히 인정하신 것입니다.

> 아브라함이 눈을 들어 살펴본즉 한 숫양이 뒤에 있는데 뿔이 수풀에 걸려 있는지라 아브라함이 가서 그 숫양을 가져다가 아들을 대신하여 번제로 드렸더라_ 창 22:13

상상도 못할 일이 일어났습니다. 하나님의 외아들이신 예수 그리스도를 상징하는 숫양이 대속 제물로 죽으려고 거기 딱 기다리고 있는 것입니다. 아브라함이 이것을 보았습니다. 너무나 놀라운 일이 일어난 것입니다.

> 아브라함이 그 땅 이름을 여호와 이레라 하였으므로 오늘날까지 사람들이 이르기를 여호와의 산에서 준비되리라 하더라_ 창 22:14

여호와 이레란 여호와께서 준비하셨다는 것입니다. 본래의 뜻은 여호와께서 보신다는 의미입니다. 그 산에서 보일 것이라는 의미입니다. 우리의 믿음이 보이면 하나님이 자신을 보이십니다. 모리아산의 제사는 하나님이 아브라함을 자랑하기 위해서 준비하신 사건입니다. 간절한 예배는 하나님을 보는 시간입니다. 그리고 내가 하나님 앞에 보이는 시간입니다. 나의 더러움이 보이고, 나의 믿음이 보이는 시간입니다. 그러면 하나님이 모든 것을 준비하시는 것입니다.

그런데 아브라함은 예수님이 오시기 전의 사람입니다. 장차 오실 예수님 때문에 아브라함도 구원해야 하기에, 하나님은 아브라함을 통해서 장차 오실 예수님의 십자가 모델을 빙산의 일각이라도 보이길 원하셨습니다. 이렇게 기가 막힌 '아들 죽이는 모델', '아들 번제로 드리는 모델'은 아브라함밖에 없습니다. 그래서 아브라함이 우리에게 위대한 믿음의 조상이 되었습니다. 다른 사람과 비교도 안 되는 황금 면류관과 같은 칭호를 얻었습니다.

하나님은 아브라함이 이삭을 죽이려고 하는 마지막 순간에 이삭을 구해 주셨습니다. 그런데 당신의 독생자 예수 그리스도는 끝까지 죽게 내버려 두셨습니다. 그러니까 내 자식 내려놓는 사람은 남의 자식을 무궁무진하게 살리는 것입니다. 내가 내려놓으면 여호와 이레의 하나님이 큰 복을 주십니다.

— 내가 완전 단념해도 붙드시고, 준비하시는 하나님을 신뢰합니까?
— 자녀를 내려놓고 하나님께 드리는 눈물과 결단의 예배를 통해 하나님께 나를 보이고 있습니까?
— 내 자녀를 내려놓고 남의 자녀를 살리기 위해 할 수 있는 적용은 어떤 것이 있을까요?

## 대적의 성문을 얻어야 큰 복이 옵니다

**15 여호와의 사자가 하늘에서부터 두 번째 아브라함을 불러 16 이르시**

되 여호와께서 이르시기를 내가 나를 가리켜 맹세하노니 네가 이같이
행하여 네 아들 네 독자도 아끼지 아니하였은즉 17 내가 네게 큰 복을
주고 네 씨가 크게 번성하여 하늘의 별과 같고 바닷가의 모래와 같게 하
리니 네 씨가 그 대적의 성문을 차지하리라 18 또 네 씨로 말미암아 천
하 만민이 복을 받으리니 이는 네가 나의 말을 준행하였음이니라 하셨
다 하니라 _ 창 22:15-18

말씀을 준행하면서 예배를 잘 드렸더니 아브라함에게 전무후무한 복을 주십니다. 축복이 홍수처럼 흘러넘칩니다. 주님과 아브라함의 사이가 너무 확실해져서 이제는 더 이상 언약을 할 필요도 없지만 그럼에도 마지막 언약을 주시면서, 하나님의 이름으로 맹세를 해 주십니다. 이런 일은 처음 있는 일입니다. 큰 복이라는 말도 처음 나왔습니다. 하나님이 자신의 이름을 걸고 약속을 지키겠다고 하십니다. 천하 만민이 너를 통해서 복을 얻을 것이라고 하십니다. 자식 하나 내려놓았더니 이런 것들을 주시는 것입니다. 그러므로 아브라함에게서 영적 상속자 이삭이 구체적으로 나오고, 그 계보에서 더 나아가 천하 만민이 복을 받게 하는 예수님이 오신 것입니다.

이 세상 부모들이 다 자식을 위해서 살지만, 그 자식을 내려놓으면 평강이 있습니다. 남의 자식 내 자식 구별하지 않을 때 평강이 물밀듯이 옵니다. 우리 집이 복을 받고, 남의 집이 복을 받고, 나라가 복을 받습니다.

그리고 하나님은 '네 씨가 대적의 성문을 차지하리라'고 하십니다. 우리가 싸움을 할 때 지치는 것은 그 싸움의 대상을 사탄의 하수인으로

보지 못하기 때문입니다. 영적 싸움을 하지 않고 육적 싸움을 하면 지치는 것입니다. 오직 예수님의 씨로 싸워야 대적의 성문을 얻을 수 있습니다.

이 큰 복은 이 세상에 미련을 두지 않고, 의를 위하여서 핍박을 받고, 말씀을 주야로 즐거워하는 '바라크'의 복입니다. 세상의 복이 아니라, 바로 예배의 복입니다. 여호와께 무릎 꿇고 기도하고 경배하는 복입니다. 그래서 우리는 세상적인 이스마엘을 미련 없이 포기해야 합니다. 그럴 때에 하나님이 모든 복을 주십니다.

— 자식을 내려놓은 아브라함을 통해서 결국 천하 만민에게 구원의 복을 주시는 예수님이 오셨듯, 오늘 내가 내 자녀를 내려놓음으로 내 지경이 넓어지고 구원의 통로가 됨을 믿습니까?

— 지금 내가 싸우고 있는 나의 대적은 누구입니까? 남편, 자녀, 시댁, 동료를 대적으로 놓고 헛되고 소모적인 싸움을 하고 있지 않습니까? 육적 싸움이 아닌 예수님의 씨로 싸우기 위해 어떻게 기도해야 할까요?

— 내가 받고 싶은 복은 어떤 복인가요? 예배의 복, 바라크의 복을 사모하나요?

## 영적 상속자의 배우자를 예정하는 복도 주셨습니다

20 이 일 후에 어떤 사람이 아브라함에게 알리어 이르기를 밀가가 당신

의 형제 나홀에게 자녀를 낳았다 하였더라 21 그의 맏아들은 우스요 우
스의 형제는 부스와 아람의 아버지 그므엘과 22 게셋과 하소와 빌다스
와 이들랍과 브두엘이라 23 이 여덟 사람은 아브라함의 형제 나홀의 아
내 밀가의 소생이며 브두엘은 리브가를 낳았고 24 나홀의 첩 르우마라
하는 자도 데바와 가함과 다하스와 마아가를 낳았더라 _ 창 22:20-24

나홀의 열두 아들의 족보가 등장합니다. 이삭의 배우자도 미리 예정하고 계신 것입니다. 그런데 말씀을 아무리 봐도 이삭이 모리아산에서 내려갔다는 말이 없습니다. 성경에는 아브라함에게 복 주시겠다는 말씀만 있지, 그후 이삭이 어떻게 지냈는지에 대한 말이 없습니다.

그러다가 24장에 넘어가면 이삭이 리브가를 신부로 맞는 이야기가 나옵니다. 얼마나 많은 구절을 할애해 가면서 이 이야기가 나오는지 모릅니다. 그만큼 결혼이 중요하고 배우자가 중요해서 그렇습니다. 불신결혼하지 말라는 것은 그냥 하는 말이 아닙니다. 그렇다고 신결혼했다고 무조건 행복하게 산다는 말도 아닙니다. 우리가 결혼하는 목적이 행복이 아니기 때문에 그렇습니다.

어떤 집사님은 나를 핍박하는 남편만 죽으면 고생 끝 행복 시작일 거라고 생각했답니다. 그런데 막상 겪어 보니 그렇지 않더라는 것입니다. 지금 내 곁에 있는 남편이 정신병자라도, 알코올 중독에 마약 중독자라도 끝까지 잘 보살펴야지 자식이 영적 상속자가 되는 것입니다.

그러므로 내 자식의 구원을 위해서는 이혼은 하면 안 됩니다. 성령으로 인침 받은 사람들은 이 말이 들리지만 논리적인 사람들은 "미쳤어?

그 고생을 하면서 왜 살아!" 합니다. 하지만 내가 오직 영적 상속자를 낳기 위해 십자가 고난을 기쁘게 감당하고 살면 다른 사람도 감동을 받습니다. 내 자녀가 복을 받고 이웃이 복을 받는 것입니다. 이 땅에서의 신랑이 나를 힘들게 해도, 나의 참 신랑은 십자가에서 죽으시고 다시 사신 주님이십니다.

— 내가 생각하는 며느리, 사위의 조건은 무엇인가요?
— 육적 조건이 마음에 들지 않더라도, 예수 믿으면 최고라는 마음으로 자녀의 배우자를 맞아들일 수 있겠습니까?
— 내 자녀를 말씀 안에서 신결혼시키기 위해 지금부터 기도로 예비하고 있습니까?
— 결혼의 목적을 행복이라고 생각하나요, 거룩이라고 생각하나요?
— 나의 결혼은 믿음 안에서 한 결정이었나요? 불신 결혼으로 고난 중에 있더라도, 힘든 배우자와 이혼하지 않고 불쌍히 여기며 구원을 위해 섬기고 있습니까?

## 우리들 묵상과 적용

1남 5녀 중 넷째로 태어난 저는 어려서부터 몸이 약하고 눈물이 많다는 이유로 야단을 많이 맞고 자랐습니다. 저는 착하고 성실한 것을 최고라 여기며 직장생활하는 동안 결근도 없이 열심히 다니고 부모님께는 한 번도 빠트리지 않고 돈을 드리며 살았습니다.

하늘의 별을 정말 따오면 어쩌나 걱정이 될 정도로 제 말을 잘 들어주던 남편과 결혼했지만, 결혼 후 남편은 술과 여자와 빚으로 저를 힘들게 했습니다. 남편은 아침부터 술을 마시기도 하고, 아파트 잔디에서 술 취해 있기도 했으며, 화장실을 찾지 못해 여기저기 실수를 하기도 했습니다. 또 누워서 침을 뱉고, 냉장고 음식을 던지고, 신발을 신고 집에 들어오기도 하더니, 급기야는 눈 오는 날 차도에서 잠을 자기도 했습니다.

남편이 인사불성이 된 날은 잠을 잘 수도 안 잘 수도 없었는데, 잠을 자면 기다리지 않았다고 화를 내고, 기다리고 있으면 집착한다고 화를 냈습니다. 제가 이러한 남편의 행동들 때문에 힘들어서 이야기하면 남편은 술 취해서 한 일은 기억이 나지 않는다고 하면서, 도리어 저더러 기억나지 않는 일로 힘들어한다며 나무라곤 했습니다. 절대 고쳐지지 않을 것 같은 남편의 술버릇을 보며 날마다 이혼을 생각하며 절망하던 중, 목사님의 책《복 있는 사람은》을 읽게 되었고 '인생의 목적이 행복이 아니라 거룩'이라는 말에 한 대 얻어맞은 느낌이 들었습니다.

그러면서 홀로 큐티를 하기 시작했는데, 어느 날 남편의 차에서 또 다른 핸드폰을 보게 되었습니다. "보고 싶어. 사랑해. 우리 예전에 좋았잖아!" 같은 내용의 문자 메시지가 담긴 그 핸드폰은 외도를 하기 위한 용도였습니다. 상대는 저와 안면이 있는 학교 후배였는데, 두 사람에게 배신을 당했다고 생각하니 하늘의 해, 달, 별이 다 떨어지는 것과 같은 충격을 받았고 이틀에 한 번꼴로 남편과 싸우게 되었습니다.

그러다 남편의 빚 문제가 드러나기 시작했는데 빚을 갚기 위해 손대는 것마다 더 큰 빚을 안게 되었고 시시비비를 가리려고 하는 저 때문에 남편의 거짓말과 속임은 더 커져만 갔습니다. 아무리 빚을 갚기 위해 열심히 살고 남편이 달라지기만을 구하며 신앙생활을 열심히 해도, 내 환경은 달라질 것 같지 않고 나만 불행한 것 같아 죽고만 싶었습니다.

그렇게 죽고만 싶은 마음이 들 때 소그룹모임으로 인도되었습니다. 목장에서 여러 지체의 나눔과 말씀을 들으면서 내 모습을 조금씩 직면하게 되었습니다. 그러다 교회 양육을 받던 중 소그룹 리더가 "그는 나보다 옳도다"(창 38:26)의 적용을 하라는 숙제를 주셨습니다. 저는 '어떻게 이런 남편에게 옳다고 할 수가 있는가, 내가 얼마나 열심히 바르고 성실하게 살았는데, 이렇게 사는 게 얼마나 힘든데' 하며 억울함과 분한 마음으로 교회 지하 주차장에서 고래고래 소리를 지르며 통곡을 했습니다.

그러나 말씀을 듣다 보니 제가 겉으로는 바르고 성실하나 속으로는 남편을 미워하고 정죄한 죄인임을 알게 되었고, 생색과 분을 내느라 12년 동안 고생한 혈루병 여인 같다는 생각이 들었습니다. 그리고 이 싸움의 대상은 사람이 아니라 내 속의 사탄이라는 것이 깨달아졌습니다. 혈루병 여인이 주님의 옷자락만 만져도 나음을 얻었듯이 교회와 소그룹이 주님의 옷자락이 되어 저의 100% 죄인 된 모습을 깨닫게 해 주었고 그로 인해 회개하는 회복이 일어났습니다.

그날, 반쯤 취한 남편에게 '당신이 나보다 옳다'라는 적용을 하며, "나 같은 여자랑 사느라 당신이 참 수고가 많다"고 성령님의 도움으로 고백하게 되었습니다. 그러자 남편은 한참을 가만히 듣고 있더니 "부부목장에 가자"라고 했고, 지금은 매주 교회에 출석합니다. 그뿐만 아니라 설교 타이핑도 열심히 하고 날마다 큐티도 하고 있습니다.

남편 때문에 읽었던 《복 있는 사람은》이라는 책을 여동생에게도 선물했는데, 그것을 계기로 온 식구가 같은 교회를 다니게 되었고 한 말씀을 듣고 가는 축복을 얻었습니다.

말씀이 깨달아지고 내 죄가 보이니 남편에 대한 원망과 생색이 사라지고, 남편이 어떤 모습으로 들어와도 늘 방긋 웃으면서 대하게 되었습니다. 달라진 저의 모습을 보는 아이들도 안정적으로 변했고, 세 아이 모두 날마다 큐티를 하게 되었습니다.

날마다 자살과 이혼을 생각하며 육적인 싸움만 하던 제가 환경과 상관없이 예배를 드릴 수 있다는 것만으로도 기뻐하게 되니 '바라크의 복'을 받은 것 같아 감사합니다. 온 가족이 말씀이 있는 교회를 사모하게 되니 이보다 큰 축복이 없고, 인생의 목적이 행복이 아니라 거룩이라는 말에 비로소 "옳소이다"가 됩니다. 괴로웠던 사건들이 오히려 축복이 되어 소그룹에서 날마다 웃으면서 나누니 내 결혼도 지키고, 다른 지체의 결혼도 지키게 되었습니다. 진정 주님이 신랑 되어 주시고 저를 신부 삼아 주신 것을 믿습니다. 이제는 어떤 결박과 칼을 집어 드는 환경이 온다고 할지라도 부활의 주님께서 넉넉히 이기게 하시며, 주님의 사랑으로 모든 것을 살려 주시며, 대적의 성문을 얻게 될 것을 믿습니다.

아브라함은 독자 이삭을 결박하고 칼을 들어 '완전 단념'했습니다. 그랬더니 하나님은 아브라함에게 아낌없이 큰 복을 부으시고 바라크의 복을 주십니다. 자식을 내려놓고 번제로 드렸을 때 모든 것을 책임지시는 부활의 하나님을 믿고 나아갑니다.

**큰 복을 받으려면 완전 단념의 길로 가야 합니다(9-10절)**

만날 자식 문제만을 내 인생의 전부요, 목적으로 여기며 살았습니다. 자식이 곧 나 자신이기에 입는 것 하나, 먹는 것 하나 간섭하면서 가만히 두지를 못했습니다. 자식의 성공을 위해 아낌없이 돈과 시간을 쓰면서 "너는 왜 내 수고에 보답하지 않느냐"고 들들 볶았습니다. 이제라도 믿음으로 내 자식을 결박해 제단에 올리고 칼을 잡는 결단을 하기 원합니다. 아브라함이 그랬던 것처럼 '완전 단념'으로 가길 원합니다. 주님이 내 자녀를 살리실 것이라는 믿음을 허락해 주옵소서. 주님께 내려놓을 때 우리가 다 사는 길임을 알게 하옵소서.

**여호와 이레의 하나님은 방치하지 않으십니다(11-14절)**

주님은 잠시도 내 자녀를 방치하지 않으시는 분임을 믿습니다. 내가 자녀를 완전 단념하여 내려놓을 때 여호와 이레의 하나님이 예수 그리스도를 대속제물로 보내시고 우리에게 보이실 것을 믿습니다. 그래서 자녀가 다시 우리 품으로 돌아올 것을 믿습니다. 내가 자녀를 내려놓아야 남의 자녀도 무궁무진하게 살릴 수 있습니다. 내가 내려놓을 때 여호와 이레의 하나님이 큰 복을 주실 것을 믿고 찬양합니다.

### 대적의 성문을 얻어야 큰 복이 옵니다(15-18절)

자식 하나 내려놓았다고 아브라함에게 전무후무한 복을 주시는 하나님을 보았습니다. 그 복을 얻기 위해 자식만 바라보고 전전긍긍하면서 어리석게 살아왔습니다. 그러나 하나님께 내 자식을 내려놓을 때 평강이 오는 것을 깨달았습니다. 나만 복 받는 것이 아니라 남의 집도 복 받고 온 천하 만민이 복을 받는다고 하십니다. 그러니 이제라도 내 싸움 대상이 사람이 아니라 배후에 있는 사탄임을 알고, 예수의 씨로 이 영적 싸움을 싸워 대적의 성문을 얻기 원합니다. 오늘도 예배의 복을 누리며 나아갈 수 있도록 인도하옵소서.

### 영적 상속자의 배우자를 예정하는 복도 주셨습니다(20-24절)

자녀를 불신결혼 시키지 않기 위해 간절하게 기도하면서도, 포기할 수 없는 욕심들이 여전히 많습니다. 자녀의 결혼에 있어 여러 가지 조건을 붙잡고 놓지를 못합니다. 그러나 아브라함이 이삭을 내려놓으니 비로소 하나님은 이삭의 배우자 리브가를 나타내고 보여 주십니다. 내 자녀에게도 하나님이 믿음의 배우자를 예비하고 보내 주실 것을 믿습니다. 세상의 조건을 따지지 않고 주님이 예비하신 내 자녀의 배우자를 볼 수 있도록 믿음을 허락하옵소서.

## 영혼의 기도

아버지 하나님, 저희는 늘 큰 복 받기를 원합니다. 그런데 자녀를 내려놓는 것이 가장 큰 복이라고 하시니 쉽지가 않습니다. 하나님이 아들을 십자가에 못 박으심으로 온 세계 인류가 살아났듯이, 내 자식 하나 내려놓으면 수많은 자식이 살아날 텐데 그러지 못해서 인생 낭비, 시간 낭비, 감정 낭비를 하고 있습니다.

주님, 제가 칼 같은 적용을 하면 여호와 이레의 하나님이 저희를 위해서 모든 것을 예비하실 텐데, 제 힘으로는 자녀를 내려놓는 것이 도저히 되지가 않습니다. 그래서 오늘도 애통한 마음으로 기도를 드립니다.

이 간절한 예배를 통해서 우리의 욕심이 불로 태워지고 칼로 잘라지는 역사가 있게 하옵소서. 주님 말씀대로 준행하는 결단이 있도록 도와주옵소서. 날마다 하나님께 무릎 꿇고 경배하는 예배의 복, 바라크의 복이 회복되어 내 자녀뿐만 아니라 이웃과 나라에도 이 큰 복이 임할 수 있길 소원합니다.

주님께 영광을 돌리며, 주님만을 즐거워할 수 있길 원합니다. 우리의 언어가 달라지기를 원합니다. 여호와의 기업이 되기 원합니다. 우리를 불쌍히 여기시고 하나님께 쓰임 받는 일꾼 되게 역사해 주옵소서.

예수님 이름으로 기도합니다. 아멘.

*Part 4.*

# 고난을 값으로 치렀습니다

아버지 하나님, 매일매일을 유언하듯 살며
아름다운 작별을 하는 우리 되길 원합니다.
말씀으로 가르쳐 주옵소서. 듣겠나이다.

10

# 떠나 봐야 별 인생이 없습니다

: 창 23:1-3

이 세상에서 제일 큰 시험은 자녀로 인한 시험입니다. 아브라함도 이삭을 번제로 드리려고 했을 때 가장 간절한 예배를 드리게 됨을 보았습니다. 그런데 이것으로 끝이 아닙니다. 이제 드디어 하나님이 약속하신 대로 아브라함에게 큰 복을 주시리라 기대했는데, 사라가 죽음을 맞습니다. 우리에게 죽음의 의미에 대해 가르치고자 하나님이 사라의 죽음을 허락하신 것입니다.

국어사전에 보면 '이별'(離別)은 서로 갈리어 떨어지는 것이고, '작별'(作別)은 인사를 나누고 헤어지는 것입니다. 우리는 잠시 후 또 만나지 않습니까? 그러니 사랑하는 사람의 죽음은 이별이 아닌 작별입니다. 우리의 모든 헤어짐을 아름다운 작별로 받아들이면 좋겠습니다.

아름다운 작별은 결국 사라 인생의 결론입니다. 참 잘 산 인생입니다. 과연 사라가 어떤 인생을 살았는지, 어떻게 아름다운 작별을 했는지 조명해 보고자 합니다.

### 사라는 구속사의 시각을 가졌습니다

1 사라가 백이십칠 세를 살았으니 이것이 곧 사라가 누린 햇수라 2 사라
가 가나안 땅 헤브론 곧 기럇아르바에서 죽으매 아브라함이 들어가서
사라를 위하여 슬퍼하며 애통하다가 3 그 시신 앞에서 일어나 나가서
헷 족속에게 말하여 이르되 _ 창 23:1-3

성경에서 죽을 때 나이가 언급된 유일한 여성이 사라입니다. 향년 127세라고 했는데, 옛 랍비들의 성경주석인 미드라쉬에 보면 100은 많은 나이를 의미하고, 20은 아름다움을, 7은 흠 없음을 상징합니다. 그러니 127세를 '나이가 많아도 아름답고 흠이 없을 수 있다'고 상징적으로 해석할 수 있습니다. 나이가 많아도 아름다운 작별을 할 수 있다는 것입니다.

그러면 어떻게 127세나 살고 가는 여인의 모습이 이렇게 아름다울 수가 있습니까? 그것은 그녀가 구속사적인 시각을 가졌기 때문입니다. 사라가 가나안의 헤브론 곧 기럇아르바에서 죽었다고 합니다. 헤브론은 창세기에서 아브라함이 가장 큰 약속을 받은 후에 장막을 친 곳 아닙니

까? 롯이 재물을 가지고 떠났을 때 동서남북의 땅과 티끌 같이 많은 자손의 약속을 받고 옮겨간 곳, 즉 약속의 땅입니다. 사라는 이 약속의 땅 헤브론에서 죽음을 맞고 있습니다.

사라가 살면서 가장 결정적으로 한 한마디가 뭡니까? "이스마엘을 내쫓으라"입니다. 이것이야말로 구속사의 결정적 한마디입니다. 그러고는 35년 동안 침묵했습니다. 사라는 이렇게 항상 드러나지 않았습니다. 그러나 마지막에 헤브론에서 죽음으로 우리에게 약속을 상기시키는 중요한 역할을 합니다. 조용한 듯하면서도 구속사의 중요한 역할을 두 번이나 감당했습니다.

결국 사라는 헤브론을 성지가 되게 함으로, 이후로 모든 자녀가 찾아올 수 있는 근거지를 마련했습니다. 그야말로 열국의 어미라 칭할 만합니다.

— 나의 마지막 순간에 자녀들에게 어떠한 모습을 보여 주고 싶습니까?

— 약속의 땅 헤브론에서 눈을 감은 사라처럼, 마지막까지 예수 믿고 천국 가는 모델이 되기 위해 기도하고 있습니까?

— 많은 말을 하고 있습니까, 한마디를 하더라도 구속사의 결정적인 한마디를 하고 있습니까?

### 사라는 고난의 생애를 살았습니다

사라는 비옥한 갈대아 우르에서 아브라함의 아버지 데라의 딸이자 아브라함의 이복누이로 태어났습니다. 아브라함과 결혼을 해서 65세에 갈대아 우르를 떠나 가나안에서 정처 없이 62년을 더 살았습니다.

이런 사라의 삶은 수치로 가득했습니다. 당시 근친결혼이 관행이라 해도 남매끼리 결혼하는 것이 떳떳했을까요? 사람은 창조 질서에 의해 만들어졌기 때문에 그 마음 안에 근친결혼은 수치로 여깁니다. 우리 안에 하나님의 형상이 있기 때문에 무의식이 괴롭게 하는 것이 있습니다. 아마 사라도 그랬을 것입니다.

어쨌든 여차저차 결혼을 해서 고향을 떠났는데, 가자마자 기근을 만납니다. 이 기근을 피하겠다고 애굽으로 갔는데, 여기서는 바로의 첩이 될 뻔했습니다. 또 남편 아브라함이 데리고 가지 않아야 할 조카 롯을 데려가는 바람에 재물을 다 빼앗겼습니다. 광야와도 같은 헤브론에 머물고 있었는데, 이번에는 남편이 목숨을 걸고 롯을 구하러 가는 바람에 과부가 될 뻔했습니다. 이게 평탄한 인생입니까?

사라의 수치는 여기서 끝나지 않습니다. 아이를 낳지 못해서 남편의 첩으로 들인 여종 하갈에게 멸시를 받았습니다. 그 여종이 아들을 낳고 생색을 내는 게 너무나 기가 막혀 그 하갈을 내쫓기도 했습니다. 그런데 이번에는 아비멜렉의 첩이 될 뻔합니다. 한 번이면 됐지, 같은 일을 두 번이나 당했습니다. 그것도 이삭을 낳기 전에 말입니다. 어찌어찌 또 하나님의 도우심으로 집으로 왔더니 첩의 자식 이스마엘이 어찌나 사냥도 잘하고 잘난 아들인지요.

그러다가 90세가 되어서 생명보다 더 귀한 아들을 낳았습니다. 그런데 남편이라는 작자가 이 아들을 번제물로 바친다면서 자신과 한 마디 상의도 없이 데리고 떠납니다. 정말 사라의 인생은 고생이라는 말로는 설명이 어렵습니다. 처절한 인생인 것입니다. 그러나 우리는 사라가 열국의 공주고, 열국의 어미라고 하니까 그저 멋있게만 보입니다. 각 나라의 왕들이 반할 정도니 그 외모는 또 얼마나 아름다웠을까요?

그런데 정작 사라의 인생은 결코 행복하지 않았습니다. 기복적인 관점으로 보면 사라는 박복한 여자였습니다. 아버지 복도 없었습니다. 데라는 월신을 섬기는 우상 숭배자였고, 이 아버지가 자기를 이복 오빠와 결혼을 시켰습니다. 그리고 결혼 후에는 아브라함 부부의 발목을 잡는 바람에 가나안으로 가는 출발도 늦어졌습니다. 아마도 하루 빨리 이 아버지 집에서 탈출하고 싶은 마음이 간절하지 않았을까 상상해 봅니다.

그런데 겨우 숨 막히는 아버지의 그늘에서 벗어났더니 남편 아브라함은 아버지와는 비교도 안 되게 이기적입니다. 아브라함이 얼마나 이기적입니까? 결정적인 순간마다 자기가 살려고 아내를 팔아먹는 파렴치한 사람 아닙니까? 아마도 사라는 롯을 데리고 가지 말자고 말렸을 것입니다. 그런데 아브라함이 자기 의가 강해서 사라의 말은 안 듣고 기어이 데리고 갑니다. 그뿐입니까? 자기 아내가 과부가 되든지 말든지 롯을 구하겠다고 나섭니다. 때마다 자기 마음대로 사는 아브라함입니다.

정말 사라는 남편 복이 없습니다. 자기 생각만 하는 치졸하기 그지없는 남편과 한평생을 살았으니 얼마나 힘들었겠습니까? 거기다 자식 복도 없습니다. 90세가 되도록 출산하지 못하다가 겨우 비실비실한 아들 하나 낳았는데, 이 아들이 자기 앞가림 하나 제대로 할 줄을 모릅니다. 번제단에 올려놓고 칼을 갖다 대도 눈만 껌벅거리고 있습니다. 그런 아들이 결혼하는 것도 못 보고 사라가 지금 죽게 되지 않았습니까? 아버지 복도, 남편 복도, 자식 복도 없는 여인이 바로 사라입니다.

그럼에도 어찌해서 그녀가 열국의 어미가 되었을까요? 성경을 보니까 아무것도 잘한 것이 없습니다. 그저 이 치졸한 아브라함과 같이 살았다는 것, 이것이 전부이자 최고로 훌륭한 것이었습니다.

아브라함이 치졸하고 부족했어도 하나님을 믿으니 그것을 의로 여기셨다고 했습니다(창 15:6). 사라도 하나님을 믿은 아브라함과 살았다는 것 때문에, 그의 모든 치졸함에도 불구하고 떠나지 않은 것 때문에 열국의 어미가 되었습니다.

— 아버지, 남편, 자식 복이 없었던 사라의 인생에 비해 나의 인생은 어떠한가요?
— 고난 속에서도 자기 자리를 잘 지킬 때 열국의 어미로 세워 주시는 하나님을 신뢰하고 있습니까?

### 사라는 남편에게 순종하는 선을 행했습니다

20 죄가 있어 매를 맞고 참으면 무슨 칭찬이 있으리요 그러나 선을 행함
으로 고난을 받고 참으면 이는 하나님 앞에 아름다우니라 21 이를 위하
여 너희가 부르심을 받았으니 그리스도도 너희를 위하여 고난을 받으사
너희에게 본을 끼쳐 그 자취를 따라오게 하려 하셨느니라 22 그는 죄를

범하지 아니하시고 그 입에 거짓도 없으시며 23 욕을 당하시되 맞대어
욕하지 아니하시고 고난을 당하시되 위협하지 아니하시고 오직 공의로
심판하시는 이에게 부탁하시며 24 친히 나무에 달려 그 몸으로 우리 죄
를 담당하셨으니 이는 우리로 죄에 대하여 죽고 의에 대하여 살게 하려
하심이라 그가 채찍에 맞음으로 너희는 나음을 얻었나니 25 너희가 전
에는 양과 같이 길을 잃었더니 이제는 너희 영혼의 목자와 감독 되신 이
에게 돌아왔느니라 1 아내들아 이와 같이 자기 남편에게 순종하라
_ 벧전 2:20-3:1a

그리스도가 고난을 받으신 것같이 아내들은 남편에게 순종하라는 것입니다. 예수님이 채찍에 맞으셨기에, 길을 잃었던 영혼들이 영혼의 목자와 감독 되신 하나님께로 다 돌아오지 않았습니까? 아내 역시 남편에 대한 복종이 십자가 짐 같은 고통이지만, 예수님처럼 그 역할을 감당해야 한다는 것입니다.

1 이는 혹 말씀을 순종하지 않는 자라도 말로 말미암지 않고 그 아내의
행실로 말미암아 구원을 받게 하려 함이니 2 너희의 두려워하며 정결한
행실을 봄이라 3 너희의 단장은 머리를 꾸미고 금을 차고 아름다운 옷
을 입는 외모로 하지 말고 4 오직 마음에 숨은 사람을 온유하고 안정한
심령의 썩지 아니할 것으로 하라 이는 하나님 앞에 값진 것이니라 5 전
에 하나님께 소망을 두었던 거룩한 부녀들도 이와 같이 자기 남편에게
순종함으로 자기를 단장하였나니 _ 벧전 3:1b-5

사라가 가장 칭찬받아야 할 것이 남편에 대해 순종의 선을 행한 것입니다. 하나님께 소망을 두었던 거룩한 부녀들도 자기 남편에게 순복함으로 자기를 단장했다고 했습니다. 금붙이 차고 화려한 옷 입는 것이 단장하는 것이 아니라, 남편에게 순종하는 것이 최고의 단장이라는 것입니다. 아브라함이 갈대아 우르를 떠날 때 사라가 반대했으면 못 떠나는 것 아니겠습니까? 구속사에서 중요한 것은 같이 떠나는 거잖아요.

물론 사라도 실수를 했습니다. 하갈을 첩으로 얻게 해서 아브라함이 이스마엘을 낳는 죄를 짓게 했습니다. 그래도 사라의 결론은 남편을 머리에 이고지고 산 것입니다. 이 순종으로 최고의 단장을 했습니다. 남편을 머리로 삼는 사람이 최고로 단장하는 것입니다. 아내들은 성경에서 이렇게 정확하게 말씀하고 있음을 알아야 합니다.

아브라함이 얼마나 실수 많은 사람입니까? 그러나 그때마다 실수하지 말라고 잔소리할 수는 없는 것입니다. "애굽으로 가지 말아요!", "롯은 왜 데리고 와요?", "왜 재물을 양보해요?", "왜 생명을 내놓고 전쟁하러 가요?" 하면서 일일이 잔소리한다고 해서 다 잘되는 것이 아닙니다. 묵묵히 따라야 할 때가 있습니다. 손해를 봐도, 망해도, 우리는 그냥 지켜보면서 가야 할 길이 너무나 많습니다. 인생의 목적이 행복이 아니고 거룩이기 때문입니다.

아이들도 그렇습니다. 내가 잔소리한다고 아이가 공부 잘하던가요? 전혀 그렇지 않습니다. 망해 봐야 깨닫는 것이 있습니다. 하나님이 만져주시는 것 외에는 길이 없는 것입니다. 이해가 됩니까? 망하게 둬야 합니다. 바람피우도록 내버려 둬야 합니다. 그러면 할 것 다 하고 결국엔 돌아오게 되어 있습니다.

그 수많은 아브라함의 실수를 사라가 다 기다렸습니다. 나를 다른 남자에게 팔아넘기려 했던 남편, 이 짐승 같고 이기적인 남편에게 사라는 끝까지 순종했습니다. 너무 예쁘고 잘난 사라였지만 치졸한 아브라함을 안 떠났습니다. 내 남편이 치졸하다고 떠나면 안 되는 것입니다. 죽을 때까지 남편에게 순종해야 아름다운 작별을 할 수 있습니다.

그런데, 결정적인 순간에 딱 한마디 “이스마엘을 내쫓으라”라는 말을 했는데, 그게 구원의 빙거가 되었습니다. 그동안 아브라함이 사라의 순종을 보았기 때문에 이 구원에 관한 사라의 한마디를 들었습니다. 사라가 없었으면 오늘날의 아브라함은 없는 것입니다. 우리도 구원 때문에 평생 순종을 하며 가면, 마지막에 구원의 역군으로 자리매김할 것입니다.

> 너희가 이방인 중에서 행실을 선하게 가져 너희를 악행한다고 비방하는 자들로 하여금 너희 선한 일을 보고 오시는 날에 하나님께 영광을 돌리게 하려 함이라 _ 벧전 2:12

이방인도 하나님께 영광을 돌리는 그 선한 일에 남편에 대한 순종이 1순위입니다. 아무리 돈 벌고 아무리 잘난 척해도, 남편에게 순종하지 않는 아내가 있다면 콩가루 집안입니다. 하나님의 질서가 그렇기 때문에, 이 구조로 살아야 영적 상속자가 오는 것입니다.

사라가 결정적일 때 결정을 잘했기에 열국의 어미가 되었습니다.

사라가 특별히 선하고 훌륭해서라기보다, 그저 남편을 끝까지 떠나지 않고, 자살도 안 하고 함께 견디며 살아 주었다는 것만 해도 훌륭한 순종인 것입니다. 비옥한 갈대아 우르에서 떠나서 이 황량한 가나안 땅의 계속되는 여러 사건 가운데 아브라함과 같이 말없이 살아 주었습니다. 이것이 남편에 대한 순종의 선입니다. 내가 대단한 것 안 해도 둘이 끝까지 살면 하나님이 제일 예뻐하실 것입니다. 서로 아름다운 작별을 하게 될 것을 믿습니다.

— 나와 남편과의 관계는 어떻습니까? 남편이 능력이 없다고, 인격이 훌륭하지 않다고, 성품이 마음에 들지 않는다고 비판하고 무시하고 있지는 않습니까?
— 나는 아내로서 무엇으로 나를 단장합니까? 미용과 패션, 명품과 학벌로 나를 단장합니까, 남편에게 순종함으로 최고의 단장을 하고 있습니까?
— 일일이 잔소리하고 판단하고 싶지만, 남편이 겪어야 할 일을 겪으며 깨달을 수 있도록 잠잠해야 할 것은 무엇입니까?

### 남편을 떠나지 않는 것이 순종입니다

이렇게 사라는 고난 가운데서도 남편을 떠나지 않고 끝까지 순종했는데, 잘난 아들을 쑥 낳은 하갈은 어디에 있습니까? 아브라함이 가라고 했을 때 금세 떠났습니다. 남자답고 건강하고 공부도 잘하고 활도 잘 쏘는, 이렇게 멋진 아들이 있으니 "남편은 필요 없다!" 하는 것입니다. 방성대곡은 해도 회개는 안 합니다.

결국 남편 떠나서 가더니 그 잘난 아들을 애굽 여인과 딱 결혼을 시킵니다. 뭐가 옳은 건지 그른 건지도 구분을 못 합니다. 자식을 우상에게 팔아넘긴 줄도 모릅니다. 정말 알 수가 없습니다. 그러니 별 인생 없다는 것입니다.

여러분은 어떻습니까? 만약 배우자를 골라야 하는데, 부모가 돈은 많은데 서로를 우습게 여기고 순종도 안 하는 집을 선택하겠습니까, 아니면 가난해도 서로를 잘 섬기고 품어 주는 부모를 택하겠습니까? 물론 가정사는 섣불리 판단할 수 없습니다. 이혼했다가도 하나님께 돌아오기도 하니 뭐라고 딱 꼬집을 수는 없지만, 저는 부모 중 한 명이라도 이렇게 사라처럼 중심 잡고 있는 부모가 최고의 부모라고 생각합니다.

어떤 분들은 "콩가루 집안은 싫어요" 합니다. 그런데 콩가루 아닌 집 있으면 나와 보세요. 아브라함 집안이야말로 얼마나 콩가루 집안입니까? 부인을 두 번이나 팔아먹었잖아요. 첩을 들였다가 또 장자를 내쫓았잖아요. 그렇지만 하나님의 은혜로 살았잖아요. 이렇게 부모 중 한 사람이라도 중심 잡고 있으면 남편이 술을 마시고 바람을 피우고 난리를 쳐도 최고의 부모인 줄 믿습니다.

어떤 남편이 내 곁에 있든, 사라처럼 떠나지 않고 중심을 지키면 자녀도 그 모습을 보면서 저절로 믿음을 갖게 됩니다. 혹시 내 남편이 술 먹고 진상 짓하고 바람피운 것 때문에 애들 시집장가도 못 보내면 어쩌나 걱정합니까? 그런 걱정은 할 필요가 없습니다. 믿음이 이긴다는 것을 믿어야 합니다. 술 먹고 난리치는 남편이 나를 예수 믿게 해 줍니다. 마찬가지로 누구네 부모가 그렇다고 하면 '그 집 아이들이 고난 때문에 믿음은 있겠구나' 생각하십시오. 학벌 좋고 부자로 사는데 믿음 있을 까닭이 있습니까? 뭐든 잘 풀리는 사람 보면 우리는 그저 '안됐다, 예수 믿기 참 힘들겠네' 하면서 예수 믿는 사람의 자존감을 지켜야 합니다. 사라가 그걸 우리에게 가르쳐 주었습니다. 온갖 힘든 밑바닥을 다 경험하면서 모두에게 칭송받는 아름다운 작별을 하고 있지 않습니까?

그러니 아무 걱정 하지 말고 내가 예수 잘 믿으면 우리 집안에는 영적 상속자와 영적 배우자가 오게 될 줄을 믿으셔야 합니다.

— 왜 내 남편은 술을 끊지 못할까, 가족에게 도움이 안 될까 하며 슬퍼하고 있습니까? 나 한 사람만 중심 잘 잡고 아내와 엄마의 자리를 떠나지 않고 있으면 그것으로 자녀에게 믿음의 본이 될 것을 믿습니까?

— 콩가루 집안이라도 믿는 한 사람만 있으면 소망이 있는 것을 믿습니까? 문제가 없는 것이 문제이고, 문제를 통해 하나님을 만나게 되는 원리를 신뢰하나요?

## 두려움을 극복하고 담대하게 나가게 됩니다

사라가 아브라함을 주라 칭하여 순종한 것같이 너희는 선을 행하고 아무 두려운 일에도 놀라지 아니하면 그의 딸이 된 것이니라 _ **벧전 3:6**

두려움은 속일 수 없습니다. 하루아침에 남편이 곁을 떠났는데 제가 얼마나 두려웠겠습니까? 제가 마음이 대차서 놀라지 않은 것이 아닙니다. 베드로전서 3장 1절에 "혹 말씀을 순종하지 않는 자라도 말로 말미암지 않고 그 아내의 행실로 말미암아 구원을 받게 하려 함이니" 하신 것처럼 구원을 위해 순종한 사람은 어떤 일이 와도 두렵지 않고 놀라지 않습니다. 세상을 살아 보니 돈, 권력, 명예, 학벌은 별것 아니라는 것을 알았습니다. 오직 하나님 나라만 소망하게 되었습니다. 저도 하나님 믿는 게 정말 최고가 되었습니다.

사라가 아브라함에게 첩을 들여서 이스마엘을 잘못 낳았습니다. 그런데 이 이스마엘을 쫓아낸 것은 사라의 가장 큰 믿음의 결정이었습니다. 사라가 남편 순복을 하다 보니 두려움을 넘어서는 구원의 지혜가 생겼습니다. '내가 이스마엘을 낳으라고 해 놓고 쫓아내면 말이 될까? 욕을 하면 어떡하지?' 하지 않았습니다. 내가 실수한 것은 맞지만, 단호하게 쫓아내야 하는 것입니다. 윤리적으로는 이해가 안 되는 일입니다.

어떤 일도 놀랍지 않은데 죽음인들 두렵겠습니까? 저는 죽음이 두렵지 않음을 실제적으로 체험했습니다. 그래서 남편의 시신을 집에 두고 장례식도 우리 집에서 치를 수 있었습니다. 이렇게 목회를 하게 하시려고 제가 죽음도 많이 경험케 하셨습니다. 제가 부족해도 목회를 할 수 있는 것은, 이 남편에 대한 순종에서부터 주신 지혜가 있기 때문입니다. 늘 말씀 묵상을 하면서 하루하루 살았기 때문에, '사라' 하면 꼭 저의 삶 같아서 이렇게 적용이 됩니다.

수많은 사건들을 믿음의 사람 아브라함과 같이 경험했기 때문에,

사라의 삶은 믿음의 전리품이 되었습니다. 이 전리품은 곧 현대에까지 이어져 보는 사람마다 놀라고 찬탄하고 감격하는 것입니다. 아브라함과 사라가 행복하게 살았기 때문이 아닙니다. 그들이 이렇게 힘든 인생을 살았다는 것만으로도 보석이 되어서 구주 하나님의 교훈을 빛나게 한 것입니다.

아내들이 남편에게 순종하는 것이 십자가 짐 같은 고생입니다. 예수 그리스도께서 죄 없이 채찍에 맞은 것과 같은 고난입니다. 그러나 남편에게 순종함으로 말씀에 순종치 않는 그 남편이 돌아온다면, 그때 우리도 사라처럼 이 세상에서 가장 빛나는 졸업장을 받고 작별을 하게 될 줄 믿습니다. 이것이 자식들에게 보여 줄 수 있는 최고의 유언이 될 것입니다.

몇 년 전에 〈소명〉이라는 영화를 봤습니다. 단 한 번도 언론에 공개된 적이 없는 바나와 원시 부족이 나옵니다. 전체 인구가 100명밖에 안 되는, 전 세계에서 가장 작은 부족 중 하나라고 합니다. 그런 그들과 강명관 선교사님이 함께 살고 있었습니다.

강 선교사님은 일류 학교를 나와서 90년대 초 외국어고등학교 교사를 하던 아주 잘나가던 분입니다. 그런데 문자나 글이 없이 고립되어 사는 이 부족의 이야기를 듣고 GBT에서 훈련을 받고 선교사로 들어가 성경 번역 작업을 진행하고 있었습니다.

영화를 보니까 거기는 전기도 없고 전화도 없습니다. 선풍기는 당연히 사용을 못 합니다. 모기 퇴치기도 켤 수가 없습니다. 기온은 섭씨 40~50도로 땀이 줄줄 흘러내리는데, 하루만 더워도 독사와 독충이 창궐합니다. 얼마나 벌레들이 머리끝부터 발끝까지 물어 대는지, 벌레들도 먹을 게 없으니 살 속에 파고들어 가서 알을 까고 기생하며 산답니다. 너무너무 가려워서, 아침마다 일어나서 이태리 타올로 긁어 대야 합니다. 모기장을 쳐 놓아도 그 속으로 벌레가 다 들어온답니다. 해결할 길이 없습니다.

강 선교사님이 대단한 소명을 받고 원주민들에게 언어를 만들어 주고자 갔는데 "주님 내가 벌레에 물려서 서서히 죽어 가고 있습니다" 하고 기도합니다. 우리는 이 벌레 하나도 어떻게 해결할 수가 없는 것입니다. 그래도 그 곳에서는 이분이 유일한 의사이고 원주민들의 생활을 돕는 유일한 사람입니다. 이 지역은 농사도 안 되고 생필품도 없습니다.

유일한 식량 조달 방법이 사냥인데, 고작해야 들쥐, 거북이 같은 걸 잡아먹는답니다. 이 바나와 부족의 꿈과 비전과 소망은 오직 멧돼지 한 마리 잡아서 마음껏 먹어 보는 것이랍니다. 꿈과 비전과 소망이 문화에 따라서 이렇게 다를 수도 있습니다. 이들에겐 시간 개념도 없어서 약을 처방해도 해 뜰 때 하나, 해 질 때 하나 먹으라고 가르칩니다. 태어난 날도 모르니 생일을 아무도 모릅니다.

그 영화를 보면서 '삶으로 가르치는 것만 남는다'는 말이 그렇게 실감이 갔습니다. 영화에 메시지도 별로 없는데 처음부터 눈물이 납니다. 갈대아 우르에서 가나안으로 가라고 하는 것이 바로 이런 것이 아니었을까 생각했습니다. 굉장히 단조롭지만 거기에 너무나 긴장감이 있지 않습니까? 사람들은 날마다 천천히 죽어 가고, 머리에는 이가 바글바글합니다. 만날 머리의 고름을 짜내며 치료해 줍니다. 아파서, 벌레에 물려서 늘 여기저기서 강 선교사님을 찾습니다. 그는 이런 긴장감 속에서 하루하루 살고 있었습니다.

아브라함이 고향을 떠남으로 온 인류가 복을 받았듯이, 이 선교사님이 고향을 떠나 오니 바나와 부족과 모든 오지가 앞으로 복을 받게 됐습니다. 그런데 아브라함에게 사라가 있었던 것처럼, 강 선교사님에게도 사모님의 역할이 지대했습니다. 이 사모님이 선교를 작정한 선교사님에게 순종하지 않았다면 이 큰일은 이루어질 수 없었을 것입니다.

물론 이 순종이 아내에게 하신 말씀이지만 우리는 남녀를 불문하고 각자의 역할에 순종해야 합니다. 〈소명〉 후반에서 바나와 부족 주민은 "강 선교사님을 통해 하나님의 사랑을 느낀다"고 말합니다. 강 선교사님은 그들이 믿든 안 믿든, 치료 후에는 꼭 예수님의 이름으로 기도를 해 준답니다. 그 힘든 환경에서도 주일학교를 운영하고 글자를 만듭니다. 글자를 만들기 위해서 하나하나 다 물어 가며 그것을 브라질 언어로 기록하고 언어를 만들어 갑니다. 주민들은 주일학교에서 예수님을 가르치고, 찬송가를 가르치는 선교사님에게 사랑을 느끼고 고마워합니다.

믿지 않는 사람들은 "밥 먹고 할 일이 없나? 왜 저기까지 가서 그 고생을 하나", "좋은 교육 받고 저기 가서 뭘 하는가" 하겠지만, 그가 구원의 시각을 가지고 있기 때문에, 세상이 알지 못하는 구원의 씨를 가지고 있기 때문에 그곳으로 떠난 것 아니겠습니까? 마찬가지로 우리 모두 예수 그리스도의 신부입니다. 우리가 신랑 되신 주님의 돕는 배필이 되어서 남편에 대한 순종의 복을 받아서 영적 상속자를 낳는 데까지 가야 합니다.

강 선교사님이 예수 그리스도의 신부가 되어서 남편 되신 주님의 명령을 따라서 죽기까지 순종해서 갔고, 아내는 그 남편을 따라서 죽기까지 순종해서 갔으니까 이 아내의 남편에 대한 순종이 결국 그리스도께 대한 순종이 된 것 아니겠습니까? 우리는 '남편에게 순종하세요'라는 말을 듣기가 너무나 어렵습니다. 그러나 하나님은 이 땅에서 역할을 주셨습니다. 여자인 제가 늘 이 역할론을 줄기차게 부르짖는데도 하나님은 나를 목사로 만드셔서 남자들을 가르치게 하십니다. 내 삶의 시기마다 역할을 주셨는데, 때마다 맡기신 역할을 잘 하고 있었더니 목사로 세워 주셨습니다.

어떻습니까? 이 강 선교사님처럼 먹을 것도 풍족치 않고 전기도 없는 바나와 부족에서 더위와 질병과 벌레와 싸우고 원주민들과 함께 사는 것이 쉽겠습니까, 아니면 바람을 피우고 술 먹는 내 남편과 사는 것이 쉽겠습니까?

그래도 원주민들은 뭐라도 하나 주면 고마워하고, 때로는 작은 것으로 그 고마움을 표현하기도 합니다. 그런데 우리 집안을 좀 보세요. 누구 하나 고마워하는 사람이 없습니다. 그러고 보면 우리 집이 훨씬 더 힘든 선교지인 것입니다.

이렇게 힘든 집안에서 선교하다 보면 세계 선교에도 소망이 있습니다. 우리들교회를 다니다 터키로 가셨던 박 집사님도 앙카라 한인교회를 개척했습니다. 평신도로 갔는데, 가서 모이니 그곳이 교회가 되었습니다. 앞으로 우리들교회 교인들이 가는 전 세계 곳곳마다 교회가 개척이 되어서 엄청난 구원의 역사가 일어날 것을 믿습니다.

그러니 내가 말씀을 가지고 있으면 힘들 것도, 두려워할 것도 없습니다. 사라는 얼마든지 치졸한 남편 버리고 아비멜렉 같은 왕의 부인이 되어서 호사를 떨고 살 수 있었습니다. 그런데 그건 잠깐 누리는 것 아닙니까? 조금만 기다리면 영원한 천국이 기다리고 있음을 알아야 합니다. 하나님이 이 땅에서 우리를 식구로 만나게 해 주신 것은 구원 때문입니다. 그래서 아무리 힘들더라도 이 소명을 끝까지 지키고 가면 우리 식구들이 영적 상속자가 될 것이고, 천국에서 영원히 만나게 될 것입니다.

강 선교사님은 자녀들이 1,000km나 떨어진 밀림 속의 선교사 학교에서 공부를 하고 있답니다. 바나와 부족들이 사는 곳에는 학교가 없으니, 이 아이들이 어려서부터 부모를 떠나 학교 근처에서 자기들끼리 산다고 합니다. 차도 없어서 부모님께 가 볼 수도 없습니다. 그런데 그 아이들이 공부를 너무나 잘하고 있습니다. 전기도 없는 곳이지만, 그 선교사 학교는 미국에서도 랭킹에 올라간다고 합니다. 환경이 공부를 못하게 하는 것이 아닙니다. 전기가 없어서, 컴퓨터가 없어서 공부 못하는 것이 아니라는 말입니다. 내가 자녀에게 환경을 만들어 주지 않으면 자녀가 공부 못한다는 생각은 잘못된 생각입니다.

열매는 지금 당장 나타나지 않을 수 있습니다. 그러나 우리나라도 기독교가 들어오기까지 몇 대가 흘렀습니까? 처음 선교사가 우리나라에 오고, 그들을 만나서 한 사람, 두 사람 하나님을 만나고, 선교를 가고, 그리고 지금 우리가 있는 것 아닙니까? 예수가 들어가면 그 집안에 구원의 씨앗이 심겨진 것이기에, 언젠가 열매가 주렁주렁 맺힐 것을 믿습니다. 언젠가 그 집이 구원의 도구로 쓰일 줄 믿습니다.

우리는 이제 그 초석을 놔야 하는 사명이 있습니다. 그런데 어디로 도망을 가시겠습니까? 목장 나눔에서 올라 온 글이 있어 소개합니다.

남편이 만날 술 먹고 12시에 들어오는데도 시부모님은 단 한 번도 야단을 안 치더랍니다. 원래 예수가 없으면 다들 자기 자식밖에 모르지 않습니까? 이게 다 선교지인 것입니다. 그래서 이 집사님이 16년을 참고 살다가 더 이상은 못 참겠다 하고 가방을 딱 쌌는데, 갈 곳이 없더랍니다. 아이들을 보니 나가지도 못하겠더랍니다. 그래서 가방을 풀지도 못하고 이틀 동안 침묵으로 집안 분위기를 죽이며 지옥을 살았는데, 목장에 딱 오니까 목자님 첫 마디가 "남편이 하늘"이라며, 이렇게 처방해 주셨습니다.

"집사님이 남편에게 지혜롭게 말씀을 넣으셔서 대화를 하셔야 합니다. '목사님이 당신을 섬기라고 말씀하셨는데 못 섬겨서 미안해요. 당신을 못 믿어 주고 마음속에서 못 놓아 주어서 미안해요. 당신이 좋아해서 술 먹는 것은 좋은데, 술이 사람 먹는 데까지는 안 갔으면 좋겠어요'라고 지혜롭게 말씀하세요."

남편이 이렇게 실수했을 때, 바로 지금이 남편 전도할 때라는 사실을 기억하시기 바랍니다. 남편에게 열 가지 다 양보하더라도 복음 하나만은 전하셔야 합니다. 간, 쓸개 다 빼 버리시고 구원과 복음을 위해 지혜롭게 깨달은 말씀을 전하셔야 하는 것입니다. 같이 화를 내면 안 됩니다. 집 나간 자녀가 오랜만에 돌아왔는데 화가 나서 어쩌고저쩌고 하다 보면 "다시 나가라, 이놈아!" 하면 싸움밖에 더 되겠습니까? 그래서 전도하다가 만날 싸웁니다. "네가 나 믿는 데 보태 준 것 있냐? 믿든지 말든지 맘대로 해라 이놈아" 하지 말라는 것입니다.

우리 귀에 말씀이 들렸는데 반응 속도가 늦어지면 사건 해결의 속도도 늦어집니다. 식구 바라보지 마시고 말씀대로 좇으시기 바랍니다. 남편에 대한 순종이 그냥 되는 줄 압니까? 간절한 예배를 사모하셔야 하고, 목장과 수요예배, 주일예배 나와서 이렇게 처방을 듣기 때문에 살아날 수밖에 없는 것입니다. 인생의 목적이 행복이 아님을 들어야 하는 것입니다. 만날 공부, 회사, 승진 이야기만 하니 우리는 늘 뛰쳐나가고 싶잖아요. 뛰쳐나가지 말고 살아야 합니다.

— 믿지 않는 남편을 전도하기 위해 나는 어떤 노력을 하고 있습니까?

— 말로 훈계하고 비난하는 대신에, 비본질적인 것들을 양보하고 굽히며 결정적인 순간에 복음의 메시지를 전하고 있습니까?

— 우리 가족을 함께 묶어 주신 목적이 구원 이상도 그 이하도 아님을 인정하나요?

— 가족의 구원을 위해서 내가 오늘 꺾고 내려놓아야 할 부분은 무엇입니까?

## 우리들 묵상과 적용

저는 2대째 모태신앙인 아버지와 믿지 않는 어머니 사이에서 맏이로 태어났습니다. 부모님의 잦은 불화로 집에 들어가는 게 싫었던 저는 중학교 때부터 나이트클럽을 다니며 소위 문제아로 살았습니다. 그러나 노는 친구들 무리에도 완전히 속하지 못해 어디에도 마음 둘 곳 없이 분노로 가득한 학창시절을 보냈습니다.

그러다 저의 환경보다 못한 집에 시집가서 내 맘대로 활개치고 살아보리라는 철없는 생각으로 불신결혼을 했습니다. 결혼해서 전도하면 된다 생각하고 시댁을 무시했는데 오히려 제가 종노릇하게 되면서 분하고 수치스러웠습니다. 근친결혼이 관행이던 당시에 사라가 이복오빠인 아브라함과 결혼할 수는 있었지만, 우리 속에 창조 질서가 있어서 사라가 무의식적으로 수치심을 느꼈을 것이라고 한 말씀이 이해가 됐습니다.

남편은 날마다 술을 마시며 회사 여직원과 바람까지 피웠는데, 저는 용서할 수 없어서 점쟁이를 찾아갔습니다. 1년도 못살고 이혼하겠다는 점쟁이 말이 올무가 되어 결국 위자료와 양육비 일절 받지 않고 딸만 데려오는 조건으로 이혼했습니다.

그런데 내 안에 하나님의 형상이 있었기 때문에 점쟁이 말만 듣고 이혼한 것에 대한 죄책감과 두려움을 느꼈습니다. 그런 상태에서 친한 친구가 제 신분증과 도장을 도용해 수천만 원이나 대출하고 갚지 않는 사건이 생겼습니다. 저는 제가 빌리지도 않은 돈을 갚으라는 협박에 못 이겨 시골로 피했고, 천 평이나 되는 음식점에서 혼자 뛰어다니며 오리 잡고 닭 잡고 주방일, 청소, 설거지까지 하면서 일했습니다.

그렇게 힘든 와중에 교회 다니고 명문대학교 박사 1년 차였던 지금의 남편을 만나게 되었는데, 기근을 피해 들어간 바로의 궁에서 나를 진정으로 행복하게 해 줄 사람처럼 보였습니다. 남편의 큰 누님은 앞날이 창창한 남동생을 아이 있는 이혼녀와 결혼시킬 수 없다며 극심하게 반대했습니다. 1년의 사투 끝에 시부모님께 이혼 사실과 아이의 존재를 숨긴다는 조건으로 결혼을 허락받았습니다. 지금도 시부모님은 저의 이혼 사실과 딸의 존재를 모르고 계십니다.

그렇게 고난으로부터 탈출하듯 결혼했지만, 저는 남편이 뭐라고 하지 않아도 늘 혼자 눈치 보며, 남편이 딸에게 한마디라도 하면 다 고깝게 듣고 서운해했습니다. 딸은 공부까지 못해서 남편 앞에 내세울 것 없이 큰소리 한번 못 치고 살았습니다. 남편은 졸업 직후 캐나다 연구원으로 갈 기회를 얻었지만 불안해하는 저를 두고 갈 수 없다며 포기했고, 고학력 때문에 취업이 잘 안 되어 당장 먹고살 것이 없는 형편에 이르게 되었습니다. 이런 환경에서 저는 소그룹의 도움과 목사님의 말씀이 없었다면 또다시 이혼을 생각했을 것입니다.

그러나 말씀을 들으면서 스스로 돌아보니 남편과 결혼하면 내 딸이 남의 자식 사이에서 구박 안 받아도 되겠다는 계산, 남편의 학벌로 신분이 상승하고 물질을 얻게 되리라는 욕심에 저 자신도 속고 있었음이 깨달아졌습니다. 아브라함이 위험을 피하려고 아내인 사라를 누이라고 속인 것처럼 저도 시댁에 딸을 숨기며 자식이 없는 것처럼 속이고 살고 있습니다. 모든 집안 행사 때마다 딸을 친정에 두고 가는 것이 꼭 딸을 죽음으로 내모는 것처럼 느껴져 죄책감으로 마음이 찢어지는데, 딸은 이삭처럼 눈만 껌벅이고 있습니다. 저는 아이가 받았을 상처를 직면하기가 두려워 회피하고만 있습니다. 사라는 이스마엘을 내쫓으라는 구속사의 결정적인 말을 남기고 이후 잠잠히 살며 헤브론의 언약을 상기시키는 삶을 살았는데, 저는 부끄럽게도 아직 구속사의 시각으로 살고 있지 못합니다. 또한 하나님이 지금 남편과의 사이에서 아들을 주셨는데 태어난 지 열흘 만에 데려가셨습니다.

사라의 삶이 결코 행복하지 않았고 오히려 기복의 관점에서 볼 때 박복하다고 하셨습니다. 사라도 아버지 복, 남편 복, 자식 복도 없었다는 것이 위로됩니다. 제가 선한 것이 없는 100% 죄인이라는 생각이 들자, 저도 사라처럼 남편의 말을 하나님의 음성처럼 들으며, 하나님이 세우신 질서대로 남편에게 순종하며 살려고 노력하게 되었습니다.

그리고 돈에 대한 개념이 없는 저를 훈련하시기 위해 하나님이 돈을 허락하시지 않으심을 인정하게 되었습니다. 가스요금을 내지 못해 공급이 중단되는 일이 벌어지자 남편은 안정적인 직장 구하는 것을 포기하고 집 앞 편의점에서 아르바이트를 시작했습니다. 그러면서 남편의 몸과 마음이 정말로 낮아지게 되었지만, 그때처럼 기쁘고 담대하게 주님을 찬양했던 적이 없었던 것 같습니다. 저희의 수준이 낮아서 이 적용 하나 했을 뿐인데 주님은 나중에 남편에게 좋은 직장을 허락해 주셨습니다.

금이나 아름다운 옷으로 단장하지 말고 오직 온유하고 심령에 썩지 아니할 것으로 하라고 하셨는데, 남편에게 순복함으로 죽을 때까지 날마다 단장해서 우리 딸과도 아름다운 작별을 할 수 있는 삶을 살기 원합니다.

## 말씀으로 기도하기

사라는 이기적인 남편 아브라함을 끝까지 떠나지 않았습니다. 비록 실수도 있었지만 중요한 때에 두려움 없이 담대함으로 구원의 적용을 했습니다. 우리 삶도 순간의 기쁨이 아니라 영원한 본향 천국을 위해 살았던 사라처럼 되기 원합니다.

### 사라는 구속사의 시각을 가졌습니다(1-3절)

아버지 복도, 남편 복도, 자식 복도 없는 사라가 중심을 잡고 죽는 그 순간까지 하나님의 약속을 기억한 것을 보고 그동안 내 자녀에게, 내 배우자에게 내가 어떤 사람이었을지 돌이켜보게 되니 부끄럽습니다. 이제라도 구속사의 시각으로 결정적인 한마디를 하고, 하나님의 약속을 상기시키는 중요한 역할을 감당할 수 있도록 도와주옵소서.

### 사라는 고난의 생애를 살았습니다

사라는 하나님이 기뻐하시는 길이 무엇인지 알고 자기 자리를 잘 지키며 갔습니다. 배우자를 무시하고, 자식에게 잔소리를 퍼붓는 저와는 너무 다른 삶입니다. 마침내 열국의 어미로 삶을 결론 낸 사라처럼 저 역시 고난 속에서도 끝까지 가정을 지키는 믿음의 어미가 되기 원합니다.

### 사라는 남편에 대한 순종의 선을 행했습니다

맡겨진 역할에 순복하는 것이야말로 최고의 단장이라는 말씀이 오늘 내 마음을 울립니다. 수많은 실수를 한 아브라함에게 끝까지 순종하는 사라를 보니, 배우자를 탓하며 순복하지 못한 저의 죄를 회개하게 됩니다. 잔소리에는 힘이 없고 오직 구원을 위해 순복하는 것이 최고의 단장임을 믿습니다.

### 남편을 떠나지 않는 것이 순종입니다

배우자가 핍박하니 도저히 살 수가 없어서 짐을 몇 번이나 쌌다 풀었다 합니다. 그런데 아브라함의 집을 떠난 하갈이 잘난 아들을 불신결혼시켜 우상에 팔아넘긴 것을 보니 정신이 차려집니다. 힘든 배우자 덕분에 내가 이렇게 간절하게 기도하게 되었으니, 이 배우자가 은인임이 인정됩니다. 하나님이 허락하신 가정의 자리를 떠나지 않고 순종하며 살다 보면 믿음이 이기는 날이 올 줄 믿습니다.

### 두려움을 극복하고 담대하게 나가게 됩니다

내 배우자, 내 자식이 선교지라고 합니다. 이 사이에서 믿음을 지키며 산다는 것이 어찌나 눈물의 골짜기인지 모릅니다. 참기가 어려워 툭하면 화내고 불평하면서 살다 보니 하루하루가 지옥이고 전쟁입니다. 그러나 이제는  내 십자가에 순복하기 원합니다. 때마다 맡기신 각자의 역할에 순종할 수 있길 소망합니다. 그래서 우리 가정에 순종의 열매가 주렁주렁 열릴 수 있길 소망합니다.

## 영혼의 기도

아버지 하나님, 언젠가는 저도 아름다운 작별을 할 날이 올 것입니다. 그때를 위해 지금부터 유언적인 삶을 살기 원합니다.

사라의 삶을 보니 별 인생이 없는 것 같습니다. 일국의 왕들에게로 갔으면 남들이 부러워하는 삶을 살았을지 모르는데, 사라는 남편 아브라함의 수많은 실수를 눈감아 주며 떠나지 않고 살았습니다. 주님은 그것 하나만으로 박수쳐 주시고 열국의 어미로 삼아 주셨습니다.

이제라도 별 인생이 없음을 알고 우리가 각자의 환경에서 떠나지 않기를 소원합니다. 가정도, 학교도, 회사도, 세상도 다 때려치우고 떠나고 싶은 마음을 만져 주옵소서. 우리에게 주신 하나님의 질서와 역할에 순종할 수 있도록 도와주옵소서. 순종하며 나아갈 때 두려움 없는 담대함도 주실 줄 믿습니다.

그래서 결정적인 순간에 전하는 복음의 한 마디에 권위가 있어 업신여김도 받지 않게 하실 것을 믿습니다. 이스마엘을 내쫓고 약속의 땅인 헤브론에서 마감하는 우리의 인생 될 줄 믿습니다.

언젠가는 모두 작별할 인생인데, 이 짧은 시간에 서로 미워하면서 이를 갈지 않게 하시고, 가정을 떠난 자가 있다면 다시 돌아오게 하시고 역사하여 주옵소서.

예수님 이름으로 기도합니다. 아멘.

아버지 하나님, 우리가 아름다운 사랑을 하기 원합니다. 말씀으로 가르쳐 주옵소서.

11

# 약한 자를 아끼는 것이 사랑입니다

: 창 23:1-3

C. S. 루이스는 "아무리 큰 슬픔을 겪어도 사랑이 있으면 열매를 맺을 수 있다"고 했습니다. 그런데 사람은 사랑을 할 수도 없고, 만들 수도 없고, 지을 수도 없습니다. 우리가 사랑이라고 착각하는 것에는 여러 종류가 있습니다. 너무나 갖고 싶은 정욕적 사랑 에로스가 있는가 하면, 친구나 스승과 나누는 필레오의 사랑도 있습니다. 이런 사랑을 통해 우리는 배신을 당하고 배신하기도 하면서 마침내 진정한 하나님의 사랑, 아가페의 사랑을 알아 갑니다.

아브라함이 많은 질고를 겪으면서 사랑을 알게 된 것은 만세 전부터 계획하신 하나님의 선택이기도 하지만, 사라의 순종의 힘이 컸기 때문이기도 합니다. 아름다운 순종으로 작별을 하고 간 사라가 있었기에 아름다운 사랑을 하게 된 아브라함이 있을 수 있었습니다. 열국의 아비 아브라함이 어떤 사랑을 했는지 살펴보겠습니다.

### 진심으로 울어 주는 사랑을 했습니다

1 사라가 백이십칠 세를 살았으니 이것이 곧 사라가 누린 햇수라 2 사라
가 가나안 땅 헤브론 곧 기럇아르바에서 죽으매 아브라함이 들어가서
사라를 위하여 슬퍼하며 애통하다가 _ 창 23:1-2

보통 남편들은 부인이 죽으면 겉으로는 울지만 화장실 들어가서 너무나 좋아 웃는다고 합니다. 그것은 세상 사랑입니다. 이 세상의 사랑이 그렇다는 것을 인정해야 합니다. 그런데 아브라함은 애통해하며 큰 소리로 울었습니다. 사라는 보통의 아내를 넘어서는 육과 영의 돕는 배필이었으며, 가나안 땅에 들어와서 유일한 동역자로, 동지로 살았기에 아브라함의 슬픔이 너무나 컸습니다. 저는 아브라함이 진심으로 슬퍼했으리라고 생각합니다.

그러면 성경 다른 곳에서는 죽음이 있었을 때 어떻게 반응했을까요? 우선 사무엘상 25장에는 남편의 구원을 위해서 현숙한 여인으로 산 아비가일의 남편 나발이 나옵니다. 그는 돈도 많고 풍족했지만 어리석었습니다. 그래서 예수 믿는 다윗을 무시하고 돕지 않았습니다. 자신이 가진 권세와 재물을 믿고 하나님을 신실하게 믿는 부인도, 다윗도 멸시

했습니다. 결국 하나님은 나발을 하루아침에 데려가십니다. 그런데 아비가일이 그런 남편을 위해서 슬퍼하고 애통해했다는 소리가 없습니다. 왜냐하면 구원받지 못하고 갔기 때문에 그렇습니다. 더군다나 아비가일은 남편 상중에 다윗의 청혼을 받고 급히 일어나서 따라갔습니다. 이것을 수절하지 못하고 다른 남자에게 갔다고 비난한다면 성경을 예수 없이 읽고 있는 것입니다.

성경을 예수 없이 읽으면 룻이 보아스의 이불을 들고 그 안으로 들어갔다는 이야기는 희대의 스캔들로만 보일 것입니다. 예수가 없으면 성경 속 이야기는 전부 이해가 안 되는 이상한 이야기에 불과합니다. 그러나 아비가일이 다윗을 따른 것은 그가 예수님의 조상이 될 믿음의 사람이었기 때문으로 보아야 합니다.

또한 사도행전 7장에 보면 경건한 사람들이 돌에 맞아 순교한 스데반을 장사하고 크게 우는 장면이 나옵니다. 그의 설교는 기독교의 우수성을 전 세계에 알린 유명한 설교인데도 유대인들은 그를 돌로 쳐 죽였습니다. 사도 바울도 변화되기 전에는 그 죽음을 마땅히 여겼습니다. 말씀이 안 들리니 교회를 오래 다니고 율법과 성경에 능통해도 스데반을 광신도로 생각하고 "저런 광신도 잘 죽었다" 한 것입니다. 구약에 능통하고 성경에 능통해도 예수가 없으니 이럴 수 있습니다.

예수님도 나사로가 죽었을 때 눈물을 흘리셨다고 했습니다. 죽음은 사랑하는 사람들에게 눈물이며 애통이 됩니다. 내가 죽었을 때 진심으로 애통해 줄 누군가가 있습니까? 내가 사라처럼 살아야 남편도 자식도 진심으로 슬퍼하고 애통해할 것인데, 과연 내 삶의 결과는 어떨 것 같습니까?

어떤 사람들은 사라가 첩인 하갈과 이스마엘을 내쫓더니 저렇게 빨리 죽었다고 하면서 사라가 죽은 것을 마땅히 여기기도 합니다. 예수가 없으면 같은 말씀도 이렇게 들리지가 않습니다.

그런데 슬퍼하고 애통한다고 해서 다 같은 것이 아닙니다. 김일성이 죽었을 때 북한 주민들이 광적으로 우는 것을 봤습니다. 그들에게는 하나님이 없고, 김일성 동상을 만들어 놓고 우상으로 숭배했는데, 그런 그가 죽으니까 광적으로 울었습니다. 하지만 그것은 구원과 상관없는 울음입니다. 슬프거나 말거나 구원과 상관없는 삶이 많습니다. 진심으로 울어 주는 것은 부모형제도 아닌 영적 지체만이 해 줄 수 있습니다.

사라를 향한 아브라함의 눈물은 거짓이 아닙니다. 그의 눈물은 윤리적, 도덕적, 행위적 울음도 아닙니다. 구원의 울음입니다. 우리는 이렇게 구원의 울음, 믿음의 울음을 울어야 할 것입니다.

연인이었다가 헤어지는 일이 있어도 서로의 구원을 위해서 믿음의 울음을 울어야 합니다. 떠난 자리가 아름다워야 나중에 만났을 때 구원의 이야기를 할 수 있는 것 아니겠습니까? 지금 불륜관계에 있다면 칼 같은 적용으로 헤어져야 합니다. "내가 구원 때문에 헤어진다"고 분명하게 말해야 합니다. 지금은 아픔이라도 이것이 진심으로 울어 주는 사랑인 것입니다.

C. S. 루이스가 사랑에 대해서 쓴 《네 가지 사랑》에는 피제트 부인 이야기가 나옵니다. 피제트 부인이 죽었는데 슬퍼하기는커녕 온 가족의 얼굴이 밝아졌고 참으로 놀라운 일이 벌어졌습니다. 남편의 얼굴에서

그늘이 사라졌답니다. 웃기까지 한답니다. 전에는 늘 신경질만 부리던 작은 아들도 알고 보니 참 좋은 아이였고, 잠잘 때를 빼고는 집에 붙어 있지도 않던 큰아들이 이제는 집에 붙어 있고, 심지어는 정원 손질도 한다고 합니다. 허약한 줄 알았던 딸아이도 전에는 생각하지 못했던 승마 강습을 받으러 다니고, 밤새 춤을 추기도 하면서 테니스까지 친다고 합니다. 데리고 나가는 사람이 없으면 외출이 금지되었던 그 집의 개도 동네 골목을 주름잡는 유명인사가 되었다고 합니다.

피제트 부인은 생전에 늘 "나는 가족을 위해서 산다"고 말했습니다. 이 말은 거짓이 아니었습니다. 이웃 사람 누구나 인정하는 사실이었습니다. 부인은 모든 집안 일을 혼자 맡았습니다. 세탁소에 맡길 여유도 있었고 가족들 모두 그러지 말라고 간청했지만 그녀는 아랑곳하지 않고 혼자서 빨래를 도맡아 했습니다.

한 사람이라도 집에 있으면 그 식구를 위해서 늘 따뜻한 음식을 만들어 주었고 심지어는 한여름 밤에도 따뜻한 음식을 차려 주었습니다. 가족들이 그러지 말라고, 심지어 어떤 가족은 "나는 찬 음식을 너무 좋아한다"고 눈물을 글썽거리며 이야기해도 아랑곳없이 따뜻한 음식을 해서 바쳐야 직성이 풀렸습니다. 왜냐하면 그녀는 가족을 위해서 사는 사람이었기 때문입니다.

밤늦게까지 귀가하지 않은 식구가 있으면 새벽 2~3시까지라도 자지 않고 기다려 맞아 주었습니다. 식구들은 늘 자신을 기다리고 있는 아내와 엄마의 피곤하고 창백한 얼굴을 보면서 무의식적으로 힘들었던 것입니다. 또 이 부인은 손수 무엇인가를 만들어야 했습니다. 가족들은 늘 엄마가 만든 옷들을 입어야만 했습니다. 가족의 건강에 대한 걱정은 또 어찌나 지극했는지, 허약한 딸아이가 아프면 병원에도 안 가고 늘 가정의를 집으로 불러다가 진료를 하게 했습니다.

이렇게 자기 혼자 모든 것을 떠맡았습니다. 가족들은 그녀를 말릴 수도 없고 그렇다고 일하는 것을 지켜만 볼 수도 없고, 그래서 다들 정신적으로 육적으로 시들어 갔습니다. 그 집에서 오직 이 엄마의 보호에서 벗어나서 용케 도망가는 것은 오직 개밖에 없었습니다.

C. S. 루이스는 피제트 부인이 죽고 나서야 안식을 누린다고 했습니다. 그리고 그녀의 가족들도 지금 다 평안을 누리고 있다고 했습니다.

비단 이 피제트 부인만의 이야기가 아닙니다. 우리는 엄마이고 아니고를 떠나서, 누군가의 필요를 채워 주기 위한 나의 노력이 거절당하면 아주 손쉬운 대체물로 애완동물을 이용한다고 합니다. 그 동물을 일평생 나만을 필요로 하는 존재로 만든다는 것입니다. 그래서 그 동물이 죽을 때까지 유아적 단계에 머물게 하면서 허약하게 살도록 합니다. 동물에게 어울리는 진정한 행복은 다 빼앗은 채 내 탐닉만 채웁니다. 다시 말하자면, 내 탐닉을 위해 개 한 마리의 일생을 망쳐 놓는 것입니다. 그러면 다른 식구들 인생 망칠 시간이 그만큼 줄어드니 유용한 면이 있기는 합니다. 그래서 C. S. 루이스는 내가 애완동물을 좋아하는 이유가 진짜 무엇인지 진지하게 살펴볼 필요가 있다고 말합니다. 인간관계의 도피처로 동물을 찾는 사람들이 있기 때문입니다.

피제트 부인은 일평생 가족을 위해서 살았지만 결국 그녀를 위해 진심으로 울어 주는 사람이 없었습니다.

— 내가 죽었을 때 누가 가장 진심으로 애통해할 것 같습니까? 나를 위해 울어 줄 영적 지체가 있나요?

— 내가 없으면 가족들은 나를 그리워할까요, 편안해할까요? 온종일 가족을 위해서 산다고 열심을 내지만, 정작 온 가족을 힘들게 하고 있지는 않습니까?

### 귀히 여기는 사랑을 했습니다

베드로전서 3장 6절이 남편에 대한 순종이 아내에게 최고의 선이라는 것을 말한다면, 7절은 남편들의 사랑을 이야기합니다.

> 남편들아 이와 같이 지식을 따라 너희 아내와 동거하고 그를 더 연약한 그릇이요 또 생명의 은혜를 함께 이어받을 자로 알아 귀히 여기라 이는 너희 기도가 막히지 아니하게 하려 함이라 _ 벧전 3:7

사랑하기 때문에 귀히 여기는 것입니다. 남편의 최고의 선은 아내 사랑입니다. 이 사랑은 순종보다도 더 힘든 일입니다.

'지식을 따라 너희 아내와 동거하라'는 말씀은 곧 자신의 의무를 행하라는 것인데, 이 의무가 바로 아내를 귀히 여기라는 것입니다. 아내에게 합당한 존중과 신뢰를 보내고 그를 믿으라는 의미입니다. 아내가 잘나거나 능력이 있어서가 아니라 연약한 그릇이기 때문에 귀히 여기라는 것입니다.

사실 본질적으로 아내와 남편은 동등합니다. 우리는 생명의 은혜를 함께 유업으로 받을 자들이기 때문입니다. 그런데 만일 아내를 귀히 여기지 않으면 기도를 방해받게 되고, 기도를 방해받으면 영적 생활이 막히기 때문에 가장 중요한 생명의 은혜를 받을 수 없습니다. 결국, 남편이 아내를 귀히 여기지 않는 것은 아내가 남편에게 순종하지 않는 것보다 훨씬 치명적입니다. 영적 생활이 막힌다는 뜻입니다. 그렇기 때문에 남편들이 아내를 귀히 여기는 사랑은 연약한 자를 귀히 여기는 마음이자 곧 천국 가는 마음입니다.

그런데 아내가 힘이 없다고 함부로 대하고 언어와 물리적 폭력을 쓰는 남자들이 너무나 많습니다. 하나님의 생기가 들어가지 않은 남자들은 짐승과 재질이 같습니다. 아무리 잘나도 짐승처럼 힘밖에 자랑할 것이 없습니다. 그렇기 때문에 대화를 제대로 못하고 늘 으르렁거리는 것입니다.

그런데 여자들에게는 남자들이 겉보기에는 강하지만 연약한 존재임을 인정하고 그들에게 순종하라고 하셨습니다. 이것이 축복의 벌이라고 했습니다. 짐승을 머리에 이고 지고 살라는 것입니다. 사라가 이 벌을 잘 받아서 예수님의 조상이 되었습니다.

"지식을 따라 아내와 동거하고, 상대의 연약을 인정하며, 귀히 여기라"는 것은 그 역할에 순종하라는 의미입니다. 영육간에 약한 남편도 많지만 영육간에 약한 아내도 많습니다. 몸도 약하고 정신도 약하고 믿음마저도 약할지라도 저버리면 안 된다는 것입니다. 이것은 생명의 문제와 직결되는 것입니다. 그래서 남자에게 끊임없이 말씀의 지식이 필요합니다. 왜냐하면 남자들은 순종보다 사랑하는 것이 훨씬 어려운 임무라고 생각합니다. 아내들은 연약해서 근본적으로 순종하는 것이 쉽지만, 상대적으로 강한 남편은 연약한 자를 귀히 여기는 것이 힘들기 때문입니다.

교회에서도 갖춘 자는 근본적 순종이 어렵습니다. 그래서 세력이 있는 자가 공동체를 잘 섬기는 것을 보면 세력 없는 자가 섬기는 것보다 높은 점수를 얻는 것입니다. 한때 이용규 선교사의《내려놓음》이란 책이 오랫동안 베스트셀러가 된 적이 있습니다. 여러가지 비결이 있었지만, 그중 저자가 하버드대학 출신인 것도 한몫했습니다. 대단해 보이는 사람이 자기가 가진 것 다 내려놓고 겸손하게 섬긴다고 하니 박수를 받은 것입니다.

믿는 사람이 겉으로 보기에 연약한 자를 무시하면 생명을 얻을 수가 없습니다. 그래서 우리들교회가 연약한 자를 품고 가는 것이 얼마나 성경적인지 모릅니다. 환난당하고 빚지고 원통한 자와 같이 울어 주고, 빈부를 차별하지 않으며, 신랑 되신 주님이 교회를 사랑하심과 같이 귀히 여기면 생명을 얻게 되고 기도가 막히지 않는 것을 경험하게 되는 것입니다.

엔드류 머레이(Andrew Murray)는 기도와 지식, 하나님의 말씀은 분리될 수 없다고 했습니다. 기도와 말씀이 함께할 때 능력이 나타나는데, 이때 남편의 첫째 적용이 아내를 귀히 여기라는 것입니다.

남자는 갖추면 갖출수록 말씀이 없이는 아내를 귀히 여길 수가 없습니다. 핍박받는 사람은 저절로 말씀에 은혜를 받지만, 핍박하는 사람은 말씀이 없고 지식이 없으니 아내를 귀히 여기기가 너무 힘들다는 것입니다. 부자가 천국 가는 것이 낙타가 바늘귀로 들어가는 것보다 더 힘들다고 했는데 남편들이 아내를 귀히 여기기가 이와 비슷합니다.

그런데 요즘에는 꼭 남편들만 놓고 이렇게 말할 수가 없는 것이, 폭력적인 아내, 남편 때리는 아내도 많습니다. 아내가 바람을 더 많이 피우기도 합니다. 그러니 꼭 남편, 아내를 구분짓지 말고 강한 자가 약한 자를 품어 주어야 한다고 생각하면 좋겠습니다. 즉 강한 자가 약한 자를 귀히 여겨야 한다는 뜻입니다.

어떤 분은 남편이 자기도 때리고 아들도 때리더니 급기야는 며느리까지 때리는데, 그걸 보고 있자니 너무 힘들어서 차라리 혼자 살고 싶다고 합니다. 술 먹고 때려 부수고 연약하다고 그저 만날 주먹다짐을 하는 것이 남자들의 본능입니다. 이런 남자에게 말씀을 심고 복음을 심기 위해서는, 아름다운 사랑을 받기 위해서는 아내가 먼저 순종의 선을 행해야 할 줄로 믿습니다.

이것을 가르쳐 주시기 위해서 하나님은 믿음의 조상인 아브라함과 사라에게 이 치졸함을 다 겪게 하셨습니다. 거짓말하고 첩을 얻어 들이면서도 믿음의 조상이 되게 하셨습니다. 아비멜렉처럼 훌륭한 사람들은 믿음의 조상이 못 됩니다. 여러분은 어떻습니까? 겉으로는 멀쩡하고 훌륭해 보이는데, 그래서 사랑도 멋있게 하는 것 같은데 그 마음속에 짐승 같은 교만이 자리 잡고 있지 않습니까?

인간은 100% 악하고 음란하기 때문에 선할 수가 없다는 것을 인정해야 합니다. 아내들은 어떻게 하면 아름다운 순종을 통해서 남편에게 아름다운 사랑을 받을까 기도하길 바라고, 남편들은 아내를 귀히 여기지 않으면 천국 가지 못하고 생명도 받지 못하며 기도 생활, 영적 생활이 다 막힌다는 것을 기억하기 바랍니다.

— 남편으로서 육적, 정신적, 영적으로 연약한 아내를 사랑하고 귀히 여기며 품어 주고 있습니까?
— 말씀이 있는 사람이 강한 사람인데, 나는 가정에서 강한 자인가요, 약한 자인가요? 강한 자로서, 약한 자로서 내가 적용해야 할 것은 무엇입니까?

### 아름다운 사랑으로 일어났습니다

아름다운 사랑은 일어나게 합니다. 남편을 일으키고, 아내를 일으키고, 교회를 일으키고, 목장을 일으키고, 집안을 일으킵니다. 아브라함도 사라의 시체 앞에서 일어났습니다.

그 시신 앞에서 일어나 나가서 헷 족속에게 말하여 이르되 _ 창 23:3

어쨌든 사람이 육신을 입고 있어야 미워도 하고 사랑도 하는데, 아브라함에게 그 대상이 없어졌습니다. 60년 넘게 둘이 하나가 되어 살아왔는데, 같이 보고 만지고 확인해야 하는 몸이 없어졌습니다. 이 땅에서 육으로 보고 만날 사람이 없다는 것은 하나님을 모르는 사람에게는 공포입니다. 아무리 밉고 증오하던 인간도 이 땅에 단둘밖에 없던 대상이 사라지면 견딜 수가 없는 것입니다.

다섯 살짜리 미셸은 2차 세계대전 와중에 수용소에서 탈출했습니다. 파리의 한 용기 있는 부부가 이 미셸을 숨겨 주었습니다. 미셸은 6개월 동안 책도, 라디오도, 친구도, 가족도 없는 완벽히 고립된 시간을 보냈습니다. 숨겨 주고 먹을 것을 가져다 주었지만 하루에 딱 두 마디만 했습니다. 그러다 몇 주일 안 가서 미셸은 단어도 잊어버리고, 정신적으로 충격을 받았습니다.

나중에 은신처가 들켜서 미셸은 다시 수용소에 잡혀 갔습니다. 그런데 이것이 미셸에게는 부활입니다. 수용소에 가면 친구들과 떠들고 놀 수 있었기 때문입니다. 50년이 지난 후 미셸은 다섯 살 때의 가장 큰 충격은 수용소 생활이 아니라 목숨을 구해준 파리의 그 가정에서 지내면서 겪은 고립이었다고 합니다. 피제트 부인도 가족을 열심히 섬겼지만 가족은 오히려 억압을 느꼈다고 합니다. 무엇이 진짜 사랑인지 우리가 알아야 합니다.

아브라함도 부인 사라의 순종으로 참된 사랑을 알게 되었고, 이제는 두려움 없이 일어납니다. 고린도전서 15장 55~56절을 보면 "사망아 너의 승리가 어디 있느냐 사망아 네가 쏘는 것이 어디 있느냐 사망이 쏘는 것은 죄요 죄의 권능은 율법이라"고 합니다. 가장 마지막 원수가 사망인데, 지금 아브라함이 '사라' 앞에서 일어났다고 하지 않고 '시신' 앞에서 일어났다고 했습니다. 죽고 사는 것이 하나님의 순서라는 것을 받아들인 것입니다. 그는 이 땅에서 육신으로 살고 있던 사라의 죽음 때문에 실족하거나 좌절하지 않았습니다. 이것이 아름다운 사랑의 결과입니다. 잠시 후 천국에서의 만남을 기약하면서 부활 신앙을 가지고 일어난 것입니다.

부모님이 일찍 돌아가셔서 고아로 자란 폴 투르니에(Paul Tournier)는 아내의 죽음으로 또 상실감을 느끼게 되었습니다. 그런 그가 슬픔을 겪으면서 "나는 성경이 말하는 고아와 과부가 되었다. 슬픔의 두 가지 반응은 파괴적 행동 아니면 창조적 행동인데, 나는 아내가 죽은 후에 나의 창조적 욕구가 새롭게 일어나는 것을 느꼈다"고 말했습니다. 사람들은 "어떻게 아내가 죽었는데 저럴 수가 있는가?" 하면서 아내와의 사별을 가볍게 받아들이는 것을 두렵게 여기지만, 이것은 슬픔을 부정하는 것과는 정반대입니다. 폴 투르니에는 슬픔이 크면 클수록 슬픔이 생산하는 창조적 에너지도 커진다는 것을 알았습니다.

홀로 늙어 가는 것은 함께 늙어 가는 것과는 아주 다릅니다. 폴 투르니에는 아내와 나눈 풍성한 대화가 그립다고 했습니다. 자기는 부모님과 늘 천국에서 만날 날을 기다리며 살아왔다고 했습니다. 그리고 아내와의 새로운 사별을 겪으면서도 자신과 천국은 더 강하게 연결되었고, 그로 인해 이 세상의 문제에 대한 관심이 오히려 더욱 커졌다고 합니다. 비록 자신은 큰 슬픔을 안게 되었지만, 그와 동시에 행복한 사람이라고 고백합니다. 그 역시 죽음의 현장에서 아브라함처럼 일어난 것입니다.

저는 부부가 함께 아름다운 음악을 논하고, 미술을 논하고, 눈이 오면 같이 눈을 맞는 것들을 아름다운 사랑이라고 생각하지 않습니다. 삶은 로맨스 소설이 아니잖아요? 사라는 아버지 복, 남편 복, 아들 복도 없는 가운데서 남편이 두 번이나 자신을 팔아먹고, 첩을 얻고, 그런 가운데서도 그 삶에서 도망치지 않고 끝까지 살면서 아름다운 순종을 이루지 않았습니까?

그러면 남편들이 하는 아름다운 사랑은 도대체 무엇일까요? 장미꽃 사다 주고, 때마다 이벤트해 주는 것이 아니라 구조적으로 짐승 같은 남편들이 그럼에도 아내의 말을 잘 들어주는 것입니다. 아주 사소한 것까지 아내 말을 잘 들어주고 존중해 주는 것이 귀히 여기는 것이고, 아름다운 사랑인 것입니다.

남편들은 조강지처가 잔소리하는 것을 들어주어야 할 책임이 있습니다. 그런데 그것을 못 들어줍니다. 강한 자에게는 약하고, 약한 자에게는 강한 것이 우리의 습성입니다. 누구든지 약한 자는 무시하게 되어 있습니다. 원리가 그렇습니다. 그러나 남편들이 아내를 귀히 여기지 않으면 천국에 갈 수 없다고 성경은 이야기합니다. 구원이 없다는 것입니다. 그러니까 남편들은 지금 아내가 옆에 있을 때 귀히 여기시길 바랍니다.

내 배우자가 지난날 아무리 잘못했어도 가정을 버리지 않은 것이 감사하고, 바람을 피워도 가정을 버리지 않은 것을 감사해야 할 것입니다. 아무리 짐승 같은 구조 속에 살았어도 가정 버리지 않고 말씀을 듣는 것 자체가 아름다운 사랑을 보여 주는 것이라고 생각합니다. 아브라함도 치졸하게 살았는데 우리가 내세울 게 뭐가 있습니까? "나는 이제 주님밖에 없다. 이제 일어나서 영적 상속자를 위해서 살겠다" 하고 이야기하는 것이 가장 아름다운 사랑인 줄 믿습니다. 그 사랑은 영혼 구원의 사랑인 것을 믿습니다.

— 진정한 부부간의 사랑이 무엇이라고 생각합니까? 사소한 말도 경청하고 약함을 귀히 여기는 참사랑을 하고 있습니까?

— 죽음이라는 사건 앞에서 아름다운 작별을 경험했습니까? 죽음의 현장에서 울고 통곡하며 하나님을 원망합니까, 천국에서 만날 것을 소망하며 일어났습니까?

## 우리들 묵상과 적용

저는 불신가정에서 태어났습니다. 초등학교 때 어머니가 춤바람 때문에 쫓겨나시면서 아버지는 고향에서 살기가 부끄럽다며 갑자기 서울로 이사를 하셨습니다. 그 후 젊고 예쁜 새어머니를 맞이하신 아버지는 갑자기 직장암 말기 선고를 받고 1년 정도 연명하시다 돌아가셨습니다. 아버지는 돈이 많았지만, 나발처럼 어리석은 삶을 사셨기에 애통해 줄 사람도, 진심으로 슬퍼해 줄 부인이나 자식도 없었습니다.

저는 아버지가 아프실 때부터 교회 가서 아버지를 살려달라고 울면서 새벽기도를 다녔습니다. 하지만 아버지의 죽음 앞에 동생들을 돌봐야 하는 책임을 떠안게 되었고, 외로움 속에 하나님을 원망했습니다. 불교 신자셨던 새어머니는 제가 예수 믿는 사람과 결혼하는 것을 반대하시다가 아버지의 재산을 다 가지고 미국으로 떠나 버렸습니다.

이후 저는 교회 청년부에서 만난 아내와 결혼 후 건설회사에 취직하여 멀리 지방으로 갔습니다. 그리고 주일도 쉬지 못하고 열심히 일해 공로를 인정받았고, 자금을 관리하며 많은 돈을 만지게 되었습니다. 그러면서 매일 유흥을 즐기며 술과 여자에 중독되어 갔습니다. 하나님의 지식이 절실히 필요함에도, 나의 야망만 좇으며 결국엔 교회도 나가지 않게 되었습니다.

그러던 중 피제트 부인처럼 항상 따뜻한 밥을 챙겨 주며 내 몸을 생각해 주는 다섯 살 연상의 여자를 몰래 만나기 시작했습니다. 눈치를 챈 아내는 그만 만날 것을 간절히 부탁했지만 저는 모든 것을 아내 탓으로 돌리며 일주일의 반은 그 여자 집에서 살았습니다. 결국 처갓집 식구가 총출동하여 저를 간통 사건으로 고발하는 바람에 보름간 유치장에 갇히는 생애 최대의 수치를 당하면서 꼭 복수하겠다고 이를 갈았습니다.

그때의 저는 하나님의 생기가 들어가지 않은 짐승과 같았기에 그 누구와도 대화를 못 하고 내 힘으로 해결하겠다며 으르렁거렸습니다. 목숨보다 소중한 내 자존심을 건드린 아내를 절대로 용서할 수가 없어 아이를 하나씩 맡아 키우기로 하고 이혼을 결정했습니다. 하지만 불륜으로 만나던 여자와 막상 살아 보니 몰래 만나던 때와는 달리 마음이 맞지 않았고, 성질은 아내보다 더 사나웠습니다. 아내가 아이를 야단칠 때는 아무렇지도 않았는데 그 여자가 내 아이에게 화를 낼 때는 피가 거꾸로 솟는 것 같았습니다. 그래서 염치없이 아내에게 다시 합치자고 했고, 여섯 살 아들과 헤어진 것으로 가슴앓이하고 있던 아내는 흔쾌히 승낙해서 재결합했습니다.

그러나 사업이 번창하게 되자 저는 또다시 바람을 피웠습니다. 교회에서는 안수집사로, 찬양 대장으로, 십의 이조 헌금을 바치며 열심히 봉사했기에 아무도 내 음란죄를 모를 거라고 확신하면서, 하나님께만 용서를 빌면 그래도 천국은 갈 수 있다고 장담했습니다.

거듭된 저의 바람 사건 때문에 아내는 주일예배, 수요예배, 소그룹예배, 양육에 매달렸습니다. 그리고 조금씩 달라져 갔습니다. 저는 말씀 들으러 한 번만 오라는 아내의 간곡한 부탁에 미안한 마음으로 주일예배에 갔습니다. 그날 설교 말씀 중에 "남편이 바람피우는 것이 의심이 되어도 핸드폰 통화 내역은 뒤지지 말아야 하고, 남편한테는 더 잘해 주라"고 하시며, "내가 변한 만큼 남편도 변하게 되니 자기 죄를 보라"고 하시는 말씀에 내 편이 되어 주는 아군을 만난 듯 기뻤습니다. 그 말씀을 나에게 주시는 음성으로 듣기보다 '아내만 회개하면 된다'고 생각했습니다. 아내를 향해 '네가 짐승을 머리에 이고 지고 사는 것이 하나님 뜻이다!' 하며 당당하게 팔짱 끼고 잤습니다. 그러면서 교회를 떠나지 않고 붙어만 있었더니 신기하게도 말씀이 조금씩 들리기 시작했습니다.

아내를 버리면 생명의 문제와 직결된다고 하시며, 남자들에게 훨씬 말씀의 지식이 필요하다고 했습니다. 연약한 자를 무시하기 쉽고 순종보다 사랑하는 것이 훨씬 어려운 임무라는 말씀에 감동을 받았습니다. 아내는 말씀대로 제게 아름답게 순종하며 진심으로 애통해하고 구원의 눈물을 흘리며 기도했습니다. 그 정성과 사랑으로 저는 일 년 만에 소그룹모임에 참석하게 되었고, 참석하는 첫날 제 의지가 아닌 성령의 감동으로 그동안의 음란죄와 그 외 모든 죄를 낱낱이 아뢰며 눈물로 회개했습니다. 그리고 내가 죄를 끊을 수 없으니 하나님이 끊게 해달라고 기도했습니다. 그 후 외도녀의 전화번호가 입력된 핸드폰을 없애 버렸고, 그 여자가 사는 곳 근처에는 아예 가지도 않는 적용을 하며 음란을 끊고 새로운 삶을 살게 되었습니다.

주님이 교회를 사랑하심과 같이 이제는 아내를 귀히 여기면서 사소한 일에도 아내의 의견을 존중하려고 합니다. 치졸하고 음란한 저를 믿고 떠나지 않으면서 그저 옆에 있어 구원을 말하며 눈물로 기도해 준 아내의 아름다운 사랑에 감사하며 살겠습니다. 생명의 유업을 주신 하나님 사랑합니다.

## 말씀으로 기도하기

아브라함은 사라의 죽음을 받아들이고 시체 앞에서 일어났습니다. 이것이 아름다운 사랑의 결론입니다. 자신을 끝까지 떠나지 않고 순복한 사라를 귀히 사랑했기에 애통해하며 큰 소리로 울었습니다. 내 배우자를 귀히 여기지 않으면 생명의 은혜를 유업으로 받지 못한다는 것을 항상 기억하고, 상대방을 늘 귀히 여기는 사랑을 하기 원합니다.

**진심으로 울어 주는 사랑을 했습니다**(1-2절)

가족을 위해 참 열심히 살았다고 생각했습니다. 모욕을 당해도 참고 땀을 흘리며 돈 버는 이유가 모두 가족을 위한 일이라고 생각했습니다. 그러다 보니 어느 순간 '왜 나만 이렇게 애써야 하는가'라는 억울한 생각이 들었고, 그런 나를 아무도 이해해 주지 않는 것 같은 가족이 원망스러웠습니다. 그러나 말씀을 듣고 보니 과연 그 노력이 정말 가족을 사랑해서 한 일이었는지 되돌아보게 됩니다. 그저 나만의 만족이었고, 탐욕이었고, 이기심이었음이 인정됩니다. 내가 죽으면 과연 내 가족이 나를 위해 애통해하며 끝까지 기억해 줄까 하는 생각도 듭니다. 이제는 저의 생색과 열심을 내려놓고, 하나님의 진정한 사랑으로 가족을 섬길 수 있길 원합니다.

### 귀히 여기는 사랑을 했습니다

짐승처럼 힘밖에 자랑할 것이 없어서 연약한 배우자와 자식들을 그렇게 핍박했습니다. 순종하는 배우자를 마음으로 사랑하기보다는 왜 그것밖에 못 하느냐고, 왜 내 마음에 들게 더 못하느냐고 비난했습니다. 그런데 아내를 귀히 여기지 않으면 기도가 막히고 영적 생활이 막혀 구원이 없다는 말씀을 들으니 내 죄를 통감하게 됩니다. 그동안 제가 약한 자에게는 강하고 강한 자에게는 약한 치졸한 삶을 살았다는 것이 깨달아집니다. 이제라도 내 배우자를 더욱 귀히 여기고 섬기길 원합니다.

### 아름다운 사랑으로 일어났습니다(3절)

기념일을 챙기고, 집안일을 하고, 남들 보기에만 좋은 척하면서 내 할 도리 다했다고 우쭐했습니다. 배우자가 나를 떠나지 않고 곁에 있어 준 것은 제가 잘해서가 아니라 하나님 말씀에 순종해서인데, 그런 배우자를 약자 취급하며 그 위에 군림하려고 했습니다. 이제 비로소 우리의 본향은 천국이고, 이 땅에서 죽더라도 천국에서 다시 만나려면 배우자를 귀히 여겨야 함을 깨닫습니다. 짐승의 구조에서 벗어나 말씀 듣는 자리를 지키고 식구들에게 아름다운 사랑을 보여 줄 수 있길 원합니다.

하나님 아버지, 이 세상 떠날 때 누가 나를 위해 울어 줄까 생각을 하면 자신이 없습니다.

연약한 배우자를 귀히 여기지 않으면 생명의 은혜를 유업으로 받을 수가 없다고 하시는데, 그럼에도 강한 자의 입장에서 약자를 무시하고 싶을 때가 얼마나 많은지 모릅니다. 그러나 그것은 절대 천국에 들어갈 수 없는 지름길이라 하십니다.

우리가 연약한 배우자를 귀히 여기도록 그 마음을 붙잡아 주옵소서. 연약한 배우자가 생명의 은혜를 함께 받을 자임을 알게 하옵소서. 상대를 귀히 여기고, 생명과 구원이 막히지 않도록 도와주옵소서.

예배의 자리에 나온 우리에게 아름다운 사랑이 들어온 줄 믿습니다. 말씀의 지식을 따라 동거하며, 예배를 온전히 지키며, 하나님의 말씀을 배우길 원합니다. 제 힘으로 사랑도 못 하고 귀히 여기지도 못하오니, 말씀 안에서 죽어지고 썩어지고 밀알 되도록 안수하여 주옵소서. 가족들을 더욱더 섬기도록 은혜를 허락하옵소서. 약한 자를 품고 가는 강한 자 되게 도와주옵소서.

예수님 이름으로 기도합니다. 아멘.

아버지 하나님, 아름다운 사랑과 작별로 약속의 땅에 도달한 아브라함을 봅니다. 우리도 약속의 땅에 도달하길 원합니다. 말씀하여 주옵소서, 듣겠나이다.

12

# 약속의 땅을 위해 값을 치러야 합니다

: 창 23:4-20

커뮤니케이션 전문가 전미옥 씨가 쓴《대한민국 20대, 말이 통하는 사람이 돼라》를 보면 20대들이 생각하는 취업을 위한 스펙 5종 세트는 학점, 자격증, 토익점수, 해외연수, 인턴 경험이고, 기업에서 원하는 스펙 5종 세트는 커뮤니케이션 능력, 기획서 등 문서 작성 능력, 프레젠테이션 능력, 대인 관계와 비즈니스 예절, 회사 업무와 관련된 상식적 지식이라고 합니다.

전 세계의 20대가 가장 들어가고 싶어 하는 구글에서 입사 면접 때 지원자들에게 낸 문제는 "여덟 살짜리 조카에게 데이터베이스를 설명하시오"였습니다. 이 질문의 목적은 지원자가 여덟 살짜리 아이와도 커뮤니케이션이 가능한지 알아보려는 것이었습니다. 기업이란 돈을 벌어야 합니다. 돈을 벌기 위해서는 세대를 넘나드는 커뮤니케이션 능력이 있어야 한다는 것입니다.

자신의 꿈을 이루고 싶다면 누구와도 말이 통하는 사람이 되어야 하고, 말이 통하는 사람이란 누구와도 쉽게 통하는 사람인데 이것이 참 쉽지가 않습니다. 학벌이 있고 토익점수가 높아도 커뮤니케이션이 안 된다는 것입니다.

진정한 소통은 약속의 땅을 알고 약속의 땅을 차지한 사람만이 할 수 있습니다. 그러면 어떤 사람이 진정한 소통을 하며, 누가 약속의 땅에 들어갈 수 있을까요?

### 죽음을 통과한 자만이 약속의 땅에 들어갑니다

> 나는 당신들 중에 나그네요 거류하는 자이니 당신들 중에서 내게 매장할 소유지를 주어 내가 나의 죽은 자를 내 앞에서 내어다가 장사하게 하시오 _ 창 23:4

아브라함이 갈대아 우르를 떠난 지 62년이 되었습니다. 하나님은 이미 창세기 15장에서 가나안 땅을 준다고 약속을 하셨는데, 아브라함은 이제까지 한 번도 땅에 대한 관심을 가져 본 적이 없었습니다. 사라가 죽고 나서야 땅 생각이 났고, 그것도 매장지였습니다. 이 약속의 땅은 죽어야 생각이 나는 땅입니다. 죽음을 통과해야 약속의 땅이 생각난다는 것은, 십자가를 통과해야 부활이 있다는 말과 똑같은 것입니다.

하필이면 가나안 그 많은 땅들 중에 죽음의 땅, 매장지를 첫 번째로 허락하신 것을 생각해야 합니다. 사라 하면 떠오르는 것이 구원의 헤브론 땅입니다. 아브라함으로서는 사라의 죽음 그 자체보다도 구원의 헤브론 땅이 생각난 것 때문에 영적 상속자와 약속의 땅을 갖게 되지 않았습니까?

저도 남편 하면 떠오르는 것이 구원입니다. 약속의 땅입니다. 그 생각을 하면서 여기까지 왔습니다. 삶을 돌아보니 지경이 넓어질 때마다 죽음을 경험했던 것을 알 수 있었습니다. 대학 시절 어머니가 돌아가시니 아버지가 교회에 나가기 시작하셨습니다. 그리고 어머니의 죽음을 통해서 '내 일은 내가 해야 한다'는 자립심의 지경이 넓어졌습니다. 또 남편의 죽음을 통해서 이렇게 영적 상속자를 낳을 수 있는 지경이 넓어졌습니다. 집밖에 모르다가 영토적으로도 넓어졌습니다. 또 친정아버지께서 돌아가실 때 교회를 개척하게 되었습니다.

이렇게 지경이 넓어진 것을 경험하면서 지나온 세월을 생각해 보니 시아버지, 시어머니, 시아주버님, 남편, 형부의 죽음을 겪었습니다. 적지 않은 나이에 죽음을 많이 경험했습니다. 그래서 저는 죽음과 친해졌고 별 인생이 없다는 것을 알게 되었습니다. 세상에서 아무리 많은 걸 쌓아도 떠날 때는 갑자기, 그 쌓은 것을 다 두고 떠나야 한다는 것을 알게 되었습니다. 죽음이 무섭지 않고 복음 전하는 것이 쉬워진 것은 제가 죽음을 많이 경험했기 때문입니다. 이것에는 다 뜻이 있지 않겠습니까?

믿는 사람에게 죽음은 슬프고도 기쁜 일이지만 불신자에게는 슬프고도 슬픈 일입니다. 똑같은 죽음이라도 믿는 사람과 믿지 않는 사람이 갖는 죽음의 의미는 참 다릅니다.

사라가 죽고 나서야 아브라함이 매장지를 생각했다는 것은 그만큼 이 땅의 생활에서 죽음을 염두에 두고 살기가 어렵다는 것을 의미합니다. 그래서 아브라함에게 죽음을 경험시킬 필요가 있었습니다. 아브라함은 가나안에 와서는 직계가족의 죽음을 경험하지 못했습니다. 그러므로 죽음에 이르는 고통이 필요했습니다. 가장 사랑하는 사람의 죽음을 겪으면서 그제야 '매장지=천국'을 생각하게 되었습니다. 천국과 죽음은 깊은 관계를 가진다는 것을 알게 된 것입니다. 천국은 죽어야 가는 곳 아닙니까? 죽음에 이르는 고통이어야 가치관의 변화가 온다는 것입니다. 정말로 돈 주고도 못 가는 하나님 나라입니다. 하나님 나라는 죽음에 이르는 고통이 있어야 갈 수 있습니다.

— 죽음을 경험함으로 나의 지경이 넓어졌습니까?

— 내가 겪고 있는 죽음에 이르는 고통을 통해 가치관이 변하고 천국을 소망하고 있나요?

### 약속의 땅은 절박할 때 주어집니다

사랑하는 사라가 이 세상을 떠났는데 묻힐 땅이 없습니다. 아브라함이 지금 얼마나 절박하겠습니까? 사라가 천년만년 살 것 같아서 준비를 안 하고 있다가 발등에 불이 떨어졌습니다. 하나님이 땅을 주겠다고 하셨지만, 아브라함에게 이런 절실한 마음이 생길 때까지 기다리십니다. 아브라함의 이 마음은 마치 다윗이 압살롬의 반역 앞에서 속히 임해 달라고, 지체치 말고 도와달라고 했던 것 같은 절박함입니다(시 70:5).

얼마나 서글프고 스스로가 한심하겠습니까? 그러나 이 절박함도 사라를 사랑하기에 절박한 것입니다. 아브라함은 사라가 죽었을 때 절박함이 생겼습니다. 결국 사라는 늘 약속을 상기시키는 아내인 것입니다.

의미 없는 죽음이 있는가 하면 이렇게 온 인류를 살리는 죽음이 있습니다. 제 남편의 죽음이 얼마나 많은 사람을 살리는 죽음으로 쓰이고 있습니까? 남편이 갑자기 교통사고 혹은 뇌졸중으로 아무 말도 못한 채 예수를 못 믿고 갔다면 참 의미 없는 죽음이었을 텐데, 하루라는 시간이 주어져서 유언도 하고 구원도 받고 갔습니다. 아름다운 작별을 했습니다. 수많은 영혼을 살리는 죽음이 되었습니다.

그러니 나 한 사람이 절박한 마음으로 기도하다 보면 내 식구들이 그런 아름다운 죽음을 맞이할 수 있습니다. 훗날 우리의 죽음 또한 영혼을 살리는 죽음이 되게 해달라고 기도하기 바랍니다.

사랑하는 사람이 죽으면 그 슬픔으로 하나님께 대하여 절실한 마음을 갖게 됩니다. 한 마디로 가장 서글프고 가장 절실하고 가장 절박할 때에 하나님이 도와주십니다. 절박한 마음으로 기도할 때 하나님이 응답하시는 것입니다. 간절하지 않을 때 주어지는 것은 하나님의 영광을 나타내지 못합니다.

아브라함은 스스로를 '나그네요 거류하는 자'라고 소개합니다. 내가 살고 있는 땅에서는 소유를 누리지 못한다는 표현입니다. 우리는 이 땅에서 나그네요, 영원히 살 인생이 아니니 이 표현이 맞지 않습니까? 아브라함이 갈대아 우르에서 가나안을 향해서 출발했는데 가나안은 천국을 예표합니다. 약속의 땅, 구원, 기업이 다 똑같은 이야기입니다. 그러니 우리도 이 땅에 와서 나그네로 살다가 돌아갈 가나안, 즉 천국에 적을 두어야 합니다.

나라의 3요소는 국민, 주권, 영토입니다. 아브라함은 국민과 주권까지는 있는데 아직 영토에 대해서는 생각을 못하고 있었습니다. 그러다가 사라가 죽고 나서야 생각이 난 것입니다. 하나님이 생각나게 하시고 간절하게 하신 것입니다. 그러니 우리도 말만 나그네, 나그네 하면서 "이 땅에서 영원토록 살고 싶어라" 하면 안 됩니다. "너를 너무 사랑해. 우리 둘이 이 땅에서 영원히 살자" 해도 안 됩니다.

그런데 하나님이 아브라함에게 주신 것은 실제로 사라의 매장지밖에 없습니다. 그러니까 지경을 넓히기 위해 땅을 사라는 말씀이 아니라는 것입니다. 아브라함은 '하나님이 세우신 지도자'(6절)라 불릴 만큼 힘과 재물을 가지고 있었지만 스스로를 나그네로 인식했기 때문에 더 많은 땅을 사지 않았습니다.

우리에게는 하나님 나라에 적을 두는 것이 무엇인지 후손들에게 보여 주어야 하는 사명이 있습니다. 아브라함도 사라가 죽으니 그 사명이 깨달아지고 영토에 관한 부분이 깨달아졌습니다. '나는 이렇게 살아서는 안 된다! 지경이 넓어져야 한다.' 결국 그 약속은 죽음을 통해서 절박할 때 깨달아졌습니다.

— 이 땅에서 '나그네요 거류하는 자'로 살고 있습니까? 집 사고 재산 불리고 좋은 학벌과 인맥 쌓기에만 연연하며 영원히 살 것처럼 생각하고 있지는 않나요?

— 나와 우리 가족의 죽음이 천국과 구원의 약속을 생각나게 하는 의미 있는 죽음이 되도록 기도하고 있습니까? 아직 믿지 않는 식구를 위해 절박함으로 기도하고 있나요?

### 약속의 땅을 얻기 위해 최선의 노력을 해야 합니다

땅은 하나님이 주실 것입니다. 그러나 우리도 노력해야 할 부분이 있습니다. 최선의 노력을 하고 값도 치러야 합니다. 하나님은 우리로 하여금 해야 할 일이 있으면 끝까지 하게 하시는 분입니다.

그렇다면 하나님은 왜 아브라함보다 사라를 더 빨리 데려가셨을까요? 당시 나그네 입장에서 여자가 땅을 사고파는 일을 하기는 힘들었습니다. 사라는 바로와 아비멜렉에게도 유혹의 대상이었기에, 아브라함이 먼저 죽으면 다른 남자가 첩으로 삼을 수도 있었습니다. 그런 연약함이 있었기 때문에 믿음의 후손을 위해서 사라를 먼저 데리고 가셨다고 생각합니다.

때가 되어 모두 구원받기 전에는 이 세상의 악의 구조도 인정해야 할 것이 있습니다. 믿음이 있어도 주의해야 하고 악은 모양이라도 버려야 합니다. 하나님이 무조건 지켜 주신다고 내가 해야 할 일을 하지 않으면 안 됩니다. 그래서 아브라함도 최선을 다해 헷 족속으로부터 사라의 매장지를 삽니다.

> 5 헷 족속이 아브라함에게 대답하여 이르되 6 내 주여 들으소서 당신은 우리 가운데 있는 하나님이 세우신 지도자이시니 우리 묘실 중에서 좋은 것을 택하여 당신의 죽은 자를 장사하소서 우리 중에서 자기 묘실에 당신의 죽은 자 장사함을 금할 자가 없으리이다 _ 창 23:5-6

그러고 보면 아브라함의 나그네 인생길에 어딜 가나 도와주는 사람이 있습니다. 동맹을 맺고 '내 주여' 하면서 하나님이 세우신 지도자라 칭하는 자가 있습니다. 내가 이 땅에서 혼자 외롭게 예수를 믿고 있는 것 같습니까? 나를 돕는 사람이 하나도 없다는 것은 말이 안 됩니다.

부모에게 버림받고 평생 교회를 다녀도 도와줄 사람이 없다는 지체의 메일을 받았습니다. 그러나 저는 그런 메일을 받으면 "교회를 그렇게 다녀도 지체가 없다는 것은 스스로에게 문제가 있는 것"이라고 답해 줍니다. 각자 사정이 있겠지만, 내가 정말 하나님의 택함을 받았다면 어디를 가나 도와줄 사람이 있습니다. 나를 '하나님이 세우신 사람'으로 불러주는 사람이 있습니다. 아무도 나를 안 도와주고자 할 때는 나에게 문제가 있다는 것을 알아야 합니다.

아브라함은 스스로를 '나는 당신들 중에 나그네'라고 했는데, 헷 사람들은 아브라함을 보고 '우리 가운데 있는 하나님이 세우신 지도자'라고 합니다. 도리어 '우리'라고 얘기해 줍니다. 이러한 엄청난 칭호를 받습니다. 매장지를 걱정 말고 쓰라고 합니다.

7 아브라함이 일어나 그 땅 주민 헷 족속을 향하여 몸을 굽히고 8 그들
에게 말하여 이르되 나로 나의 죽은 자를 내 앞에서 내어다가 장사하게
하는 일이 당신들의 뜻일진대 내 말을 듣고 나를 위하여 소할의 아들 에
브론에게 구하여 9 그가 그의 밭머리에 있는 그의 막벨라 굴을 내게 주
도록 하되 충분한 대가를 받고 그 굴을 내게 주어 당신들 중에서 매장할
소유지가 되게 하기를 원하노라 하매 _ 창 23:7-9

아직 흥정도 시작하지 않았는데 일단 매장지를 주겠다는 헷 족속의 말을 기정사실로 받아들이고 아브라함은 감사부터 합니다. 그리고 구체적으로 에브론의 땅 밭머리에 있는 막벨라 굴을 지목해서 요청합니다. "그냥 준다고 하니 감사하지만 나는 이 땅을 값을 치르고 사야겠다"고 합니다.

10 에브론이 헷 족속 중에 앉아 있더니 그가 헷 족속 곧 성문에 들어온
모든 자가 듣는 데서 아브라함에게 대답하여 이르되 11 내 주여 그리 마
시고 내 말을 들으소서 내가 그 밭을 당신에게 드리고 그 속의 굴도 내
가 당신에게 드리되 내가 내 동족 앞에서 당신에게 드리오니 당신의 죽
은 자를 장사하소서 _ 창 23:10-11

에브론이 굴뿐만 아니라 굴이 딸린 밭까지 주겠다고 합니다. 그에게는 굴만 주면 안 되는 이유가 있었습니다. 굴이 딸린 밭은 세금을 내야 했기 때문입니다. 그래서 모든 세무를 면제받기 위해서는 밭까지 팔

아야 합니다. 우리는 이것을 알아차려야 합니다. 그러나 이 말을 듣고도 아브라함이 그 땅 백성을 향해서 또 몸을 굽힙니다.

> 12 아브라함이 이에 그 땅의 백성 앞에서 몸을 굽히고 13 그 땅의 백성이 듣는 데서 에브론에게 말하여 이르되 당신이 합당히 여기면 청하건대 내 말을 들으시오 내가 그 밭 값을 당신에게 주리니 당신은 내게서 받으시오 내가 나의 죽은 자를 거기 장사하겠노라_ 창 23:12-13

아브라함의 최종 목적은 돈을 주고 그 땅을 사는 것입니다. 그런데 에브론은 자꾸 그냥 쓰라고 합니다. 이 세상 사람은 약속의 땅에 관심이 없기 때문에 아브라함이 이 땅을 사려는 이유를 모릅니다. 우리도 그렇지 않습니까? 세상 사람들은 예수 믿는 것이 무엇인지 모릅니다. 그래서 우리가 뭘 하려고 하는지 그 최종 목적지를 죽었다 깨어나도 모르는 것입니다. 그래서 안 믿는 사람과 협상할 때는 그걸 다 설명할 수 없습니다. 그저 예수 믿고 하나님이 해 주시는 것을 보며 한 걸음 한 걸음 나아가야 합니다. 시종일관 겸손한 자세를 보이면서 말입니다.

그러고 보면 아브라함은 참 사회생활의 달인 아닙니까? 아비멜렉이 조롱할 때도 인정하면서 담대히 할 말 다 하더니, 지금 이 협상의 자리에서는 겸손한 자세로 임하고 있습니다.

앞일을 예견하는 최고의 지혜가 무엇일까요? 과거의 데이터 분석입니까? 기상청은 아무리 과거의 데이터를 분석해도 해일, 쓰나미, 지진이 언제 일어날지 알아채지 못합니다. 그래서 갑자기 쓰나미가 오면 몇

만 명이 맥없이 죽기도 합니다. 과거를 분석한다고 해도 내일 일은 모르는 것입니다. 과학자들도, 천체학자들도 내일 일은 모릅니다.

의사소통도 앞서 이야기했듯이 학점과 자격증만으로 되지 않습니다. 그러면 어떤 사람이 능력자입니까? 영어를 잘하면 능력 있는 사람인가요? 그렇지 않습니다. 바로 겸손한 사람입니다. 내일 일을 알 수 있는 최고의 지혜 또한 겸손입니다. 우리가 겸손하게 굽힐 때마다 하나님은 앞날의 지혜를 알려 주십니다.

우리는 예수님이라는 보배를 질그릇에 가졌습니다(고후 4:7). 사람들이 무시하는 질그릇이지만 이 질그릇이 깨어질 때 보배가 보이기에, 내가 아무리 형편없어도 내 안의 보배 예수님이 질그릇 같은 나를 높여 주십니다. 예수 믿는 사람은 가만히만 있어도 예수 보배가 나를 높여 주는 것입니다.

금 그릇이라도 그 속에 예수가 없으면 점점 쓰레기밖에 안 보입니다. 사람을 사람답게 하는 것은 바로 겸손인 것입니다. 아브라함은 세상과 협상하면서 계속 몸을 굽힙니다. 그러자 하나님이 그에게 지혜를 주십니다. '나에게 굴과 함께 밭도 준다는 것은 저 사람이 밭도 나에게 넘기려 하는구나' 깨닫게 됩니다. 그러니 예수 믿는 것이 최고입니다. 안 알려 주시는 것이 없습니다.

14 에브론이 아브라함에게 대답하여 이르되 15 내 주여 내 말을 들으소서
땅 값은 은 사백 세겔이나 그것이 나와 당신 사이에 무슨 문제가 되리이
까 당신의 죽은 자를 장사하소서 _ 창 23:14-15

드디어 에브론의 본심이 나왔습니다. 묘지 하나에 400세겔을 붙입니다. 예레미야는 하나멜의 밭을 17세겔에 샀는데(렘 32:9) 400세겔이면 굉장한 고가입니다.

그러나 이것을 그냥 받았다면 아브라함은 헷 족속에게 절대 존경받을 수 없습니다. 우리는 이것을 알아야 합니다. 사람들이 가지라고 했다고 슬쩍슬쩍 받아먹는 삶을 살면, 남들이 나를 존경하지도 않고, 약속의 땅은 살 수도 없습니다. 사람은 믿음의 대상이 아닙니다. 공짜를 좋아하지 말아야 합니다.

고린도교회 성도들은 정말 부자였습니다. 세계적으로 유명한 선생님들이 강론했습니다. 오죽했으면 그 교회 안에 바울파, 아볼로파, 게바파, 예수파가 나뉘었겠습니까? 그렇게 유명한 강사들 모시고 성경공부도 많이 했는데, 바울이 1년 반을 성경을 가르쳤어도 어떤 사례도 하지 않았습니다. 그래서 바울은 자비량으로 천막 짓는 일을 하며 선교했습니다. 그에 비하면 마게도니아교회의 교인들은 극심한 가난 가운데 있었습니다. 빌립보교회도, 데살로니가교회 교인들도 고린도교회만큼 풍족하지 못했습니다. 그런데 성경은 그곳 교인들은 풍성한 연보를 넘치도록 했다고 했습니다. 그러니 부자들에게 뭐가 나올까 기대하면 안 됩니다.

제가 큐티를 하면서 인간론을 점점 알아가게 되니, 사람을 만나도 말할 것과 말하지 말아야 할 것을 분별하게 되어 시행착오를 덜 하게 되었습니다. 갖춘 사람이라고, 금그릇이라고 기대하지 마십시오. 사람은 그저 구원받을 대상일 뿐입니다.

에브론이 밭과 굴을 세 번이나 거저 준다고 했는데 아브라함은 이것을 이겨 냅니다. 그리고 그 땅을 달라는 만큼, 400세겔이나 주고 샀습니다. 21장에서도 아브라함은 우물을 값을 치르고 증거를 삼지 않았습니까? 이런 사람이 최후의 승자가 되는 것입니다.

아브라함이 말도 안 되는 비싼 값을 치르고서라도 이 땅을 산 이유는 이곳이 얼마나 대단한 곳인지 알았기 때문입니다. 하나님이 말씀하신 약속의 땅이었기 때문입니다. 밭에 숨긴 진주를 구하기 위해 자기 소유를 전부 팔아서 밭을 사듯이 기쁘게 값을 치렀습니다.

구원은 십자가 없이는 안 되는 것입니다. 값을 치러야 내 것이 됩니다. 값을 치르지 않고 얻어진 것은 결국 다 놓치게 됩니다. 아무 고난 없이 예수 믿는 것이 좋아 보입니까? 그러면 예수 믿는 것이 평생토록 내 것이 안 됩니다.

우리 모두가 이런 부활 신앙을 가지고 장례를 치르고 준비를 해야 하는 줄 믿습니다. 아브라함도 자손들이 마음을 가나안 천국에 두고 살도록 미리 물질에 투자한 것입니다. 아무리 내 부모가 잘해 주었어도 다른 것은 기억이 전혀 안 나고 오직 우리를 위해 쓴 물질만 기억합니다. 구원을 위해 물질을 쓰는 부모님만이 존경의 대상이 되는 것입니다. 구원을 위해 값을 치른 것이 곧 약속의 땅이 되는 것입니다.

하나님은 간절함으로 최선을 다하는 사람에게 반응을 보이십니다. 그러나 인간은 무엇 때문에 간절해야 하는지 모릅니다. 그래서 정욕 때문에 간절한 것을 간절함으로 착각합니다. 공부 때문에, 미모 때문에, 이성 때문에 간절한 것은 아무리 기도를 해도 간절하다고 하지 않습니다. 이기적인 일에 간절함을 가지는 것은 짐승도 하는 일입니다. 자신의 가족을 위해서 살신성인의 태도를 가지고 살았던 피제트 부인이 죽으니까 가족들이 좋아하고 자유함을 맛본 것처럼 그녀의 간절함은 헛된 것이었습니다.

진정한 간절함, 천국의 소망은 타인을 위한 것이고, 보이지 않는 것이고, 매장지를 사는 것입니다. 보이는 일이 아니며 생색나는 일도 아닙니다. 누군가 연약한 자를 위한 간절함으로 최선을 다하려는 마음이 바로 천국의 소망, 약속의 땅을 얻는 길입니다. 땅에 대해서 집착하지 않던 아브라함이 이렇게 고가를 치르고 땅을 산 것, 이 작은 땅을 사기 위해서 62년이 걸렸지만 드디어 입성한 것은 사라의 죽음 이후입니다.

약속의 땅은 이렇게 점진적으로 가는 땅입니다. 자식이 없는 것을 통해서 아브라함이 하나님 나라의 주권과 백성이 되는 것을 배웠고, 이제 사라의 죽음을 통해서 하나님 나라의 영토가 무엇인지를 배웠습니다. 지경이 넓어져야 하는 것을 알았습니다.

> 16 아브라함이 에브론의 말을 따라 에브론이 헷 족속이 듣는 데서 말한
> 대로 상인이 통용하는 은 사백 세겔을 달아 에브론에게 주었더니 17 마
> 므레 앞 막벨라에 있는 에브론의 밭 곧 그 밭과 거기에 속한 굴과 그 밭
> 과 그 주위에 둘린 모든 나무가 18 성 문에 들어온 모든 헷 족속이 보는
> 데서 아브라함의 소유로 확정된지라 _ 창 23:16-18

아브라함이 아무 소리 없이 큰 돈을 지급했고, 굴과 사방의 수목이 아브라함의 소유로 확정되었습니다. 그 성의 유지들이 지켜보는 앞에서,

당시 사회의 법적 절차를 밟으며 모든 것을 확실히 합니다. 아브라함은 상식을 수반하고 법을 지키고 관습을 무시하지 않는 성숙한 믿음을 이 방인들 앞에서 몸으로 증거했습니다.

사실 에브론 입장에서는 엄청 수지맞은 것입니다. 자기도 모르는 사이에 자기 호적이 천국으로 바뀌지 않았습니까? 가나안 사람들 중에서 최초로 주소가 천국으로 바뀐 것입니다. 여러분에게도 이렇게 값을 치러 가면서 전도하고 기도해 주고 밥해 주면서 우리의 호적을 천국으로 바꾸어 준 부모, 형제, 자녀, 친척, 목장 식구들이 있는 줄 믿습니다.

> 19 그 후에 아브라함이 그 아내 사라를 가나안 땅 마므레 앞 막벨라 밭
> 굴에 장사하였더라 (마므레는 곧 헤브론이라) 20 이와 같이 그 밭과 거기에
> 속한 굴이 헷 족속으로부터 아브라함이 매장할 소유지로 확정되었더라
> _ 창 23:19-20

약속의 땅을 얻는 것이 이렇게나 힘든 일입니다. 최선을 다해서 마지막까지 내 것으로 정해야 합니다. 마지막까지 제 값을 주지 않으면 내 것이 되지 않는 것입니다. 아브라함은 누구도 부인할 수 없는 확실한 자기 땅임을 표시했습니다.

이후 이 땅이 아브라함의 고향이 되었습니다. 모든 이스라엘 족장들의 안식처가 되었습니다. 아브라함과 이삭과 야곱이 이곳에 묻혔습니다. 창세기 50장 24절에서도 요셉은 자신의 해골을 아브라함과 이삭과 야곱에게서 맹세한 땅으로 가져가라고 유언했습니다. 출애굽기에서 모

세가 요셉의 해골을 가지고 400년 노예 노릇하다가 출애굽해서 막벨라 굴로 오게 된 것이 그 이유입니다. 이것을 값을 주고 안 샀다면, 공짜로 얻은 땅이라면 이렇게 간절히 가고자 하겠습니까? 나의 영적 상속자들이 계속해서 이 약속을 기억할 수 있도록, 반드시 이곳을 내 것으로 만들어 놓아야 합니다.

지금은 보이지 않지만 믿음으로 바라보고 영적 상속자를 위해 물질을 투자하는 것이 바로 약속의 땅을 얻는 비결입니다. 약속의 땅을 사기 위해서는 아브라함처럼 물질을 써야 합니다. 존 웨슬리(John Wesley)는 "벌 수 있는 만큼 벌어라. 그리고 할 수 있는 만큼 절약하라. 줄 수 있는 만큼 모든 것을 주라"(Gain all you can, Save all you can, Give all you can)고 했습니다. 다른 사람을 위해서 돈을 벌고, 다른 사람을 위해서 절제하는 것입니다. 내가 절제하는 것은 다른 사람을 최고로 배려하는 것입니다. 십자가 정신이 아니면 할 수 없는 것입니다. 주기 위해서 벌고, 주기 위해서 공부하고, 주기 위해서 예배도 드리는 것입니다.

여러분에게는 아브라함이 받은 약속과 기업이 있습니까? 우리 모두는 예수 그리스도를 구주로 고백함으로 이미 예수님이 대가를 치르셨습니다. 나는 아무 공로 없지만 하나님의 아들을 통해서 하나님의 약속의 백성이 된 것입니다. 약속의 땅을 선물로 받게 될 것이 확정되어 있습니다.

예레미야 32장에 보면 예레미야가 아브라함하고 똑같은 적용을 했습니다. 유다 왕국이 망하기 1년 전인데 하나님은 예레미야에게 숙부의 아들인 하나멜의 밭을 사라고 하시면서 그에게 기업 무를 권리가 있다고 하셨습니다(렘 32:7-8). 지금 예레미야는 감옥에 갇혀 있는데, 그에게 어려운 친척을 도와주라고 하십니다. 보아스가 룻의 기업을 물러 주어서 땅을 잃어버리지 않게 해 준 것처럼, 예레미야는 비록 패망 직전이지만, 망한다 망한다고 외치면서도 당시 기업의 상속권이 있고 무를 권리가 있기에 하나멜의 밭을 삽니다.

예레미야는 국가의 법을 성실히 수행하고 형제의 어려움을 대신하면서 주어진 환경에 마지막까지 순종한 시민입니다. 광신자도 아니고 무모한 사람도 아니었습니다. 그런데 70년 후에 돌아오면 그 땅이 자기 땅이 됩니까? 아닙니다. 그래서 이것은 부동산 투기도 아닙니다. 70년 후에는 그대로 하나멜의 밭입니다. 그러나 지금은 절망이지만 나중에는 희망의 밭이 되는 것입니다.

자기 땅도 아닌데, 하나멜이 예레미야의 자녀도 아닌데, 하나님은 예레미야로 하여금 매매증서를 오랫동안 토기에 담아서 보존하라고 하십니다(렘 32:14). 이 토기에 담는다는 것이 무엇입니까? 전도하고 구제하고 봉사하고 양육하는 것입니다. 좀과 동록이 슬지 않는 하나님 나라에 보관하는 것입니다.

오늘 아브라함이 밭 사는 것이 동일한 적용입니다. 기업 무르는 것입니다. 부채를 탕감해 주는 것입니다. 어려운 이웃을 도와주는 것입니다. 내가 국가의 법을 지키는 것입니다. 가족을 불쌍히 여기는 것입니다. 우리가 주어진 환경에 마지막까지 순종하는 것이 약속의 땅을 사는 것인 줄 믿습니다.

13 이 사람들은 다 믿음을 따라 죽었으며 약속을 받지 못하였으되 그것
들을 멀리서 보고 환영하며 또 땅에서는 외국인과 나그네임을 증언하였
으니 14 그들이 이같이 말하는 것은 자기들이 본향 찾는 자임을 나타냄
이라 15 그들이 나온 바 본향을 생각하였더라면 돌아갈 기회가 있었으
려니와 16 그들이 이제는 더 나은 본향을 사모하니 곧 하늘에 있는 것이
라 이러므로 하나님이 그들의 하나님이라 일컬음 받으심을 부끄러워하
지 아니하시고 그들을 위하여 한 성을 예비하셨느니라 _ 히 11:13-16

우리의 본향은 천국입니다. 괴로운 인생길 가는 몸이 편하게 쉴 곳이 어디 있겠습니까? 돌아갈 내 고향은 하늘 나라밖에 없습니다.

사라의 인생이 수고와 슬픔이었다고 해도 그녀는 남편을 믿음의 조상으로 우뚝 세우고, 아브라함보다 먼저 약속의 땅에 최초로 장사되었습니다. 그래서 사라가 열국의 어미가 된 것입니다. 아내의 순복이 온 집안의 구원을 이루어갈 초석이 되었습니다.

우리가 이 땅에서 비록 치졸할지언정 그 비난을 이겨 내고 하나님만 붙들면 약속의 땅을 얻게 됩니다. 그러나 공짜란 없습니다. 고통을 값으로 치러야 합니다. 고난 속에서 자리 잘 지키면서 썩어지고 죽어질 때 비로소 영적 상속자가 나오게 되는 것입니다. 할 수 있는 만큼 살고, 안 되는 것은 하나님께 맡기고 가는 것이 약속의 땅을 산 자의 태도입니다.

— 나는 혼자서 외롭게 신앙생활하고 있습니까, 힘든 상황에서도 걱정하고 도와줄 영적 지체가 있습니까?

— 고난 없이 예수 믿겠다고 하는 공짜 심보를 버리고 구원을 위해 치러야 할 대가는 무엇입니까?

— 벌 수 있는 만큼 벌고, 할 수 있는 만큼 절약하고, 줄 수 있는 만큼 주고 있습니까? 나는 내 가족 내 식구만을 위해 돈을 씁니까, 다른 사람을 섬기고 세우기 위해 물질을 선용합니까?

— 크리스천으로서 상식과 법을 잘 지키고 관습을 무시하지 않는 성숙한 믿음을 보이고 있습니까?

## 우리들 묵상과 적용

저는 불신가정에서 자라 불신결혼을 했습니다. 남편과 저는 교사를 하며 세상에서 별 문제 없이 잘 살았습니다. 두 아들은 초등학교 1, 2학년 때 집 앞 교회의 여름성경학교에 우연히 참석하면서 교회를 다니기 시작했습니다. 저는 언젠가 교회에 가겠다고 아들과 약속했고, 2005년 3월부터 작은아들의 인도로 다니기 시작했습니다. 처음엔 고난 얘기가 듣기 싫었지만, 듣도 보도 못했던 간증과 말씀을 계속 듣다 보니 마치 자석에 딸려가듯 한 주 한 주 이끌려 다니게 되었습니다.

그즈음에 건강했던 남편이 갑자기 감기 증세를 보이더니 4일 후 아침엔 일어서지도 못했습니다. 입원해서 여러 검사를 받았는데 뇌출혈이 미세하게 있는 것 같다며 한 달 후 다시 와서 검사하자고 했습니다. 저는 믿음도 부족했지만, 이때가 구원의 때라는 생각이 들어 남편을 인도하여 함께 주일예배를 드리기 시작했습니다. 그리고 병원에 가서 다시 검사해 보니 "소뇌위축증"이라는, 원인도 모르는 희귀 난치병에 걸렸음을 알게 되었습니다. 3년 6개월의 투병 생활을 하면서 남편의 건강은 점점 나빠져만 갔고 저희가 할 수 있는 것은 아무것도 없었습니다. 그러다 보니 자연스럽게 저와 남편은 예배에 매달리며 기도하게 되었습니다.

"하나님, 제가 무엇을 붙들고라도 일어서서 화장실 갈 힘과 예배드리러 갈 수 있는 힘만 주옵소서." 이것이 남편의 기도 제목이었습니다. 남편은 병이 깊어 가면서 예배를 점점 더 사모했습니다. 그리고 죽음에 대해서도 자연스럽게 받아들였습니다. 날로 깊어지는 병중에도 하나님 덕분에 남편은 천진한 얼굴로 늘 웃을 수 있었고, 그랬기에 저 또한 많은 부분을 감사할 수 있었습니다. 두 아들은 이전과 많이 달라진 저의 모습을 보며 놀라워했습니다. 그와 반대로 저는 능력 있는 사람에게 안수기도를 받으면 병이 낫는다고 말하는 주위 사람들의 말에 유혹이 되어 남편에게 권했었고, 그럴 때마다 도리어 남편에게 책망을 받았습니다. 사라가 죽고 나서야 아브라함이 매장지를 생각했을 만큼 이 땅에서 죽음을 염두에 두고 살기가 어렵다고 했는데, 저 또한 남편의 죽음은 염두에 두지 않고 세상에서 살 방법만 찾았습니다.

남편은 혀가 굳어 말하는 것을 부끄러워했는데 어느 날 목장 예배에서 "더 이상 말할 수 없을 때가 오기 전에 말해야겠다"며 "하나님께서 저를 아내로 붙여 주신 것을 감사한다"고 했습니다.

남편이 소천하는 전날에도 함께 말씀을 보았는데 "환난에 대하여 낙심하지 말라 이는 너희의 영광이니라"(엡 3:13) 하시는 에베소서 말씀을 보며 남편은 고개를 끄덕였습니다. 그리고 찬송가를 힘들게 부르고 작은 소리로 안간힘을 쓰며 여느 날보다 세 배는 길게 기도했습니다. 그날 밤늦게까지 숨이 차서 괴로워하던 남편은 어느 순간 편안한 말투로 "이제 자야겠다"며 저에게 "어서 자라"고 말했습니다. 잠들었다가 깬 저는 습관대로 남편의 패드를 갈아 주려는데 남편은 편안한 모습으로 잠자는 듯 천국으로 이미 가 있었습니다.

아브라함은 사랑하는 사라의 죽음을 경험한 후 스스로 나그네라고 하며 약속의 땅을 얻는 사명을 위해 최선의 노력을 했는데, 저는 말로만 나그네 인생이었지 약속의 땅인 천국에 적을 두는 것이 무엇인지 몰랐고, 그것을 후손들에게 보여 주는 사명까지 감당 못 할 뻔했습니다. 그러나 남편의 죽음을 겪고 보니 저도 구원에 대해 간절해지면서 지경이 넓어졌음을 알게 되었습니다.

남편을 보내고 뒤이어 믿고 의지하던 둘째 아들이 자기의 비전을 따라 미국 유학을 떠났습니다. 둘째 아들은 2년 전 다니던 좋은 직장을 내려놓고 사람 낚는 어부가 되어야겠다고, 하나님의 말씀으로 비전을 갖게 되었다고 했습니다. 처음 그 말을 들었을 땐 배신감에 가슴이 철렁했지만, 아브라함의 나그네 인생길에서 어딜 가나 도와주는 자가 있었듯이 둘째 아들의 삶에서도 어디를 가나 돕는 손길이 있었던 것이 생각이 났습니다. 그래서 그 아들의 비전을 하나님의 부르심이라 생각하고 받아들이게 되었습니다.

그런데 금그릇인 큰아들은 가면 갈수록 동생과 모든 것을 비교하였고, "하나님을 믿고 싶지만, 목사님들의 설교가 다 거짓말 같다"고 분을 내며 본심을 드러내고 있습니다. 그런 큰아들을 위해 기도하던 중, 아브라함에게 땅을 주겠다고 하시지만, 그가 절실한 마음이 들 때까지 기다리셨다는 것을 깨닫게 되었습니다. 그러니 저도 남편의 죽음을 통해서야 사랑하는 큰아들의 구원을 더욱 간절하게 생각하게 되었음이 인정되었습니다. 최종 목적지를 모르기에 약속의 땅에 관심도 없어 보이는 큰아들을 위해 이제는 저도 사라처럼 하나님과의 약속을 상기시키는 엄마가 되기를 원합니다.

남편의 죽음을 경험하고 보니 이를 통과해야만 약속의 땅이 주어지는 것을 알게 되어 슬프고도 기쁩니다. 큰아들의 구원을 위해 애통하게 하셔서 세상의 유혹으로부터 보호해 주시고, 공동체 안에 거하게 하신 하나님께 감사를 드립니다.

아브라함은 애통의 자리에서 일어나 사라의 매장지를 구하러 갑니다. 약속의 땅을 얻기 위해 간절함으로 헷 족속에게 몸을 굽히며 말하는 그의 모습이 초라해 보이기도 하지만 하나님이 세우신 사람이기에 누구보다 커 보입니다. 세상의 간교함에 속지 않고, 하나님의 지혜로 앞날을 내다보는 아브라함의 지혜를 우리에게 주옵소서. 당당히 값을 치른 약속의 땅을 우리에게도 주옵소서.

**죽음을 통과한 자만이 약속의 땅에 들어갑니다**(4절)

살다 보니 새 생명이 찾아올 때가 있고, 또 사랑하는 사람이 떠날 때가 있습니다. 애통하지만 그럼에도 장례는 치러야 하고, 손님맞이를 해야 하기에 그저 울며 앉아 있을 수만은 없습니다. 아브라함이 사라의 죽음을 겪으면서 약속의 땅이 생각났듯이 이러한 죽음에 이르는 고통이 있어야 가치관이 바뀌는 것이 비로소 인정됩니다. 이러한 죽음의 경험을 통해 우리의 지경을 넓히시는 하나님께 감사합니다. 부모가 떠나신 후에는 내가 부모가 되고, 내가 떠난 후에는 또 내 자녀가 부모가 될 텐데, 그 자녀를 위해 믿음의 부모로 굳건히 살아갈 수 있도록 하옵소서.

### 약속의 땅은 절박할 때 주어집니다

아직 믿지 않는 배우자와 자녀가 있어 마음에 짐이 큽니다. 늘 기도하지만 저 역시 치졸한 인간이기에 본이 되지 못하고, 믿음의 삶, 복음 전하는 삶을 제대로 보여 주지 못하는 죄인입니다. 지금 당장 내가 죽음 앞에 선다고 생각하면 마음이 편치 않습니다. 그 절박함으로 기도하길 원합니다. 내 말 들어주지 않는다고 배우자에게, 자녀에게 화내고 윽박지르지 말고, 그저 주님 앞에 바로 서서 내가 해야 할 몫에 충성하며, 절박함으로 그 영혼을 위해 기도할 수 있도록 하옵소서.

### 약속의 땅을 얻기 위해 최선의 노력을 해야 합니다(5-20절)

누가 거저 준다면 그저 그게 좋아 따르다 보니 세상을 떳떳하지 못하게 살았습니다. 돈을 버는 것도 쓰는 것도 나를 위하다 보니 자녀 앞에서도 떳떳할 수가 없습니다. 그런데 치졸한 인생을 살았던 아브라함이 아내가 죽고 나자 약속의 땅을 기억하고 당당하게 값을 치르는 것을 보니 하나님이 세우신 사람은 구별되게 살아야 한다는 생각이 듭니다. 하나님이 거저 주신 것들이 마치 내 소유인 양, 내가 잘해서 얻은 것인 양 자랑하며 살았던 저를 용서하옵소서. 이제라도 당당하게 약속의 땅을 취하는 아브라함의 삶을 살기 원합니다. 믿음으로 바라보고 영적 상속자를 위해 정정당당히 값을 치른 구원의 헤브론 땅, 막벨라 굴을 남기는 인생 살기 원합니다.

## 영혼의 기도

아버지 하나님, 저희의 인생이 너무 괴롭습니다. 오늘도 하나님이 들려 주시는 말씀이 아니면 살아날 힘이 없는 인생입니다. 약속의 땅을 들어가기 원하지만 죽기는 싫고 구원을 위해 애통해하지도 않습니다. 이런 저희에게 절실한 마음을 허락해 주소서. 갈 바를 알지 못할 때 믿음의 길로 가게 하소서. 그러할 때 합력하여 선을 이룰 줄 믿습니다.

주님, 예레미야 선지자는 이스라엘 백성을 위해서 그들에게 바벨론 포로로 가라고 말했지만, 백성들은 그 말씀이 듣기 싫어서 예레미야를 감옥에 집어넣었습니다. 그런데 자신들이 손해보기는 싫으니 예레미야에게 도와달라고 합니다. 저희에게도 용서하지 못할 사람이 너무 많고 '저게 인간인가' 하는 사람이 너무나 많습니다. 괴로운 인생길에 편안히 쉴 곳이 없습니다. 하지만 걱정과 고생이 어디는 없겠습니까? 돌아갈 내 고향은 하늘나라밖에 없다고 했는데, 다른 곳에 천국이 있다고 착각하지 않고, 하나님만 붙들면 약속의 땅을 얻게 될 줄 믿습니다.

비록 나그네 인생길이지만 제 인생을 하나님이 만세전부터 정하셨다고 하시니 감사가 절로 나옵니다. 오직 예배드리는 것이 제 인생의 목적이 되게 하소서. 그래서 우리 약속의 후사들이 별처럼 모래처럼 많아져서 지경이 넓어지기를 원합니다. 구원을 위한 사랑과 애정과 물질과 헌신을 통해 그 약속의 땅을 취하기를 원합니다.

예수님 이름으로 기도합니다. 아멘